社会心理学
過去から未来へ

外山みどり 編著

北大路書房

はしがき

　人間は社会的動物（social animal）とも言われるように，基本的に社会的な存在である。他人から援助を受け，他人と協力することなくしては生きていくことができず，社会や集団から孤立して生活することもほとんど不可能である。そのため他人に対する関心はことのほか強く，社会的な刺激に対する反応はきわめて鋭敏である。人間の社会性は派生的な性質のものではなく，人間性の中核を成すものである。社会心理学を学ぶことは，人間性そのものについて理解を得ることにほかならない。それと同時に，社会心理学では伝統的に，自己，認知，感情，意識と無意識などのような，特に社会的文脈を伴わない心理学全般の中でも重要な位置を占める問題が扱われている。その意味で，社会心理学の知識を得ることは，「人間とは何か」という根源的な問いに対する答えを探すことにつながるかもしれない。

　社会心理学というタイトルのついた書籍が初めて出版されたのは1908年だとされている。アメリカで社会学者のロス（Ross, E. A.）が『社会心理学（*Social psychology*）』を，そしてイギリスでは心理学者のマクドゥーガル（McDougal, W.）が『社会心理学入門（*An introduction to social psychology*）』という著書を，それぞれ同じ1908年に出版している。もちろん，その年に突然社会心理学が誕生したわけではないが，それから現在まで100年以上が経過している。この年数は他の学問分野に比べれば決して長いとは言えず，また心理学の中でも社会心理学の歴史は比較的浅いかもしれないが，研究活動はきわめて活発であり，種々の問題に対して理論的，実証的な検討が続けられてきた。その間に研究パラダイムの変遷も何度か起きているが，20世紀の終わりごろから，他の学問分野とも関連した新たな方向の研究，新たな角度からの理論的説明がいくつか出現している。1つは「進化」の観点を導入した研究であり，生物学，生命科学などと共通の枠組みによって人間の社会行動を解明しようと試みている。また文化の問題も本格的に取り上げられるようになり，幅広く関心を集めている。意識・無意識に関する問題は，社会的認知研究の途上で注目を集めるようになったが，脳科学や哲学などとも関連して最近活発な議論のテーマとなっている。本書では，このような新しい研究動向についてもセクションを設けて取り上げ

ることにした。

　本書は，(編者を除けば) 比較的若い年代の研究者を中心とする執筆陣によって，新たな視点と未来への展望をもったテキストを作りたいという意図のもとに計画された。全体を通して，過去の成果をふまえていかに未来の研究につなげていくか，という発展の方向性を念頭においた記述を目指した。

　具体的な内容は，以下のような3部から構成されている。第Ⅰ部は「1．自己」「2．対人認知」「3．社会的認知」「4．態度と態度変化」の4章から成り，社会行動の基礎となる個人の心理傾向に焦点が当てられる。社会的な対象に対する個人の反応，社会行動につながる内的な心理状態を中心としたセクションである。第Ⅱ部は，「5．対人魅力と対人関係」「6．援助と攻撃」「7．対人相互作用」「8．社会的影響」「9．集団過程」「10．コミュニケーション」の6章から成り，第Ⅰ部より明確な形で他者や集団，社会が登場する。人と人のつながりである対人関係，人の集まりとしての集団の問題が検討される。最後の第Ⅲ部では，前にも述べた，ここ20〜30年の間に盛んになった新しい研究動向として，「11．無意識と潜在過程」「12．文化心理学の観点」「13．進化心理学の観点」の3つの側面が取り上げられる。

　第Ⅰ部と第Ⅱ部は，他の多くのテキストでも扱われている基本的な研究領域，第Ⅲ部は最近の研究動向を反映した展開部と位置づけることができるが，第Ⅰ部，第Ⅱ部の各章でも，基本的な事項を説明し，今までに蓄積された研究成果を紹介するだけでなく，できるだけ新しい研究にも言及し，現時点での研究課題と今後の方向が展望できるような記述を心がけた。社会心理学の未来について，読者の方々とともに考える手がかりになればと願っている。

　本書の企画と刊行にあたっては，北大路書房の奥野浩之さんにたいへんお世話になった。編集作業に加えて，企画段階ではいろいろなアイディアを提案してくださり，校正段階では各章の原稿を丹念に読んで，疑問点の指摘や修正への示唆をしていただいた。行き届いた配慮と綿密な仕事ぶりに感謝し，心からお礼を申し上げたい。

2015年7月

編著者　外山みどり

目　次

はしがき　i

■ 第Ⅰ部 ■ 社会行動の基礎

第1章　自己 …………………………………………………………… 2

1節　自己知識　2
1. 自己知識の構造　2
2. 自己知識のはたらき　4

2節　自己評価　5
1. 自己評価にかかわる動機づけ　6
2. 肯定的自己観の維持に関するモデル　8

3節　自尊心　10
1. 自尊心に影響する要因　11
2. 自尊心の機能　11

4節　自己制御　12
1. 自己制御のメカニズム　12
2. 自己制御のモード　13
3. 自己コントロール　14

5節　新しい研究動向　15
1. 潜在的自尊心　15
2. 非意識的な自己制御　16

第2章　対人認知 ……………………………………………………… 18

1節　社会的カテゴリーとステレオタイプに基づく対人認知　19
1. カテゴリー情報　19
2. ステレオタイプ　20
3. ステレオタイプの機能　21
4. ステレオタイプを維持する心のしくみ　22

2節　原因帰属と説明に基づく対人認知　23
1. 行動の原因帰属と対応推論　23
2. 内的・外的要因への原因帰属と特性推論　24
3. 意図性への注目と行動の説明　26
4. 個々の性格特性と全体的な印象の関係　27

3節　対人認知と自動性　28
1. 文脈情報の自動的処理が対人認知に及ぼす影響　28
2. ステレオタイプに基づく対人認知の自動性　29

目 次

　　　　　3. 行動情報に基づく対人認知の自動性　30
　　　　　4. 対人認知における自動的処理と統制的処理の相互作用　31

第3章　社会的認知 …………………………………………………… 34

1節　社会的認知をどう描くか　34
　　　1. 連合ネットワーク　35
　　　2. 接近可能性　36
　　　3. プライミング　36
　　　4. 閾上と閾下　37
　　　5. 同化効果と対比効果　38

2節　身体が形づくる社会的認知　39
　　　1. 外界からの入力　39
　　　2. 身体の動き　40

3節　他者との関係性が形づくる社会的認知　41
　　　1. 自己概念　42
　　　2. 自己制御　43

4節　ヒューリスティック──直感に基づく判断　44
　　　1. 利用可能性ヒューリスティック　44
　　　2. 代表性ヒューリスティック　45
　　　3. 係留と調整　45
　　　4. 態度ヒューリスティック　46
　　　5. 再認ヒューリスティック　46
　　　6. いつヒューリスティックを使うか　46

5節　直感は熟慮に勝るか　47

6節　二過程モデル　49
　　　1. 過程1　50
　　　2. 過程2　51

7節　おわりに　52

第4章　態度と態度変化 ………………………………………………… 53

1節　態度とは　53
　　　1. 態度の定義　53
　　　2. 態度の機能　54
　　　3. 態度の測定方法　55

2節　態度と情報処理　57
　　　1. 認知から態度へ　57
　　　2. 態度から認知へ　61

3節　態度と行動　64
　　　1. 態度から行動へ　64
　　　2. 行動から態度へ　66

■ 第Ⅱ部 ■ 人と人のつながり

第5章　対人魅力と対人関係 …………………………………………………… 70

1節　対人魅力　70
1. 他者にかかわる要因　71
2. 自己にかかわる要因　72
3. 自己と他者にかかわる要因　73

2節　対人関係　76
1. 進展　76
2. 維持もしくは解消　77

第6章　援助と攻撃 ……………………………………………………………… 80

1節　援助行動　80
1. 援助行動とは　80
2. 緊急時の援助行動を抑制させる要因　81
3. 援助行動の類型　84
4. 援助行動の生起に影響する要因　85
5. 援助行動の生起過程に関するモデル　88
6. 援助行動の成果と援助の継続性　89

2節　攻撃行動　90
1. 攻撃とは　90
2. 攻撃に関する3つの視点　90
3. 攻撃の学習　92
4. 社会的状況と攻撃　93
5. 暴力映像と攻撃　94
6. 攻撃の抑制・コントロール　95

第7章　対人相互作用 …………………………………………………………… 97

1節　囚人のジレンマ　97
2節　互恵性規範　101
3節　最後通牒交渉ゲーム　103
4節　関係の衡平さ　105
5節　交換関係と共同関係　107
6節　対人相互作用を支える心理的要因　108
1. 信頼　108
2. 感謝　110
3. 許し　111

7節　間主観的な分析と概念　112

第8章 社会的影響 ……………………………………………… 113

- 1節 同調　113
- 2節 少数者影響　116
- 3節 権威への服従　118
- 4節 社会的インパクト理論　122
- 5節 新しい研究動向　123

第9章 集団過程 ……………………………………………… 126

- 1節 集団とは何か　126
- 2節 集団の意思決定　127
  1. 集団の意見は極端になる　127
  2. 集団の意見は狭くなる　129
- 3節 集団成員の課題とのかかわり　130
  1. 集団のまとまりと課題遂行　130
  2. 集団成員間の差異の問題　131
  3. リーダーシップ　134
- 4節 集団間関係　135
  1. フィールド実験における集団間葛藤　135
  2. 集団間関係の実験パラダイム　136
  3. 集団への同一視と集団間関係　137
  4. 集団間葛藤の解決　138

第10章 コミュニケーション ……………………………………… 141

- 1節 コミュニケーションとは何か　141
  1. コミュニケーションの概念　141
  2. コミュニケーションの構成要素　142
- 2節 言語コミュニケーション　143
  1. コミュニケーションプロセスのモデル　143
  2. 社会的属性と言語使用　147
- 3節 非言語コミュニケーション　149
  1. 非言語メッセージの性質と分類　149
  2. さまざまな非言語手がかり　150
  3. 複数の手がかりの組み合わせ　154
- 4節 オンラインのコミュニケーション　155
  1. CMCの特徴　156
  2. CMC独特のコミュニケーション　157

目 次

■ 第Ⅲ部 ■ 社会心理学の新しい研究動向

第11章 無意識と潜在過程 …………………………………………… 160

1節 はじめに 160

2節 自己報告をめぐる問題 162
1. 行動の原因についての自己報告　162
2. 主観的感覚の誤帰属　164
3. 理由分析による混乱　167
4. 自己報告と間接的測度の乖離　168
5. 何について自覚できていないのか　169

3節 二過程モデルからみた自己報告——自己報告と間接的測度の統合的な理解 170
1. 2つの表象：連合的表象と命題的表象　171
2. 自己推論モデル　172

4節 おわりに 177

第12章 文化心理学の観点 …………………………………………… 179

1節 「文化心理学」以前の文化研究 179
1. 「文化とパーソナリティ」に関する文化人類学的研究　179
2. いわゆる「日本人論」　180

2節 個人主義−集団主義 181
1. 文化の次元：ホフステードの研究　181
2. 個人レベルでの個人主義−集団主義：トリアンディスの研究　182

3節 文化的自己観 184
1. 自己観の文化差　184
2. 自己認知・他者認知の文化差　185

4節 認知・思考様式の文化差 188
1. 中心的対象と周囲の対象への相対的注意　188
2. 分析的思考−包括的思考　190

5節 文化研究の枠組み 190
1. 文化研究における異なったアプローチ　190
2. 普遍性・特殊性をめぐる論点　191
3. 個人と文化の相互関係　192

6節 文化研究の問題点と今後の課題 192
1. 単純な二分法に対する批判　193
2. 文化差の強調と実証的研究結果の非一貫性　193
3. 文化差の起源に関する考察　194
4. 文化変容の問題　195

vii

目 次

第13章　進化心理学の観点 …………………………………………… 196

1節　はじめに　196
1. 進化論的観点：動物行動学の場合　196
2. これまでの人間行動の説明　198

2節　進化心理学　199
1. メタ理論としての進化論　199
2. 究極要因と至近要因　200
3. 領域固有性　201
4. 行動＝人×状況　201
5. 反証可能性　202
6. 究極要因の説明の妥当性　203
7. まとめ：進化心理学とは　205

3節　社会心理学にとっての進化論的観点　205
1. 新たな問題設定：HowからWhyへ　206
2. 進化論的パズル　208
3. リバース・エンジニアリング　211
4. まとめ　212

4節　おわりに　212

引用文献　215
人名索引　243
事項索引　246

第 I 部

社会行動の基礎

第 1 章

自 己

　自己（self）とは，複雑な存在だ。人が「私はだれ？」という問いを発するとき，その思考の対象になるのは自己である。それと同時に，その思考を行なう主体も，これまた自己である。つまり自己は，私たちの心のはたらきの"対象"でもあり，またその"主体"でもあるのだ。本章の前半では，"対象"としての自己について，自己知識・自己評価・自尊心といったテーマを取り上げる。後半では，"主体"としての自己のはたらきについて，自己制御というテーマを中心に説明する。

1節　自己知識

1．自己知識の構造

　私たちは，自分自身についてたくさんのことを知っている。何が好きで，何が嫌いか。どのような性格で，どのようにふるまうのか。どのような過去を背負い，どのような未来を思い描いているのか。誰と親しく，誰にあこがれ，誰を恐れているのか。これらのような，自分自身についての知っている情報のことを自己知識（self-knowledge）とよぶ。自己知識に含まれる情報は，「去年の夏に北海道旅行に行った」というような具体的なエピソードから，「私は旅好きだ」といった抽象化された自己概念（self-concept）まで，その抽象度は

さまざまである。
(1) 作動自己概念
　自己知識には，膨大な量の情報が蓄えられている。さらに，すべての情報が一貫しているわけではなく，たくさんの矛盾も含まれる。にもかかわらず，私たちは自分自身がどのような存在であるかについて混乱することはほとんどない。むしろ，一貫した統合性のある存在として自分自身をとらえていることが多い。その理由は，私たちは自己知識に含まれる情報すべてに常時アクセスしているわけではなく，ごく一部の情報のみを活性化させ，利用しているからである。たとえば，「根気強い」という自己概念が活性化しているときには，それに関連する「コツコツ勉強する」というふるまい方や「書道教室に12年間通った」というエピソードが思い出されやすくなる一方で，それと相反する「飽きっぽい」という自己概念や「ダイエットはいつも三日坊主」といったふるまいは比較的思い出されにくい。このように，ある時点において活性化されている自己知識群のことを作動自己概念（working self-concept）とよぶ（Markus & Kunda, 1986）。そのときの状況に応じて活性化のパターンが変化するため，作動自己概念の内容は時々刻々と移り変わる。作動自己概念の内容は認知・感情・行動にも影響を及ぼす。すなわち，その時々における自分自身のとらえ方に応じて，私たちはものごとについて異なる考え方や感じ方をし，ふるまい方にも変化が生じるのである。

(2) 関係的自己
　作動自己概念の変動をもたらす原因にはさまざまなものがあるが，その中でも特に大きな影響力をもつのが，私たちにとって大切な人々，つまり重要他者の存在である。すなわち，自分が大切に思う相手に対してどのようにありたいか，そして相手が自分に対してどのような期待を抱いているか等に影響を受けて，自己知識へのアクセスのしかたが異なってくる（Andersen & Chen, 2002）。このように，重要他者との関係性によって影響を受ける自己のありかたのことを関係的自己（relational self）とよんでいる。たとえば，恋人と一緒にいるときには「やさしい」「誠実だ」といった自己知識にアクセスし，それに合致するように思いやりある行動が出現しやすい。その一方で，厳格な父親を目の前にしたときには「反抗的」でありながら「有能さを主張する」といっ

た情報にアクセスするため,父親の叱責に対して口答えをしつつ,どうにかして自分を認めさせたいというアピールを繰り出すことになる。

2. 自己知識のはたらき

人は,自分についての情報(自己知識)を膨大な量蓄えているばかりではなく,それらを有効に利用している。自己知識は,情報処理を助けてすばやい判断を可能にしたり,適切な行動を促進したりする等,さまざまな機能を備えているのである。

(1) ものごとを解釈する

私たちは,自分にとって特に重要な特徴や性質を表わす自己知識や,それに関連する情報を結びつけ,体制化された知識構造をつくり上げる。これを自己スキーマ(self-schema)とよぶ。この自己スキーマは,情報処理を効率化し,すばやい判断や行動を可能にさせる機能をもつ(Markus, 1977)。もしあなたが,自分のことを「服装のセンスがよい」人だと確信しており,またそれが自分にとって特に重要な特徴だと認識していたとしよう。このような場合,あなたは「服装センス」に関する自己スキーマを有していると考えられる。この自己スキーマには,(自分の思うところの)センスのよい装いに関する豊富な知識が自己と結びつけられつつ体制化されている。そのため,自分の好きな服飾ブランドと自分自身を結びつけてとらえたり,お洒落な服装に関する情報にすばやく注意を向けて判断したりといったように,情報処理が効率化する。また,自分に関する判断の促進ばかりではなく,他者に関する判断や行動にも影響が及び,相手の服装についてカッコいい/ダサいを瞬時に判断したり,その判断結果に応じて相手の評価が大きく左右されたりする。

(2) 判断の参照点を提供する

自己知識は,ものごとや人について推論・解釈をするときの参照点を提供する。このはたらきによって社会的判断が効率化されるため,私たちはめまぐるしく変化する社会的環境の中で,すばやく判断を下すことができる。ただし,この参照点としての自己のはたらきによって,さまざまな判断のゆがみ,すなわちバイアスが生じることも指摘されている。そのバイアスの1つである社会的投影という現象について以下で説明する。

社会的投影（social projection）とは，自分自身のもつ特徴（属性・態度など）が他者にもあてはまるだろうと過剰に推測する現象のことである。たとえば，ある政策について世間一般の人々がどのような意見をもっているかを知りたかったとしよう。もしあなたがそれに関するデータを何も持ち合わせていなかったとしたら，どのようにして人々の意見を推測するだろうか。たいてい，人はまず自分自身のもっている意見（たとえば，「消費税増税には反対だ」）を基準点として用い，そこから多少の調整を加えつつ他者の意見分布を推測しようとする。しかし，たいていの場合，その調整は不十分であるため，結果的に自分の意見に類似した推論が導かれる（たとえば，「多くの人々が増税に反対しているだろう」）。このように，実際以上に多数の他者が自分と同じ意見をもっているだろうと推測することを，誤った合意性（false consensus）とよぶ（Ross, Greene, & House, 1977）。

(3) 行動を導く

自己知識には，適切な行動を導くという機能もある。自己知識の中には，可能自己（possible self）という「自分はどのような状態になり得るか」という可能性を表わす自己概念が含まれている（Markus & Nurius, 1986）。この可能自己には，自分がどのようになりたいかというイメージが表象化されたもの（望ましい自己：desired self）や，自分がどうなってしまうことを恐れているかというイメージが表象化されたもの（恐れられる自己：feared self）などが含まれる。一人の人間の記憶の中には多様な可能自己が含まれているが，そのときにアクセスされている可能自己に応じて，その時点における目標設定や，現状の認識，その目標を達成するための手段選択に影響が及ぼされる。このように，自己は行動制御の機能も果たしており，そのはたらきについては本章の後節「自己制御」において詳しく述べる。

2節　自己評価

私たちは，自分自身のさまざまな側面を評価する。つまり，ある領域について，自分がどのくらい優れているか，あるいは劣っているかを判断するのであ

る。自分は賢いのか，愚かなのか。心がやさしいのか，意地悪なのか。友だちに人気があるのか，仲間外れなのか。このような，ある領域についての自分自身に対する評価判断のことを，自己評価（self-evaluation）という。

1．自己評価にかかわる動機づけ

自己評価の内容は，自分に甘いこともあれば，厳しいこともある。この自己評価の高低にかかわる要因として，4種類の動機づけの存在が指摘されており，それぞれ自己査定動機・自己確証動機・自己高揚動機・自己改善動機とよばれている。これらの動機づけは，自分自身に対する認識ばかりでなく，周囲状況や他者に対する判断，そして行動にいたるまで，広範囲な影響を及ぼしている。

(1) 正確さへの欲求（自己査定動機）

人間は，自らの能力や特性などについてできる限り正確に知りたいという欲求をもっている（Trope, 1982）。なぜなら，正しく自己評価することは，自らの将来を予測したり，効率的に行動をコントロールしたりするために役立つからである。自分のもっている特質や能力をきちんと把握できていれば，自分に適した課題や仕事を選び，気の合う人間関係を築いて，適度な目標を立てて努力することができるだろう。一方，もし自己評価が不正確であったならば，自分に不向きな人生選択をしてしまったり，むやみと低い目標を設定したり，逆に無謀な挑戦をしてしまったりする恐れがある。自分を正しく知ることは，適応的に生きていくために重要なことなのだ。

また，自分の長所ばかりではなく，短所をきちんと把握しておくことも大切である。人は，もし自分の能力を正確に診断できる課題があったならば，それが自分にとって厳しい結果をもたらす可能性があっても，その課題に積極的に取り組もうとする（Trope, 1982）。つまり，良いことも悪いこともひっくるめて，自分のことをありのままに知りたいと動機づけられている。この動機づけは，自己査定（self-assessment）動機とよばれている。

(2) 一貫性への欲求（自己確証動機）

人は，状況を越えて安定し，一貫した自己評価を保ちたいという欲求をもっている（Swann, 1983）。昨日の自分も，今日の自分も，そして明日の自分も，同じような"自分らしさ"を保っていたいという欲求である。そのため，その

自分らしさを支持してくれる証拠となるような情報を好んだり，選択的に得ようとしたりする。これを自己確証（self-verification）という。

　たとえば，自分で「ユーモアがある」性格だと思っている人は，自分の冗談に笑ってくれる友人と一緒にいたがるだろうし，「あなたはおもしろい人ですね」と言われることを好むだろう。ところが，日常生活においては，自己概念と必ずしも合致しない情報を得てしまう場合がある。たとえば，自分では「ユーモアがある」と思っているのに，他人から「あなたは真面目なことばかり言いますね」とコメントされてしまったとしよう。このコメントは，自己評価に反するものであり，本人にとっては受け入れがたい情報である。すると人は，さまざまな方略を使ってその情報に抗おうとする。たとえば，「相手は初対面だから私のことを全然わかっていないのだ」とか，「会議の場だから私はできる限り真面目にふるまおうとしたのだ」など，状況や他者・自己の行為についてさまざまな解釈を加える。あるいは，そのコメントをした相手とは今後できる限り会わないようにして，自己評価に合わないフィードバックを避けようとするかもしれない。このように，人は自分自身についての評価を確証するために，さまざまな方略を用いる。ここでは「ユーモアがある」というポジティブな評価を例にあげたが，自己確証の対象となるのは自己の肯定的側面ばかりではなく，否定的側面についても確証傾向がみられる。

(3) 肯定的自己観への欲求（自己高揚動機）

　人は，自分自身を肯定的にとらえたいという欲求をもっている。これを自己高揚（self-enhancement）動機という。この自己高揚動機を満たすために，自己評価にゆがみ（バイアス）が生じることがある。そのバイアスを表わす現象の1つとして，平均以上効果（better-than-average effect）がある。これは，ある属性や能力について「あなたは平均的な他者と比べて優れていると思うか，劣っていると思うか」を尋ねると，過半数の人々が「自分は平均よりも優れている」と答えるという現象である（Alicke, Klotz, Breitenbecher, & Yurak, 1995）。たとえば，車の運転スキルについて尋ねたところ，アメリカ人回答者の93％が自分は平均以上だと答えたという（Svenson, 1981）。しかし，客観的に評価するならば，平均以上にあたる人々は全体の約半数になるはずである。にもかかわらず，50％を上回る人々が自分自身を平均よりも優れていると回答

したということは，彼らの自己評価が実際以上に肯定的な方向へとゆがんでいることを意味する。

このように，私たちは過剰に肯定的な自己評価をすることがある。しかし，このゆがみは必ずしも不適応の原因となるわけではなく，適度な程度であれば精神的健康につながると考えられている（Taylor & Brown, 1988）。なぜなら，人は自分を優れた存在だと信じることで幸福感を感じ，高い目標を追求しようと試みるからである。また，大きな失敗をしたときや，他人から厳しく批判されたときなど，なんらかの脅威を受けた場合には，肯定的自己観がそのストレスを緩和してくれる。

(4) 向上への欲求（自己改善動機）

自分自身をよりよいものに向上させていきたいという欲求も，人間にとって重要なものである。自分が将来どのように前進・成長できるかを思い描き，その実現を目指して努力することを自己改善（self-improvement）とよぶ。この自己改善に動機づけられているとき，人は目標に対して一生懸命打ち込み，前進しようとする。この動機づけが高まるきっかけとなるのは，自己に対する批判的な評価である。つまり，現在の自分は劣った存在であり，目指すべき目標にまだ到達できていないという認識が，自己をよりよくしていきたいという欲求を強める。そのため，自己改善に動機づけられている場合には，自分より優れた他者と自分を比べようとする上方比較を行ない，その他者を手本として自分自身を高めていこうと試みるようになる（Collins, 1996）。

2．肯定的自己観の維持に関するモデル

自己評価に関する4つの動機づけのうち，自己高揚動機は（特に西洋文化圏において）重要であり，最も強い影響力をもつと考えられている。自己高揚，すなわち肯定的自己観の維持・向上のために，人はさまざまな方略を用いる。それらの方略に関する2つの理論を紹介しよう。

(1) 自己評価維持理論

自己評価の高さに影響を与える要因の1つとしてあげられるのは，他者の存在である。他者がどのような成果を上げたのか，そしてその他者は自分とどのような関係性にあるのかに応じて，自分自身の評価にも大きな影響が生じ得

る。そのしくみをモデル化したのが,自己評価維持理論（Tesser, 1988）である。このモデルによれば,①他者の成果（成功か失敗か）,②領域の関与度（その領域は自分にとって重要かどうか）,③心理的距離（その他者と親しいかどうか）という3つの要因の組み合わせが,他者の成果が自己評価に与える影響や,それに対する反応を規定する。

　もし関与度が高い領域において親しい他者が成功した場合には,大きな脅威を感じ,自己評価が低下する。場合によっては,その他者を避けようとしたり,その領域への関与度を下げたりすることもある。たとえば,あなたは子どものころから文章を書くのが得意で,「小説家になりたい」という夢をもっていたとしよう。ところがある日,あなたの友人が著名な文学新人賞を取ったというニュースが飛び込んできた。自分も同じ選考に応募していたにもかかわらず,選ばれたのは友人の作品だったのだ。友人の大きな成功に対して,あなたはどう感じるだろうか。おそらく,相手のために喜んであげたいとは思いつつ,とても悔しくみじめな思いをするのではないか。自分の執筆能力に対して疑いをもち始め（自己評価の低下）,もしかすると小説家への夢をあきらめるかもしれない（領域関与度の低下）。また,しばらくの間は,友人の顔を見たくないと感じるかもしれない（心理的距離の拡大）。このように,関与度の高い領域における他者の優れた成果に対して,自分自身の評価が下がるという心理プロセスのことを,対比過程とよぶ。

　一方,関与度の低い領域で身近な他者が成功した場合には,そのことを大いに誇りに感じ,自己評価にもプラスの効果をもたらす。もしあなた自身が小説執筆についての自負や,作家になりたいという夢をもっていないのであれば,友人が文学新人賞を取ったというニュースはとても喜ばしいものに感じられることだろう。その友人と自分がどんなに長いつきあいであるかを誰彼となく言いふらしたくなったり,もっと親しい仲になろうとアプローチしたりするかもしれない（心理的距離の縮小）。このように,関与度の低い領域において親しい他者が優れた成果をあげたことに応じて,自分自身の価値も高く認識されるという心理プロセスは,反映過程とよばれている。

(2) 自己肯定化理論

　個々の領域に関する自己評価と,より包括的な自己評価についての関係性を

ふまえて，その関係性の中で生じる自己高揚のありかたを論じたのが，自己肯定化理論（Steele, 1988）である。人は，ある領域における自己評価が脅威にさらされたとき，なんらかの手段を講じて包括的な自己評価を傷つけまいと試みる。このとき，脅威を受けた領域とは別の領域において自分の価値を確認することができれば，包括的な自己評価は安泰に守られる。たとえば，数学のテストで不合格になってしまったとしても，「自分は語学力を重視していて，将来は世界中とコミュニケーションをとり合う仕事に就きたいのだ」という別領域の価値観を再認識すれば，自己全体に対する脅威は低減し，焦りや不安を抑えることができる。このような自己価値の確認作業のことを自己肯定化（self-affirmation）という。もし脅威にさらされても，自己肯定化を行なう機会があれば，その後は防衛的反応を示しにくくなり，自分に対するネガティブな情報を素直に受け入れることができる。しかし，自己肯定化をする機会がないと，どうにかして自己評価を守ろうとする防衛的反応が強まり，自分に対する批判を拒絶したり，自分より劣った他者と比較することで自らの優位性を確認しようとしたりする。

3節　自尊心

　自分自身に対する一般化された評価のことを，自尊心（self-esteem）という。すなわち，自分にどのくらいの能力や価値があると思うか，自分自身をどのくらい好ましいと感じるかなど，さまざまな要素を包括した自己に対する態度である。自尊心の高さは，前向きな目標を立て，人生経験を楽しみ，失敗や困難を乗り越えるために役立ち，精神的・身体的健康を促進するという（Sommer & Baumeister, 2002）。ただし，高い自尊心をもつことが一概に適応的であるとはいえず，自己愛傾向と結びついたり，他者に攻撃的になったりする場合もある（Baumeister, Bushman, & Campbell, 2000）。

　一人の人間が示す自尊心の高さには，状況を越えた（ある程度の）安定性がある。このような個人差として安定して示される自尊心の高さを，特性自尊心とよぶ。しかし，自尊心は常に不変というわけではない。成功・失敗の経験や，

他者との関係性，動機づけや感情状態の変化など，さまざまな要因の影響を受けて揺れ動く。このように変動する性質をもつ自尊心のことを，状態自尊心とよんでいる。

1. 自尊心に影響する要因

　自尊心が高まったり低まったりする原因は，人それぞれに異なっている。「試験に不合格だった」というたった1つの経験が，ある人にとっては自尊心を大きく低下させるきっかけになる。ただし，このようなことが起きるのは，"学業成績"という領域が自尊心と強く結びついている人のみである。この結びつきが弱い人にとっては，同じ経験をしたとしても，自尊心はさほど傷つけられない。このように，自尊心と強く結びついている領域は個人によってそれぞれ異なっており，それゆえに各経験が自尊心に与える影響も千差万別なのである。ある特定の領域についての自己評価が，全般的な自尊心に影響を及ぼす度合いのことを，自己価値の随伴性（contingencies of self-worth; Crocker & Wolfe, 2001）という。

2. 自尊心の機能

　そもそも人間はなぜ，自尊心というものをもっているのだろう。この問題については，ソシオメーター理論と存在脅威管理理論がそれぞれ独自の議論を展開している。

(1) ソシオメーター理論

　上述のように自尊心に影響を与えやすい領域は個人によって異なるとはいえ，多くの人々に共通する重大な要因としてあげられるのが，他者からの受容である。他者から好かれたり，たくさんの人から褒められたりといった経験をすると，自尊心は跳ね上がる。一方，他者から嫌われる，集団から除け者にされるといった経験をすると，自尊心は大きく低下する。ソシオメーター理論（Leary & Baumeister, 2000）によれば，自尊心は「自分が周囲の他者からどれだけ受け入れられているか」を表わす指標の役割を果たしているという。人間は本質的に社会的な生物であり，他者から承認されたいという根源的な欲求をもっている。だからこそ，社会的受容度に敏感な指標，すなわちソシオメーター

(sociometer）としての自尊心を人間は備えるようになった。このソシオメーターが低下することが警鐘となって，受容回復に強く動機づけられ，他者に近づこうとする行動が生じやすくなると考えられている。

(2) 存在脅威管理理論

人はなぜ自尊心をもつのかという問いに対して，存在脅威管理理論 (Greenberg, Pyszczynski, & Solomon, 1986) は，「死」の脅威に対するバッファ（緩衝材）としての役割を果たすからだと主張している。人間は，自分がいずれは死すべき運命にあるという大きな脅威に対して，人生の意味や目的を与えてくれるような文化的世界観を発達させたり，自分は価値ある存在であるという肯定的自己観を維持したりすることによって，不安を減少させているのだという。死に関連する思考をもつと，人は文化的規範に従った行動を取りやすくなったり，その規範に反している他者に対して厳しく罰しようとしたりする。これらは，文化的世界観を守るための防衛的反応と考えられる。ただし，自尊心が高められるような経験をした場合には，その経験を通じて自分自身の価値や重要性を再確認できるため，死の脅威への耐性が高まり，防衛的反応が生じにくくなる。

4節　自己制御

心理学における自己制御（self-regulation）という用語は，人間が目標を達成するために自らの判断・感情・行動などをコントロールする現象，そしてそれに関連する心理過程のことを意味する。人がなんらかの目標を設定し，それを追求するプロセスと言い換えることもできよう。

1. 自己制御のメカニズム

自己制御は，どのようなしくみによって成り立っているのだろうか。コントロール理論（Carver & Scheier, 1982）によると，自己制御過程においては，目標とする状態（基準）と現在の状態が比較され，不一致があると判断された場合，その不一致を低減するように行動が調整される。その後再び基準と現状

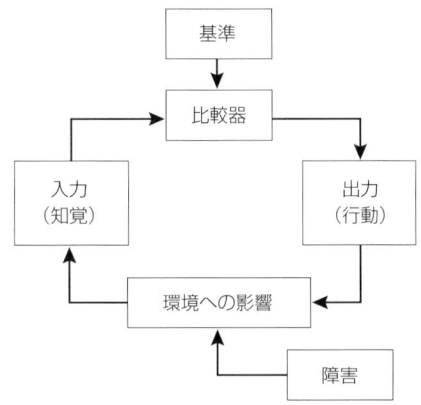

図1-1　自己制御のフィードバック・ループ
（Carver & Scheier, 1982より）

が比較されて，もし一致していれば行動を停止し，まだ不一致があれば低減行動を行なうことをくり返す。このような循環をフィードバック・ループ（図1-1）とよぶ。

自己覚知理論（Duval & Wicklund, 1972）によれば，自己の内面に注意を向けること，すなわち自己覚知（self-awareness）によって，自らのもつ基準に合わせて行動を調節しやすくなるという。自己覚知によって自分の重要視している価値観に意識が向き，それを基準として自らの行為と照らし合わせるようになる。結果として，価値観に合致する行動は促進され，それに反する行動は抑制される。たとえば，「鏡を見る」という行為は自己の内面への注目を高める効果をもたらすため，人助けなどの道徳的行為が促進されたり，カンニングなどの違反行為が減少したりする。

2．自己制御のモード

目標に対するとらえ方とその追求方法に関して2種類のモードを想定したのが，制御焦点理論（Higgins, 1997）である。この理論によると，目標を「理想」としてとらえるか，それとも「義務」としてとらえるかによって，それぞれ異なる認知や感情・行動が導かれる。理想としての基準（理想目標）とは，本人

が「こうなってほしい」と願っていることであり，夢や希望として認識されている。この理想目標が活性化すると，大胆かつ積極的にその理想を目指す行動が起きる。その目標がかなえられれば喜びの感情が生じ，次なるチャレンジへと向かう動機づけを高める。もし達成できなかった場合には落胆を味わい，意欲を失ってしまう。このように理想到達を目指す自己制御モードのことを促進焦点（promotion focus）という。一方，義務としての基準（義務目標）とは，本人が「こうならねばいけない」と信じていることであり，果たすべき責任として認識されている。この義務目標が活性化すると，注意深く慎重にその責任をまっとうしようとする。不達成の場合は焦りや不安を感じ，達成行動へと駆り立てられる。もし達成されれば安心を感じ，ようやく責任遂行行動を収めることができる。このような責任完遂を志す自己制御モードのことを予防焦点（prevention focus）という。一人の個人の中にはこれら2つのシステムが兼ね備わっており，状況に応じてそれぞれの活性化の度合いが変化するが，いずれの方が強い影響力をもつかについてはある程度安定した個人差がみられる。

3．自己コントロール

　人間は1つの目標だけを追いかけているわけではなく，同時に複数の目標を抱くこともある。そして時には，2つの目標遂行が互いの成果を阻害してしまう葛藤状況が生じることもある。たとえば，「ダイエットをしてスリムな身体になりたい」という目標と，「甘いお菓子を食べて幸せをかみしめたい」という目標を同時に抱いてしまったとしたら，その人は葛藤状態にあるといえる。このような場合，どちらの目標追求を優先すべきだろうか。合理的に考えるならば，自分の価値観に照らして重要性が高く，また長期的に利益のある目標追求（たとえば，ダイエットをする）を優先させるべきであろう。このように，ある重要な目標追求のために，それを阻害するような別の目標追求を抑制することを自己コントロール（self-control）とよぶ。

　しかし，人はしばしば，自らの価値観と必ずしも合致せず，そして短期的な満足しかもたらさない行動（たとえば，甘いお菓子を食べる）を衝動的に実行してしまう。つまり，自己コントロールに失敗する。そしてこの失敗は，私たち人間にとってまったくめずらしいことではなく，日常生活の中で頻繁に起き

る。なぜ，私たちは自己コントロールに失敗してしまうのだろう。

　自己コントロールの失敗につながる原因の1つとしてあげられるのが，制御資源の枯渇である（Baumeister, Bratslavsky, Muraven, & Tice, 1998）。自己コントロールは，それを執り行なうための心的エネルギー，すなわち制御資源を必要とする。この制御資源は，私たちが日常生活の中でむずかしい問題に取り組むときや，望ましくない衝動を抑えようとするとき，重要な選択をするときなど，なんらかの自己コントロールを発揮することによって消費される。いったん制御資源が消費されると，その後しばらくは回復しないため，資源不足の状態が続き，その期間は自己コントロールの実行が困難になってしまう。たとえば，ある実験において，参加者は目の前にある美味しそうなクッキーを食べたいという衝動をがまんして，生のラディッシュを食べるという行為を行なった。すると，その直後に与えられたむずかしいパズルを，解くことを早々にあきらめてしまったという（Baumeister et al., 1998）。つまり，事前に衝動を抑えたことが制御資源の枯渇を招き，その後に自己コントロールが利かなくなってしまったと考えられる。

5節　新しい研究動向

　旧来の自己研究は，「意識される自己」について検討してきた。つまり，私たちが自分自身をどのように意識しているかを中心的に扱ってきたのである。しかし近年，「意識されない自己」について報告する研究が増えてきており，注目を集めている。ここでは代表的な2つのトピックを取り上げつつ，「意識されない自己」のはたらきについて考えてみよう。

1．潜在的自尊心

　ある人の自尊心を測定するために，「あなたは自分がどのくらい優れていると思いますか」などと問うたとしたら，それは本人が意識するところの自尊心，すなわち顕在的自尊心（explicit self-esteem）を測定していることになる。一方，自尊心には意識されない側面，すなわち潜在的自尊心（implicit self-esteem）

も存在する。この潜在的自尊心は，「自己」の概念と「快」概念の連合の強さ，すなわち両概念がどれだけ強く結びつけられているかを反映している。この連合が強いほど，「自己」の概念が活性化すると，「快」の概念もそれに応じて活性化し，意識的処理を介さずに感情や判断・行動に影響を及ぼす。潜在的自尊心は，本人に直接尋ねて回答を得ることが不可能なため，間接的な方法で測定される。代表例な測定法としてあげられるのが，IAT（Implicit Association Test：潜在連合テスト；Greenwald, McGhee, & Schwartz, 1998，本書第4章・第11章参照）やネームレター課題（name letter task; Nuttin, 1985）である。たとえば，ネームレター課題では，自分の名前に含まれる文字や，誕生日に含まれる数字を（それ以外の文字・数字と比較して）どのくらい好ましく感じているかを測定し，自己に対する非意識的な好意の程度を表わす指標としている。

　顕在的自尊心と潜在的自尊心は必ずしも一貫しない。たとえば，日本人は顕在的に低い自尊心を示すことが多いが，ネームレター課題で測定した潜在的自尊心では自己に対して肯定的な反応を示す（Kitayama & Karasawa, 1997）。また，顕在的な高自尊心者の中には，潜在的自尊心が比較的に低いという不一致を示す人も存在する。このような人々は自尊心が不安定になりがちで，自己愛的な傾向や，他者に攻撃的になるといった防衛的反応を強く示す（Jordan, Spencer, Zanna, Hoshino-Browne, & Correll, 2003）。

2．非意識的な自己制御

　前節「自己制御」において，目標となる基準を設定し，それに向けて現状を近づけるための反応が生じるというメカニズムについて述べた。それを聞くと，人がなんらかの目標を意識して掲げ，それを目指して意図的に行動をコントロールしようとする様子を思い浮かべるかもしれない。しかし近年の研究により，本人の意識や意図を介さない目標追求が生じ得ることがわかってきた。たとえば，事前にwin, compete, succeedなど優れた成績に関連する単語がさりげなく実験参加者の目にふれるようにしておくと，その直後に取り組んだ単語探しパズルにおいて，課題成績が向上したという（Bargh, Gollwitzer, Lee-Chai, Barndollar, & Trötschel, 2001）。すなわち，本人は意識していなかったにもかかわらず，これらの単語に接することによって「優れた成績を収めたい」とい

う目標が活性化され，パズル解きの作業に努力を注ぐという達成行動がうながされたのだと解釈できる。このように非意識的に設定される目標は，意識的に設定される目標と同等，もしくはそれ以上に効率的に，目標達成行動を遂行させる効果をもっている。

　自己コントロール状況においても，非意識的な目標設定は効果を発揮する。すなわち，2つの目標が葛藤してしまうとき，より優先すべき目標を強く活性化させ，比較的望ましくない目標（誘惑）の活性化を低めることで，スムーズに自己コントロールを実行できるようになるのだ。たとえば，多くの女性は体重を管理したいという目標をもっているが，時には甘いお菓子を食べたいという誘惑にかられることもあるだろう。そこで，女性の実験参加者に高カロリーな菓子類を見せたときに，目標の活性化や行動にどのようなパターンが生じるかを検証する実験が行なわれた（Fishbach, Friedman, & Kruglanski, 2003）。結果，お菓子類を見せられた女性たちは，diet, slim, thinなどダイエット関連の単語への反応が速くなった。つまり，体重管理目標が活性化されたことがわかる。さらに，実験参加の謝礼としてチョコレート菓子とリンゴのいずれかを選んでもらったところ，後者を選ぶ割合が増えた。ちなみに，これらの効果に気づいていた参加者はいなかった。つまり，誘惑に接したことがきっかけとなって，優先されるべき目標が非意識的に設定され，その結果として自己コントロールに成功できたといえるだろう。

　このように，「意識されない自己」は人間の思考や行動に大きな影響を与えており，私たち自身が気づかぬところで日々の生活を支えてくれているのである。自己の非意識的なはたらきについての研究は今後も引き続き発展し，新たな発見が次々と報告されていくことだろう。

第 2 章

対人認知

　人の心について考えるのは心理学者の仕事であると考えられがちだが，学者でない人たちも日頃人の心について考える機会が多くあるだろう。たとえば初対面の人がどのような性格であるのか，友だちは今何を考えているのか，事件の犯人はなぜ犯行に及んだのかなどである。相手の心の内を理解することはむずかしいし，断片的な情報しか得られないことも多いが，それでも私たちは手に入る手がかりに基づいて相手の内面を読み取ろうとしている。そのしくみを調べるのが対人認知（person perception）という研究領域である。対人認知は対人知覚ともよばれ，人が他者の性格や能力などの内面的特性を理解する際の心のはたらきを指す。

　同じ相手であっても，注目する手がかりや手がかりの使われる状況に応じて対人認知の結果は変わる。本章では社会的カテゴリー（性別，国籍，血液型など）を手がかりとして人を理解しようとする際の心のはたらきと，行動を手がかりとして人を理解しようとする際の心のはたらきに注目して，対人認知のしくみを説明する。

1節　社会的カテゴリーとステレオタイプに基づく対人認知

1．カテゴリー情報

　大学では同じ時限に友だちと異なる授業を履修する機会があるだろう。友だちに自分の授業を担当する先生を説明するとき，私たちはどのような言葉を使うだろうか。「○○先生は若い男の先生で，出身はXX県で帰国子女らしい」というように相手の性別や年齢層，出身地といった特徴を伝えることが多いのではないだろうか。こうした特徴はその人が特定のカテゴリーの一員であることを意味する。たとえばある人を「大学教員である」と認知することは，その人が大学教員という職業カテゴリーに含まれる大勢の大学教員のうちの一人であって，小学校教員や郵便配達員というカテゴリーには含まれないことを意味する。このように，人をグループに分ける枠組みのことを社会的カテゴリー（social category）とよぶ。

　カテゴリーを使って物理的刺激を知覚すると，同じカテゴリー内の刺激同士の類似性は高く，異なるカテゴリー間の刺激同士の類似性は低く感じられる（図2-1）。これと同様に社会的カテゴリーを使って人を知覚すると，同じカテゴリーに属する人たち同士は類似性を高く，異なるカテゴリーに属する人たち同士は類似性を低く知覚されやすい（Tajfel & Wilkes, 1963）。たとえば相手を「子ども」ととらえた場合，その人は他の子どもと大きくは違わないが，大人とは明確に違っているように感じられる。実際には「子ども」の中にも赤ちゃんか

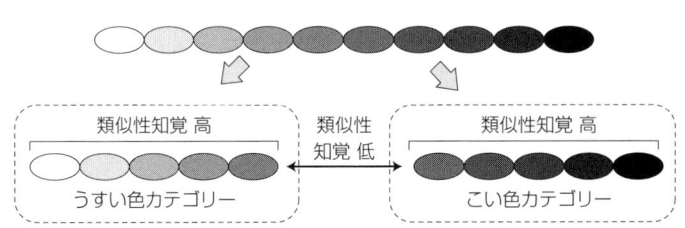

図2-1　カテゴリー内の刺激とカテゴリー間の刺激の認知

ら小学生，中学生などさまざまな違いがありえるが，その人を「子ども」ととらえた場合にはそのような違いは特に注目されなくなり，「大人」との隔たりだけが強く感じられるだろう。

社会的カテゴリーを使って人を知覚するときには，その人が自分と同じカテゴリーに入るのか，それとも異なるカテゴリーに入るのかを判断することも可能となる。自分の所属するカテゴリーを内集団，所属しないカテゴリーを外集団とよぶ（Tajfel, Billig, Bundy, & Flament, 1971）。人は外集団メンバーに比べて内集団メンバーを好意的に評価しやすい（たとえば，Gerard & Hoyt, 1974）。また，同じカテゴリーに属する人たち同士の類似性を高く知覚する傾向は外集団に対して顕著である（Linville, Fischer, & Salovey, 1989; Park & Rothbart, 1982）。

社会的カテゴリーに基づく対人認知では，その人が誰と同じ特徴（カテゴリー）をもつかが注目される。この時，その人しかもっていない個別的な特徴は注目されづらくなる。個別的な手がかりは相手をそれ以外の人々と区別してより正確な理解を助けるが，入手困難である場合も多く，対人認知の第一歩として考慮されることは少ない。

2．ステレオタイプ

社会的カテゴリーの中には，性格や行動傾向とセットになって対人認知に用いられるものもある。たとえば，マラソンでケニア出身の選手がよい成績を収めることがあるが，ケニア人すべてが俊足とは限らない。それにもかかわらず，ケニアから留学生がやってくると聞くと「きっと足が速いのだろうな」と考えてしまいがちではないだろうか。これは「ケニア人」という社会的カテゴリーと「足が速い」という特徴（属性）が頭の中で結びついているために起きることである。こうした社会的カテゴリーと属性の結びつきに対する過度に一般化された信念をステレオタイプ（stereotype）とよび，特定の人にステレオタイプをあてはめることをステレオタイプ化（stereotyping）とよぶ。

ステレオタイプには「ケニア人は足が速い」という例のようにカテゴリー情報とポジティブな属性が結びついたものもあるが，その多くは「ホームレスは汚い」「太っている人はなまけものだ」といったようにカテゴリー情報とネ

ガティブな属性が結びついたもので，偏見や差別として表出されることも少なくない。さらに，「医師は有能だが冷たい」のようにポジティブな属性とネガティブな属性の両方をあわせもつ複雑な形のステレオタイプもある（Fiske, Cuddy, Glick, & Xu, 2002）。

3．ステレオタイプの機能

　ステレオタイプ化は，カテゴリー内のメンバーの多様性への注目を阻み相手の見え方を単純化することで，対人認知を不正確にする危険性をはらんでいる。また，個性や人権が尊重され差別が問題視される現代社会においては，ステレオタイプを用いた判断はできるだけ避けることが望ましい。

　しかし，ステレオタイプをまったく使わずに対人認知を行なうことはそれほど簡単なことではない。自分でも他人をステレオタイプ化した経験を思い起こすことができるだろう。さまざまな問題があるにもかかわらず，なぜ人はステレオタイプを用いて他者を判断してしまうのだろうか。

　私たちがステレオタイプを利用しがちなのは，ステレオタイプが相手を短時間で簡単に理解する手がかりとして使いやすいという特徴をもつためである（Allport, 1954）。私たちは毎日多くの人に遭遇するが，その一人ひとりを個人の特徴に基づいて評価するには時間も手間もかかる。また，個人的な情報はその場で手に入らなかったり，内容が曖昧であることも多い。一方，ステレオタイプは頭の中にすでに保持されている知識である。初対面の人でもステレオタイプ化を行なえば相手がどんな人物であるのかを知ることができる。このことから，ステレオタイプに基づく対人認知は時間が限られている場合（Macrae, Milne, & Bodenhausen, 1994）やポジティブな気分で雑な情報処理を行ないやすい場合（Bodenhausen, Kramer, & Süesser, 1994）など，正確さよりもスピードや手軽さが重視される場面で行なわれやすい。

　さらに，相手をステレオタイプ化することは，そのステレオタイプにあてはまらない自分をポジティブに見ることにもつながる。たとえば「おばさんは図々しい」というステレオタイプは，おばさん以外の人は図々しくないことを含意するため，若い女性や男性はこのステレオタイプを中年女性にあてはめることで，その人を自分よりも劣った特徴をもつ者として下に見ることが可能になる。

このように，ステレオタイプは相手を貶めて相対的に自分自身をよく見るために利用されることも少なくない。特に自分に対する評価が脅威にさらされた場合にその傾向がみられやすい。フェインとスペンサーが行なった研究（Fein & Spencer, 1997）では，実験参加者は課題遂行に対する偽のフィードバックを受けたあとで，異性愛者または同性愛者であることを示唆するターゲット人物の情報を読んで人物を評価した。その結果，否定的なフィードバックを受け取って自己評価が脅威にさらされ，評価対象が同性愛者と知らされた参加者は，他の参加者と比べて人物を同性愛者ステレオタイプに沿って判断し，好意度を下げていた。ターゲット人物をステレオタイプ化することで自己評価を守ろうとしたのである。

4．ステレオタイプを維持する心のしくみ

　相手に対する正確な理解を阻害し，偏見や差別につながる危険性をもつステレオタイプであるが，対人認知の効率性を高め，自己防衛を可能にするという側面もあるため，使わずにいることはむずかしい。むしろ人はステレオタイプが維持されるような形で他者の情報を処理しやすい。これをステレオタイプの確証（stereotype confirmation）とよぶ。

　ステレオタイプの確証は，多くの情報の中からステレオタイプに合致した情報だけに注意を向けたり，記憶したりするといった形でみられる。たとえば坂元（1995，実験2）は血液型別性格判断を題材としてステレオタイプの確証を検討した。実験では血液型別性格判断の本から収集した各血液型の特徴を同数含んだ行動記述文を参加者に呈示し，その行動をとった人物の血液型を判断させた。行動記述文を読むにあたり，参加者には人物がある血液型にあてはまるかを考えさせたが，伝えられる血液型は人によって異なっていた。その結果，この人物がA型にあてはまるかを考えた場合にはA型的な特徴が注目されやすかったが，B型にあてはまるかを考えた場合には同じ行動文の中からB型的な特徴がより注目されていた。つまり参加者は自分がもっていたステレオタイプ的な知識に合致する情報に選択的に注意を向け，それ以外の血液型の特徴が呈示されていても，それに目をむけなかったということになる。

　また，ステレオタイプの確証は，ステレオタイプに合致しない特徴をもつ相

手を例外扱いする形でもみられる（Weber & Crocker, 1983）。これをサブタイプ化（subtyping）とよぶ。たとえば「男らしい特徴」として積極性や力強さがあげられることがあるが，それほど積極的でもなく，力強くもない男性も存在する。こうしたステレオタイプに合致しない特徴をもつ男性は「草食系男子」とよばれることがあるが，これは男性的な特徴をもたない男性を例外とするサブタイプ化の1つといえるだろう。サブタイプ化はステレオタイプに合致しない人々を例外として切り離すことにより，もともとあるステレオタイプを確証させる方向に働く。男性らしくない男性を例外的な存在に位置づけることで，それ以外の男性に対する見方を変えずにすむようになるのである。

さらに，ステレオタイプが本人の意思とは無関係に自動的に用いられることも指摘されている。これについては対人認知全般と自動的な情報処理について説明した3節で詳しく述べるが，こうした自動的なステレオタイプ化が生じた場合には，自分がステレオタイプを用いているということに本人が気づくことはむずかしく，結果としてステレオタイプ利用が続けられてしまうことになる。

2節　原因帰属と説明に基づく対人認知

1．行動の原因帰属と対応推論

他者を理解しようとするときには，その人が何をして，どのようなことを言ったのかなどの行動情報を手がかりとすることもあるだろう。そうした場合には行動の具体的な内容を知るだけでなく，その原因は何かを考えることもある。出来事の原因を特定しようとする心のはたらきを原因帰属（causal attribution）とよぶ。社会的な出来事の原因帰属を行なうことは，その行動をとった他者や行動の背景となる状況の理解，ひいては私たちが自分をとりまく社会的環境を理解することに貢献する（Heider, 1958）。対人認知の観点から言うと，他者の行動の原因帰属を行なうことは，その行動の原因となる不変的な傾向性（disposition）として相手の性格特性を理解する特性推論（trait inference）につながる。

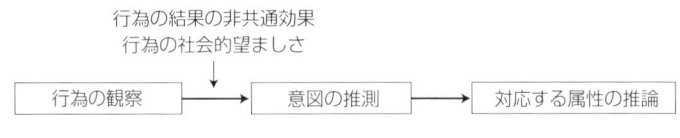

図2-2　対応推論モデル（Jones & Davis, 1965）

　では，原因帰属はどのようにして他者の理解につながるのだろうか。ジョーンズとデイビス（Jones & Davis, 1965）によると，人の行動はいくつかの選択肢の中から選ばれたもので，選ばれなかった行動の結果との比較によってその行動の原因が推測され，それを基にその行動を導く傾向性が推測される。他の選択肢からは得られない結果に注目することを非共通効果（noncommon effect），行動に対応する傾向性の推論を対応推論（correspondence inference）とよぶ。

　たとえば授業後にサークル活動に行く友だちと別れて図書館に残って勉強するAさんについて考えてみよう。非共通効果を考慮する場合，Aさんが図書館で勉強をするのは，授業後に暇をもてあましているためとは考えづらい。暇であることはサークル活動をする理由にもなるからだ。一方，授業で学んだ内容を復習するためという理由は，サークル活動をする理由にはならず，図書館での勉強に特有の非共通な理由となる。周囲の人はこうした非共通の要素に注目して，Aさんはまじめであるという不変的な性格を推測することになる。

　対応推論は行動の社会的望ましさとも関連する。ここでの社会的望ましさとは道徳的な良し悪しではなく，一般的にそうした行動が期待されているかどうかを意味する。社会的に望ましくない行動，すなわちたいていの人は行なわないような行動（たとえば信号無視や大人数の講義における挙手・発言）が起きている場合，その行動は本人の属性を強く反映したものと考えられ，対応推論に結びつきやすい（図2-2）。

2．内的・外的要因への原因帰属と特性推論

　人の行動の原因は必ずしもその人の内面的な特徴であるとは限らない。先ほどのAさんの例で考えても，Aさんが通常の授業期間中に図書館で居残り勉強をしたのであれば，Aさんはまじめな性格であるということができるだろう。

しかし居残り勉強をしたのが期末試験の前日である場合には，図書館で勉強をするという行動にAさんのまじめさが現われているとは言えないだろう（直前まで勉強をせずにいたという点では，むしろまじめではないといえるかもしれない）。

　ケリー（Kelley, 1971）は行動の生起を促進する外的な状況要因が存在する場合には対応推論が弱められることを指摘し，これを割引原理（discounting principle）とよんだ。また，行動に対する原因帰属が一貫性（どのような状況でも生じるのかどうか），弁別性（どのような対象に対しても生じるのか），合意性（他の人も同じように行動するのか）の3次元に基づいて行なわれるという共変モデル（ANOVA model）を提唱した。

　ここまであげてきた初期の原因帰属研究は，論理的に考えた場合に妥当であると思えるような原因帰属のプロセスを明らかにした。しかしその後の研究で，私たちの行なう原因帰属が論理的に妥当な解とは違う結果になる場合も多いことが示されるようになった。たとえば原因帰属のゆがみとして外的要因より内的要因を重視しやすいという傾向があり，基本的な帰属のエラー（fundamental attribution error; Ross, Amabile, & Steinmetz, 1977），または対応バイアス（Gilbert & Malone, 1995）とよばれている。

　基本的な帰属のエラーを示した研究として，ロス他の実験（Ross et al., 1977）では，実験参加者は出題者と解答者に分かれてクイズに取り組み，最後にお互いの知性を評価した。その結果，当事者間の評価でも，クイズの様子を見た観察者による評価でも，一貫して出題者のほうが回答者よりも知的であると評価された。これは，回答者が正解できなかった問題の答えを出題者が知っていたためだろう。しかし，クイズの内容は出題者が考えることになっていたため，出題者がクイズの正解を知っているのはあたりまえである。論理的に考えればここでは割引原理を適用すべきである。それにもかかわらず出題者が知的であると評価されたことは「出題者は自分が答えを知っている問題を出せるが，回答者は問題を選べない」という状況要因が考慮されなかったために生じたといえる。

3．意図性への注目と行動の説明

　近年では行動を内的要因と外的要因のバランスのみから理解することの限界も指摘されるようになってきた。マレ（Malle, 2001, 2005）は原因帰属に代わる新しいアプローチとして，人が他者の心に言及して行動を説明する過程に注目し，心の素朴理論説（folk theory of mind）を提唱した。心の素朴理論説によれば，行動を観察した際にはその行動が意図的であるかどうか（意図性）がまず判断され，その結果に応じて異なるモードの説明が行なわれる。これまで使われてきた状況や特性といった手がかりを利用する原因帰属は，非意図的な行動の説明にのみ用いられる。意図的な行動の場合には，意図の形成に関与した欲求・信念（理由）や，理由の形成に関与した性格特性や過去経験，文化，生理状態など（理由の因果歴）が推測されて行動の説明に用いられる。その際には，意図した行動を実現するスキルや努力，機会など（実現因子）の存在も考慮される（図2-3）。意図的な行動を説明するときには，状況要因は特性の影響を割り引く要因ではなく，理由の因果歴や実現因子の一部として相手の意図を推測する手がかりとなる。

　マレの説に一致する研究も近年発表されている。たとえばリーダー他（Reeder, Vonk, Ronk, Ham, & Lawrence, 2004）が行なった実験では，参加者は主人公の女性が教授の手伝いを引き受ける場面を映像で見て，女性の性格を推測した。その際，教授の手伝いは主人公の仕事の一部だったという状況情報，主人公は休憩中だったという状況情報，奨学金を勝ち取りたいと思っていた主人公が「教授は親切な人物を好む」と秘書から教わっていたという状況情報のいずれかが事前に伝えられた。その結果，教授が親切な人物を好むことを伝えられていたという状況情報を呈示されて映像を見た参加者は，他の状況を伝え

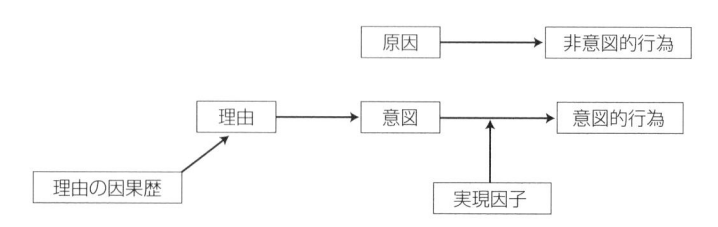

図2-3　非意図的行動・意図的行動の説明モード（Malle, 1999）

られた条件と比べて，主人公を親切でないと評価しただけでなく，自己中心的であるとも評価した。これは主人公の手伝おうという意図の背後には，相手にいいことをしてあげようという利他的な動機ではなく，奨学金争いで優位に立ちたいという利己的な動機があったと推測されたためである。この結果は，外的要因である状況情報が特性推論を割り引くものとしてだけではなく，行為者の多様な動機を推論する手がかりとして機能している点でマレの説と一致する。

4．個々の性格特性と全体的な印象の関係

　私たちはふつう一人の人のさまざまな行動を見て，その人を理解する。その際，その人の内面は「やさしくて気が利く」「積極的だがだらしない」などさまざまな性格特性の組み合わせで表現されることが多い。では，こうした特性の組み合わせはどのようにその人の全体的な印象を構成しているのだろうか。

　アッシュ（Asch, 1946）は性格特性を表わす形容詞のリストを手がかりに印象を形成させるという実験を行なって，特性の統合による印象形成が独自のルールをもった複雑なプロセスであることを示した。まず，特性はどれも等しく全体的印象に寄与するのではなく，より重視される特性とそうでない特性に分けられて統合される。重みづけが大きい特性を中心特性（central trait），小さい特性を周辺特性（peripheral trait）とよぶ。中心特性（たとえば，あたたかい／つめたい）は周辺特性（たとえば知的）の見え方を方向づけ，全体的な印象を左右する。

　また，ネガティブな特性はポジティブな特性と比べて全体的な印象に及ぼす影響が大きく，ネガティビティバイアス（negativity bias）とよばれている（Hodges, 1974）。ネガティビティバイアスが生じる理由として，社会的な望ましさの低いネガティブな行動は，性格以外への帰属がむずかしいことがあげられる。また，ネガティブな情報は数が少ないために注意をひく，将来のトラブルを回避するためにネガティブな特徴に注意が向きやすいという指摘がされている。

　さらに，性格特性に関する知識は相互に結びついており，ある人が１つの性格特性を備えていると推測されると，その特性に結びついている別の性格特性も備えていると思われやすい。たとえば「外向的な人は陽気である」などであ

る。こうした特性同士の結びつきは暗黙の性格理論とよばれており（Bruner, & Tagiuri, 1954; Cantor & Mischel, 1977），少ない情報から相手を効率的に理解することに貢献している。

3節　対人認知と自動性

1．文脈情報の自動的処理が対人認知に及ぼす影響

　私たちの思考活動は，意図的に制御され意識することのできる統制的な情報処理過程（controlled process）と，本人が気づかないうちに生じる自動的な情報処理過程（automatic process）に分かれている。バージ（Bargh, 1994）は自動的な情報処理の特徴として，働いていることを自覚できない（自覚性の欠如），意図せずとも生じる（意図性の欠如），最小限の認知資源で生じる（効率性），意識的コントロールがむずかしい（統制困難性）の4つをあげ，これらの特徴のすべてとは言わないまでも，いくつかを備える場合にはその処理は自動的な性質をもつとしている。

　対人認知において自動的な情報処理過程が影響を及ぼすことを最初に示したのはヒギンズ他（Higgins, Rholes, & Jones, 1977）である。彼らの実験では，実験参加者は単語暗記課題を行なったあとに別の課題としてドナルドという名の男性の行動文を読んで印象を答えた。単語暗記課題では，参加者の半数は「冒険好き」「粘り強い」などのポジティブな響きをもつ単語を，残りの参加者は「向こう見ず」「頑固」などのネガティブな響きをもつ単語を暗記した。印象評価課題では，ドナルドがスリルを求めて急流下りや危険な自動車レースへの参加などをする人物であると説明する文章を読み，ドナルドの印象を答えた。その結果，直前にポジティブな単語を覚えていた者のほうがドナルドをポジティブに評価した。単語を記憶する課題と印象を答える課題は直接関連しないため，意識的に「前の課題で使った単語で相手の印象を答えよう」とは考えないはずである。それにもかかわらず覚えた単語の内容が影響を及ぼしたのは，暗記課題によって特定の性格特性語が頭の中で使われやすい状態になり，それが時間

的に連続する印象評価課題でドナルドの行動を解釈する際に自動的に使われたためと考えられる。このように，無自覚に起動した自動的な情報処理は対人認知にも影響を及ぼしている。

2．ステレオタイプに基づく対人認知の自動性

　ステレオタイプは意識的に利用される場合もあるが，自分では気づかないうちに自動的に利用されて対人認知に影響を及ぼすこともある。このことを示したのはデバイン（Devine, 1989）である。デバインは実験参加者の白人学生に黒人に関連する単語を見せたあとで，人種情報のない人物の印象を評価させる実験を行なった。ただし単語は参加者が「見た」と自覚することができないほど短い時間（閾下）で呈示された。その結果，黒人関連語を閾下呈示された参加者は，黒人関連語を見たことに気づかなかったにもかかわらず，人物を攻撃的であると判断しやすかった。これは事前に提示された黒人関連語によって参加者のもっている「黒人は攻撃的である」というステレオタイプが頭に浮かび，次の無関連な人物に対する評価で使われた結果と考えられた。この結果は意識レベルで黒人に対する偏見をもっているかどうかにかかわらず生じており，ステレオタイプの統制困難性を示す結果にもなっている。

　なぜステレオタイプ的な対人認知は自動的に生じるのだろうか。この問題に答えるには，ステレオタイプ関連の情報がどのように私たちの記憶に保持されているかを考える必要がある。私たちの記憶システムではさまざまな情報がバラバラに存在するのではなく，意味的に関係のあるもの同士が結びついている。ある情報が頭の中で使いやすくなることを活性化（activation）またはプライミング（priming）とよぶが，活性化は結びつきを介して関連する情報に伝わって広がっていく。これを活性化の拡散（spreading activation）とよぶ（Collins & Loftus, 1975）。

　ステレオタイプは特定のカテゴリーラベル（たとえば，「黒人」）とそのカテゴリーに特徴的とされる属性（たとえば，「攻撃的」）が結びついた構造をもっている。外見やプロフィール情報によってその人の社会的カテゴリーが活性化すると，活性化の拡散が起きて，カテゴリーと結びついているステレオタイプ的な特徴も頭に浮かび，使われやすい状態になる。この過程は自覚したり意識

的にコントロールすることがむずかしい。そのため，本人の意思とは無関係にステレオタイプ化が生じることになる。

ただし，私たちが自動的にステレオタイプを利用することがあるといっても，それはステレオタイプ化が不可避であることを意味しない。詳細は次項で述べるが，相手が自分にとって重要な意味をもつ者である場合には，カテゴリーに基づく処理ではなく個人的特徴に基づいた処理が優位になる（Brewer, 1988）。また，ステレオタイプの活性化が偏見レベル（Kawakami, Dion, & Dovidio, 1998）や偏見をコントロールしようとする動機づけ（Plant & Devine, 1998）などに応じて調整される柔軟性をもった過程であることも近年示されている。

3. 行動情報に基づく対人認知の自動性

行動を手がかりとした特性推論も自動的に生じることが示されている。ウィンターとユルマン（Winter & Uleman, 1984）の実験では，複数の人物の行動記述文（たとえば「秘書は小説を半分まで読んだところで謎を解いた」）が参加者に呈示された。呈示された行動はなんらかの特性（上の場合は「賢い」）をほのめかす内容だった。その後参加者は別の課題を挟んで先に呈示された行動記述文を思い出すよう求められた。その際，行動記述文の主語に意味的に関連する語（たとえば「タイプライター」），または行動から推論される性格特性語（たとえば「賢い」）のいずれかがヒントとして呈示された。

参加者は行動記述文を呈示された際にその人の性格を考えるように求められてはいなかった。それにもかかわらず，参加者は行動から推論される性格特性をヒントとして呈示された場合に，最も多くの情報を再生することができた。また，再生成績は参加者が行動記述文を見ながら意識的に特性推論を行なった場合と変わりがなかった。行動記述文に明記されていなかった性格特性語が手がかりとして有効であったことは，参加者が行動文を見た際に自動的にその人の性格特性を推測していたことを意味する。これを自発的特性推論（spontaneous trait inference）とよぶ。

その後の研究で自発的特性推論は意図的な努力なしに生じるだけでなく，行動がごく短い時間だけ提示された場合でも生じ，行為者の顔と強く結びつくことが示された（Todorov & Uleman, 2002）。この結果は，自発的特性推論の自

動的な特徴をさらに示したというだけでなく，自発的特性推論が単なる行動文を要約する文章編集過程なのではなく，行動から特性を推論してそれを他者にあてはめるという対人認知の過程であることも意味している。

4．対人認知における自動的処理と統制的処理の相互作用

(1) 印象形成における自動的・統制的処理の統合モデル

では，対人認知において自動的処理と統制的処理はどのような関係にあるのだろうか。他者に遭遇してから相手をある程度理解するまでの一連の流れを2種類の情報処理過程と関連付けたモデルとして，ブルーワーの印象形成の二重処理モデル（Dual process model of impression formation; Brewer, 1988, 図2-4）がある。

二重処理モデルでは，まず初めに相手の社会的カテゴリーが特定される同定（identification）が生じ，相手が自分にとって関心を抱くに足る対象である場合のみ，処理が継続される。この過程は自動的なものである。道を歩いていて誰かとすれちがったときには，相手の性別や年代などは瞬時に特定されるが，それ以上の処理は行なわれないだろう。

相手に対する関心はあるものの，そこまで重要な人物でない場合にはステレオタイプなどのカテゴリー情報を相手にあてはめるカテゴリー化（categorization）が生じる。相手がステレオタイプにあった特徴をもつ場合には，そこで処理は終了する。相手がステレオタイプにあわない特徴をもつ場合には，特殊例として個別的な特徴が注目される。これを個別化（individuation）という。一方，相手が自分にとって特に重要な人物であったり，相手に特別な関心をもつ場合にはカテゴリー化は起きず，個人化（personalization）とよばれる個別情報に基づく印象形成が行なわれる。

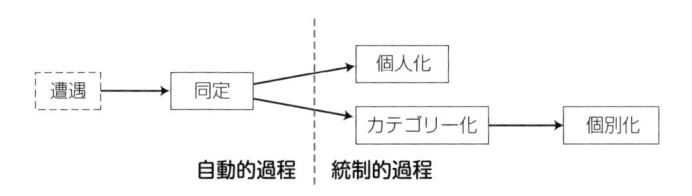

図2-4　印象形成の二重過程モデル（Brewer, 1988を一部改変）

印象形成における自動的・統制的処理の統合を検討した別のモデルとして，フィスクとニューバーグの連続体モデル（continuum model of impression formation; Fiske & Neuberg, 1990）もあげられる。両モデルはカテゴリー知識の意味する内容やカテゴリー知識のあてはまりがよくない場合に生じる下位過程に違いがあるが，まずステレオタイプのような既有知識を相手にあてはめるトップダウン型の処理が自動的に行なわれ，それがうまくいかない場合や相手が自分にとって意味のある存在である場合にのみ，その人固有の特徴を一つひとつ積み上げて印象を完成させていくボトムアップ型の処理が統制的に行なわれるという点は共通している。

(2) 特性推論における自動的・統制的処理の統合モデル

　ギルバート他（Gilbert et al., 1988）は特性推論過程を自動的処理と統制的な処理に分けた3段階モデル（three stage model）を提唱している（図2-5）。このモデルでは，他者の行動を目にした際に最初に生じるのは，その行動が何であるかを理解する同定の過程である。それに続いて行動に対応する特性が推論される。最後に状況情報を考慮した修正（correction）が行なわれる。このうち，同定と特性推論は自動的に，修正過程は統制的に行なわれる。統制的処理である修正過程には認知資源が必要であるため，他に考えるべきことがあったり，急いで評価しなくてはならなかったりする場合には修正過程は省略される。

　ギルバート他（Gilbert et al., 1988）が行なった実験では，参加者は不安そうに話す女性の無音映像を見たあとに，その女性が不安を感じやすい心配性な性格であるかどうかを推測した。このとき，参加者の半数は口に出すことに不安を感じやすいトピック（たとえば，自分の性的妄想）について女性が話し

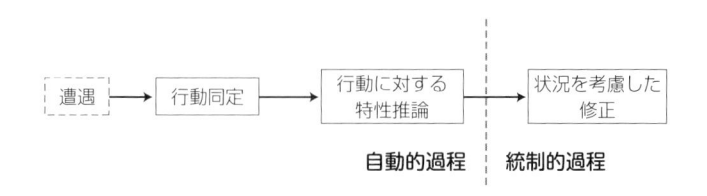

図2-5　特性推論の三段階モデル（Gilbert et al., 1988）

ていると伝えられ，残りの参加者は特に不安を感じにくいトピック（たとえば，世界旅行）について話していると伝えられた。加えて，参加者の半数は映像内容を暗記しながら見るよう求められ，残りの参加者は求められなかった。不安を感じる必要のない話題について不安そうに話す者は心配性といえるが，誰でも不安を感じるような話題について不安そうに話してもその人が心配性だとはいえない。つまり，トピックの内容に応じて特性推論の内容は変わるはずである。

　実験の結果，内容の暗記を課されずに映像を見た参加者は，トピックの内容を考慮して女性の性格を評定していた。一方，映像を暗記しながら見るよう求められた参加者は，トピックが何であるかにかかわらず女性は性格的に心配性だと評価した。この結果は，暗記課題を課せられるなどして認知的に忙しい場合でも特性推論は自動的に行なわれるが，統制的処理を必要とする状況（この場合はトピック）を考慮した修正は認知的に余裕がなければ行なわれないことを示している。

　ただし，特性推論と状況による修正のどちらが先に生じるのかについては諸説ある。トローペとガウント（Trope & Gaunt, 2000）は，原因となる情報（特性を含む）の中で最も目立つものに基づく評価が自動的になされ，それ以外の情報を用いた修正は何であれ統制的に行なわれるとするモデルを提唱している。いずれにせよ，まず手に入れやすい情報に基づいた自動的な判断が行なわれ，それ以外の情報は相手をより深く理解する余裕や理解しようとする動機づけが強い場合にのみ考慮されるという点において，対人認知のさまざまなモデルは共通した特徴をもっている。

　対人認知はアッシュ，ハイダー，オールポートといった社会心理学の黎明期を支えた研究者によって始められている比較的歴史のある領域で，その後自動性や原因帰属とは異なる説明原理の導入によって新たな局面を迎えた。紙面の都合上ここでは紹介できなかったが，近年では対人認知の神経基盤を明らかにする試みも進められている（Lieberman, Gaunt, Gilbert, & Trope, 2002）。相手を認識し，理解することは社会的行動の基盤となることから，対人認知の視点を対人行動の理解に取り入れていくことで，社会的存在としての人間の心理をより深く理解することができるだろう。

第 3 章

社会的認知

　自分と他者を含む社会的な世界に人は日々向き合い，その世界にかかわる情報をさまざま形で処理し，判断や行動につなげている。そこでは，誤りが生じてしまうことや自分の望まない行動をとってしまうこともあるが，生きていくうえでおおむねよしと思うことのできる情報処理が行なわれている。社会的認知（social cognition）とは，社会的な世界についての情報処理過程であり，それを研究する領域では，人が社会的な情報をどのように解釈し，予測し，判断や行動につなげているか，そこでの誤りやバイアスがなぜどのように生じるかを把握しながら，人とはいかなる存在かが探究されている。社会的認知は人が社会生活を営む際の足場となるため，幅広い社会的現象にかかわるが，本章では社会心理学において特に基礎的だと考えられるものを取り上げる。

1節　社会的認知をどう描くか

　「学生が講義に出る」「図書館で本を読む」「無礼にふるまう」などの状況を想像してみよう。このとき，頭の中で行なわれている情報処理をどのように描き記述することができるだろうか。このような記述をする際，心理学では本節で述べる以下の表現がよく利用される。

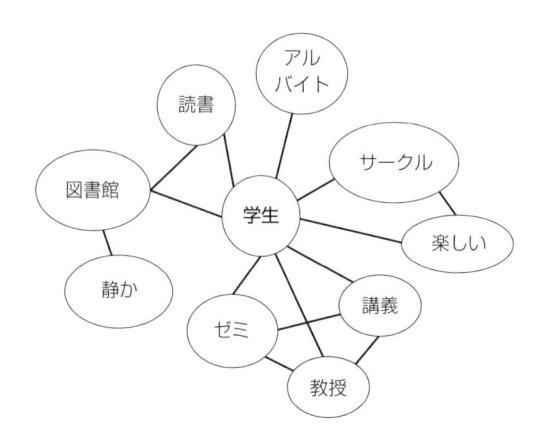

1．連合ネットワーク

　連合ネットワーク（association network）とは，概念同士が意味的なつながりの強さから連合し，ネットワークを構成しているとするモデルである（Collins & Loftus, 1975; Collins & Quillian, 1969）。たとえば，図3-1のようなネットワークを仮定すると，「学生」「ゼミ」「講義」などの円で示されたものが概念（ノード）であり，それらの間に引かれた直線は概念間に意味的なつながり（リンク）があることを示している。このモデルでは，情報処理を行なう過程において，ある概念が活性化されると（たとえば，講義について思い浮かべる），その概念（たとえば，「講義」）にリンクした他の概念（たとえば，「学生」「ゼミ」）にも活性化が広がり（活性化拡散），活性化した概念はその後の情報処理に用いられる可能性が高くなると考える。概念だけでなく，態度，感情，目標もこのようなネットワークの要素になると考えることができ（Bower, 1981; Fazio, Chen, McDonel, & Sherman, 1982; Moskowitz, Gollwitzer, Wasel, & Schaal, 1999; Wegner & Gold, 1995），連合ネットワークの表現はさまざまな心理過程の説明に用いられている。

図3-1　連合ネットワークの例

2. 接近可能性

　概念，態度，感情，目標を連合ネットワークに含まれる要素だとすると，要素の活性化の程度をその要素への接近可能性ないしはアクセシビリティ（accessibility）という（Bruner, 1957; Higgins & King, 1981）。活性化されたばかりの要素への接近可能性（新近性の接近可能性）や，くり返し活性化されてきた要素への接近可能性（慢性的な接近可能性）は高く，それらの要素と，その要素にリンクした要素は迅速に処理され，意識に上りやすい。

　図3-1のネットワークを用いて考えると，たとえば，図書館に足を踏み入れた人は，一時的に「図書館」への接近可能性が高くなり，加えて，「図書館」にリンクした「読書」や「静か」への接近可能性も高くなる。しばしば図書館に通う人は，これらの要素への接近可能性が慢性的に高い状態にある。一時的な活性化でも，慢性的な活性化でも，「読書」や「静か」への接近可能性が高ければ，その時点でどのように考え行動するか（たとえば，静かに読書する）が方向づけられると考えることができる。

3. プライミング

　ある文字列（たとえば，「としょかん」「りのっえそ」）が意味をなす単語かどうかを判断するよう求められたとしよう。このとき，「としょかん」の判断にかかる時間は，その直前に「読書」を見たときのほうが「運動」を見たときよりも短くなる。このように，先行する刺激（プライム：ここでは「読書」）が後続の刺激（ターゲット：ここでは「としょかん」）の処理を促進することをプライミング（priming）という。

　プライミングの説明には，先述した連合ネットワークが用いられる。つまり，「読書」と「としょかん」にはリンクがあり，「読書」が活性化することで「としょかん」にも活性化が拡散し，これが「としょかん」の処理を円滑にしていると考える。一方，「としょかん」との意味的なつながりが弱い「運動」の場合には，「としょかん」に活性化拡散が生じず，その処理が円滑になることはないと考える。

　認知心理学においてプライミング研究が行なわれ始めた当初は，概念間の

意味的なつながりをもとに研究が進められてきたが（Meyer & Schvaneveldt, 1971; Neely, 1977），プライミングが社会心理学に取り入れられたあとには（Higgins, Rholes, & Jones, 1977），概念だけでなく，感情，目標，行動などにもプライミングの範囲が拡張されるようになった（Bargh, Chen, & Burrows, 1996; Bower, 1981; Moskowitz et al., 1999）。その一例として，以下では行動プライミングの研究をみてみよう。

　バージ他（Bargh et al., 1996；実験1）は，複数の単語を並べ替えて文を構成する課題（乱文構成課題）を実験参加者にさせた。その課題は3種類あり，「無礼」に関連する単語（たとえば，「無礼な」「じゃまする」）が多く含まれる課題（無礼プライミング条件），「丁寧」に関連する単語（たとえば，「丁寧な」「譲歩する」）が多く含まれる課題（丁寧プライミング条件），無礼でも丁寧でもない中立的な単語（たとえば，「ふつうに」「与える」）が含まれる課題（中立プライミング条件）が用意されていた。参加者はいずれか1つの課題を行なったあと，他の人と会話をしている最中の実験者に話しかけなければならない状況におかれた。会話に割り込んだ参加者の割合が多かったのは，無礼プライミング，中立プライミング，丁寧プライミングの条件の順であった。また，参加者が会話に割り込むまでの時間を調べると，無礼プライミング条件の参加者は，他の2つの条件の参加者よりも早く会話に割り込んでいた。「無礼」または「丁寧」に関連する単語に事前に接触することで，「無礼」または「丁寧」な行動が起こりやすくなったのである。

4．閾上と閾下

　この実験のように，参加者がプライムを意識できる形のプライミングを閾上プライミング（supraliminal priming）といい，意識できない形のプライミングを閾下プライミング（subliminal priming）という。別の例で考えると，たとえば，図書館の様子を撮影した写真をプライムとして画面上に呈示したとしよう。写真の呈示時間が長く，参加者がその写真を図書館だと判断できるなら，その手続きは閾上プライミングである。写真が一瞬しか呈示されず，参加者には何が呈示されたかわからなければ，その手続きは閾下プライミングである。閾下プライミングがその後の反応に影響することを閾下効果（subliminal effect）といい，たとえば，呈示された写真が図書館だとわからなかった参加者が，写真を呈示されなかった参加者よりも静かに行動していることがわかれば，閾下効果が生じたことを確認できる。

5．同化効果と対比効果

　人は常になんらかのプライミングを受けている状態にあるといえるが，必ずしもプライムと同じ方向の反応をくり返すわけではない。プライミング効果には，プライムと同じ方向への反応が促進されるときと，プライムとは逆の方向への反応が促進されるときがあり，前者を同化効果（assimilation），後者を対比効果（contrast effect）という。先述したバージ他（Bargh et al., 1996）の実験結果は同化効果の例であり，無礼プライミングのあとに無礼な行動が，丁寧プライミングのあとに丁寧な行動が生じていた。仮に，無礼プライミングのあとに丁寧な行動が，あるいは，丁寧プライミングのあとに無礼な行動が生じたとすれば，これらは対比効果である。

　同化効果が生じやすいのは，プライムそれ自体やプライムの影響が意識されにくいときが多く，それらが意識されやすいときには，プライミング効果が生じないことや対比効果が生じることがある（Lombardi, Higgins, & Bargh, 1987; Newman & Uleman, 1990; Strack, Schwarz, Bless, Kübler, & Wänke, 1993）。ただし，プライムに対する意識の有無だけではプライミング効果を予測することはできない。意識も無視できない要因ではあるものの，おそらく人にはプライムの有用性（usability）を監視するシステムがあり（Higgins & Eitam, 2014），接近可能性の高まった情報を自らの判断や行動に使うべきかどうかが処理されている（Higgins, 1996）。プライムに対する意識があるかどうかにかかわらず，また，監視に対する意識があるかどうかにかかわらず，監視のシステムにおいて使うべきとされれば同化効果が，使うべきでないとされれば対比効果が生じると考えられる。

2節　身体が形づくる社会的認知

　接近可能性の高まった情報の有用性を監視するシステムがはたらくのは，概念，態度，感情，目標に対してだけではない。情報を処理しているその時点のその状況において，自らの身体がどのような状態にあるかも監視されており，人は，身体が生み出す感覚を加味したうえでの判断や行動を行なっている。

1．外界からの入力

　物を持てば重さを感じ，目がさせば明るさを感じるといったように，外界からの入力は身体に変化を生じさせ，重さや明るさなどのさまざまな感覚を生じさせる。一般に，これらの感覚は取るに足りない些細なものとみなされがちであり，対人的な判断や行動にまで影響するとは考えにくい。しかしながら，身体感覚は重要な判断や行動にまで影響することが実験により明らかになっている。

　たとえば，クリップボードに挟まれた就職志願者の履歴書を手に持ち，その志願者が真剣に働く気があるかどうかを判断するとしよう。この状況で，手にしているクリップボードの重さを操作した実験があり，重いクリップボードを持たされた参加者は，軽いクリップボードを持たされた参加者よりも，志願者がその職に就くことを真剣に考えていると判断していた（Ackerman, Nocera, & Bargh, 2010）。身体で感じ取る重さは，真剣さや重要さと関連していることから，重いものを持つことで真剣または重要だという判断が促進されたと考えられる。

　重さに限らず，さまざまな身体感覚が判断や行動に影響することが実証されている。視覚的な明暗は道徳性や清潔感（白いほど善であり清らかであり，黒いほど悪く汚い；Sherman & Clore, 2009）に，身体的な温かさは人柄の温かさ（温かいほど人柄がよく，冷たいほど人柄が悪い；Williams & Bargh, 2008）に，空間的な位置関係は社会的な地位関係（上にあるほど高地位であり，下にあるほど低地位である；Schubert, 2005）に関連していることから，これらの身体感覚を操作すると，その感覚に関連した判断や行動に影響が現われる。

第Ⅰ部　社会行動の基礎

2．身体の動き

　身体感覚には表情や姿勢といった自らの動作も含まれる。表情研究においては，特定の表情筋を使うと，それに対応した感情，行動，生理的反応が生じることが古くから主張され，実証されてきた（Darwin, 1872; Ekman, Levenson, & Friesen, 1983; Laird, 1974）。たとえば，自分がどのような表情をしているかを意識していない状態でも，ほほえみに近い表情をさせられた参加者は，自分がより楽しい状態にあると感じ，また，実験中に見せられたマンガをよりおもしろいと感じる。一方，しかめっ面に近い表情をさせられた参加者は，自分がより怒っていると感じ，同じマンガを見てもそれほどおもしろいとは感じない（Laird, 1974; Strack, Martin, & Stepper, 1988）。

　表情よりも大きな動作を扱った研究では，「首を縦に振る」または「首を横に振る」という動作が，文字通り，それぞれ賛成と反対の態度を生み出すことが示されている（Wells & Petty, 1980）。また，全身を左右に揺り動かしたときには，全身を上下に動かしたときや，立ったまま動かなかったときに比べ，その後，あるトピックに対して両面価値的な感情を抱きやすいという結果も得られている（Schneider et al., 2013）。ここでは，身体が揺れることで，自分の判断がゆらいでいるという感覚が促進されたと考えられる。

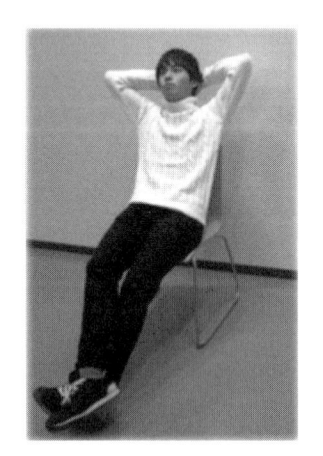

図3-2　開いた姿勢（左）と閉じた姿勢（右）の例

姿勢の研究では，姿勢が力強さや大胆さに関連することが示されており，図3-2のような身体を伸ばした姿勢（開いた姿勢）と身体を縮めた姿勢（閉じた姿勢）が比較されている。開いた姿勢をとった参加者は，閉じた姿勢をとった参加者に比べ，自分には力があると感じ，危険な賭けに挑戦しやすくなり，攻撃性の指標とされるテストステロン値が高くなり，ストレスの指標とされるコルチゾルの値が低くなることがわかっている（Carney, Cuddy, & Yap, 2010）。また，開いた姿勢をとった参加者は，閉じた姿勢をとった参加者に比べ，自分への報酬として間違って多く支払われた金額をそのまま受け取る，ある課題で自己採点をしたときに実際よりも高い得点を報告するなどの不誠実な行動をとる傾向が強くなることが明らかになっている（Yap, Wazlawek, Lucas, Cuddy, & Carney, 2013）。

　これらの研究はいずれも，身体感覚が人の判断や行動に影響を与える強いプライムとなることを意味している。

3節　他者との関係性が形づくる社会的認知

　親，配偶者，親友，尊敬する人物など，自分にとって重要な位置づけにある他者（以下，重要他者とする）についての概念も強いプライムとなる。重要他者の概念は，他の概念と同様に連合ネットワークの中に組み込まれているが，それが他の概念と異なる点は，重要他者の概念が自己の概念に強くリンクしていることである（Andersen & Chen, 2002; Aron, Aron, Tudor, & Nelson, 1991; Baldwin, 1992）。このリンクがあることで，重要他者の概念が活性化されれば，それがプライムとして作用し（Andersen, Glassman, Chen, & Cole, 1995; Glassman & Andersen, 1999），自分がどうありたいか，自分がどうあるべきか，現時点での自分はどのような人物かといった自己概念に影響し，さらには，それらの自己概念をもとに自らの行動を制御する反応が生み出されると考えられる（Chen, Boucher, & Tapias, 2006; Higgins, 1987）。これらの影響は，重要他者のことを思い浮かべるだけで現れるが（Baldwin & Holmes, 1987），そこに意識が介在する必要はない。以下では，重要他者の概念が活性化されて

いることに本人が気づかない状態でも，その活性化が自己概念や自己制御に影響することを示した研究を紹介する。

1．自己概念

　重要他者の概念の活性化が自己概念に影響することを示した研究として興味深いのは，ボルドウィン他（Baldwin, Carrell, & Lopez, 1990；研究2）がキリスト教徒の女子大学生を実験参加者として行なった実験である。この実験の参加者は，質問紙のパッケージに含まれていた課題の1つとして，ある女性が見た性的な夢についての記述を注意深く読んだ。その記述は，性に対して寛容な態度で書かれているものの，露骨な表現は含まれず，参加者が楽しめる内容であることが事前に確認されていた。

　この記述を読み終わった参加者はいったん部屋を移動し，光の点滅を見るという別の課題に参加した。ここでは参加者に気づかれないように，閾下プライミングの手法を用いて画像が瞬間呈示されていた。呈示された画像は，ローマ教皇の顔写真，心理学者の顔写真，単なる白い画像の3種類であり，写真の中の教皇と心理学者はいずれも正面を向いて顔をしかめていた。教皇はカトリック教徒である参加者の重要他者として，心理学者はなじみのない非重要他者として用いられ，これら2つの条件と比較するための統制条件として白い画像が用いられた。参加者はいずれか1つの画像をくり返し呈示される条件に割り当てられたが，画像はきわめて短い時間（4ミリ秒）で呈示されたため，どのような画像が呈示されたかに気づいた参加者はいなかった。

　この課題を終えた参加者は，質問紙に回答した部屋に戻り，自分自身について評定した。呈示された画像が自己評定に影響しているかを分析したところ，教皇の画像を呈示された参加者は，心理学者の画像や白い画像を呈示された参加者よりも，自分自身を低く評定していた。加えて，この効果は，ふだんから宗教とのかかわりが深い参加者のみにみられ，宗教とのかかわりが相対的に深くない参加者にはみられなかった。教皇を敬う参加者は，顔をしかめた教皇が頭の中で活性化されると，性に寛容な記述を楽しんだ自分に対して低い評定をしたと考えられる。

　非重要他者として呈示された心理学者の画像は，上記の実験では効果がなか

ったものの，彼を敬愛する大学院生を参加者とした別の実験では重要他者として作用した（Baldwin et al., 1990；研究１）。重要他者が自己概念に与える影響は他の文脈でも確認されているが（Andersen, Reznik, & Manzella, 1996; Hinkley & Andersen, 1996），その影響は一時的なものにとどまらず，自分をふだんから肯定的にとらえているかについての長期的な見方にも影響していると考えられる（Baldwin & Sinclair, 1996）。

２．自己制御

　重要他者の概念の活性化は自己制御にも影響する（Fitzsimons & Bargh, 2003; Shah, 2003a, 2003b）。たとえば，シャー（Shah, 2003a）が行なった一連の実験では，重要他者の概念を事前に活性化しておくと，参加者がその他者の期待や価値に応じて目標を設定し，その目標を追求する行動をとることが示されている。それらの実験でも閾下プライミングの手法が用いられ，参加者自身に気づかれないように，彼らの半数には重要他者の名前が，残りの半数には無意味つづりが，コンピュータの画面上に瞬間呈示された。この操作を受けた参加者は，与えられた文字列（たとえば，んてかしゃきにちい）を並べ替えて意味のある単語（たとえば，しゃかいてきにんち）にする課題に取り組んだ。アナグラム課題とよばれるこの課題をするとき，制限時間は設けられず，参加者は思いのままに課題に時間をかけることができた。

　分析の結果，アナグラム課題で参加者がよい結果を得ることを重要他者が期待するだろうと参加者が思っていたとき，あるいは，アナグラム課題を重要他者が重要だとみなすだろうと参加者が思っていたとき，重要他者の名前を事前に呈示されていた参加者は，無意味つづりを呈示された参加者よりも，自分がアナグラム課題でよい結果を得ることができると思い，より長い時間をかけて課題に取り組み，最終的には課題の成績もよかった。

　この結果は，ある重要他者の概念が活性化されると，その他者が追求するとよいと考える目標も活性化され，その目標にそった自己制御が自動的に実行されることを意味している。ただし，重要他者の概念が活性化したときに常にこのような効果が生じるわけではない。重要他者が参加者に期待をもたない，あるいは，重要他者が課題の重要性を低く評価すると参加者が考えるとき（Shah,

2003a），参加者が重要他者との仲をよいと感じていない場合や，重要他者が参加者に多くの目標追求を望んでいる場合には（Shah, 2003b），重要他者をプライムとして与えても課題に熱心に取り組まず，課題での成績が促進されないことが確認されている。

4節　ヒューリスティック──直感に基づく判断

　前節までに見たように，人は，自己と外界から受け取った情報をもとに社会的世界を描き出し，それを判断や行動につなげていく。ここでは，描き出された社会的世界が判断に影響する過程をみてみよう。

　コーヒーにするか紅茶にするか，どの授業を履修するか，就職志願者から誰を採用するかなど，些細なことから重要なことまで，人は毎日多くの判断をする。時間が十分にあり，判断すべき情報の量が多くなく，論理的に考える気があれば，間違った判断は起こりにくいのかもしれない。しかしながら，日常では，時間がない，情報の量が多い，適切な情報を入手することができないなどの制限も多い。そのような制限のもとで，人は情報を処理するための時間や労力を節約し，正確さを犠牲にする危険を冒しながら，直感的な方略を用いてしばしば近道をする。

　この近道の方略は判断のヒューリスティック（heuristic）とよばれ，それを用いた判断は，論理的に考え抜いた結果に近いこともあれば，そこから大きく離れてしまうこともある。以下では，いくつかのヒューリスティックをみてみよう。

1．利用可能性ヒューリスティック

　利用可能性ヒューリスティック（availability heuristic）は，あることがらがどのくらい容易に思い出されるか（想起または検索の容易性）を手がかりとして直感的に判断する方略である（Tversky & Kahneman, 1973, 1974）。たとえば，「r」で始まる英単語と，3文字目に「r」がくる英単語では，どちらのほうが多いかを考えてみよう。「r」で始まる英単語は容易に思い出すことがで

きるが，3文字目に「r」がくる英単語を思い出すのはむずかしい。そのため，この質問をされると前者を選択する人が多いのだが，実際に単語数が多いのは3文字目に「r」がくる単語である。

前節までに紹介したプライミングも，思い出しやすさのもとになることがある。たとえば，事前に「無礼」に関連する概念に接触していれば，それについて思い出しやすく，その後出会った人の行動を無礼だと判断してしまうかもしれない。同様に，ニュースで殺人や暴行などの報道を見たあとには，それらの事件を思い出しやすく，夜道ですれ違った人を凶悪な人物だと推測しやすくなるだろう。実際には可能性が低いことがらでも，それを思い出しやすいと感じたときには，それが起こる頻度や確率を高く判断しやすくなるのである。

2．代表性ヒューリスティック

代表性ヒューリスティック（representativeness heuristic）は，あることがらが他のことがらの典型例にどのくらい類似しているか（類似性）を手がかりとして直感的に判断する方略である（Kahneman & Tversky, 1973; Tversky & Kahneman, 1974）。たとえば，寒く乾燥した季節に急に具合が悪くなり，熱が急激に高くなり，身体の節々に痛みが出てきたとする。この症状は，記憶にあるインフルエンザの症状とどのくらい似ているだろうか。とても似ているからインフルエンザに違いないと考え，病院で検査を受けた結果，インフルエンザだと診断されることもあれば，そうではないと診断されることもある。診断の結果がどちらであるにせよ，記憶にあるインフルエンザの典型例に似ているという感覚が強ければ，インフルエンザである確率は高いと判断されやすくなる。

3．係留と調整

自分が最初に思いついた値や他者から与えられた値を手がかり（係留；anchoring）として，直感的な判断を下す方略である（Tversky & Kahneman, 1974）。たとえば，試験の成績が返ってきたとき，自分の得点を手がかりとして全体の平均得点がどうだったかを予測したとしよう。自分の得点が高かった人は，高得点の係留に影響されて全体の平均値を高く見積もり，自分の得

点が低かった人は，低得点の係留に影響されて平均値を低く見積もるかもしれない。係留となった値はそれに関連する概念への接近可能性を高めること（Mussweiler & Strack, 2000），また，係留からの調整（adjustment）が不十分なまま判断をしてしまうことが原因となり（Epley & Gilovich, 2006），判断は実際よりも係留に近いものになってしまう。

4．態度ヒューリスティック

態度ヒューリスティック（attitude heuristic）は，ある対象に肯定的または否定的な態度をすでにもっているとき，その態度を手がかりとして直感的に判断する方略である（Pratkanis, 1989）。たとえば，ある政治家の資金問題が発覚したとき，その政治家を以前から好ましいと思っていた人は，政治家本人にあまり罪はないと判断し，その政治家を好ましくないと思っていた人は，政治家本人の罪は重いと判断しやすいだろう。ある対象に対して自分がすでに形成している態度が，その態度に一致する方向にバイアスをかけ，相対的に肯定的または否定的な判断が生まれるのである。

5．再認ヒューリスティック

再認ヒューリスティック（recognition heuristic）は，ある対象を知っているかどうか（再認）を手がかりとして直感的に判断する方略である（Gigerenzer & Hoffrage, 1995; Goldstein & Gigerenzer, 2002）。たとえば，見慣れたブランドのラベルがついた食品とブランド不明の食品を試食して，価値の高いのはどちらかを選ぶように言われたとする。実際にはブランド不明の食品のほうが高品質であり，ラベルさえなければブランド不明の食品が選ばれることが多い。しかし，ラベルがついているときには，見慣れたブランドの商品が選ばれやすくなる（Hoyer & Brown, 1990; Macdonald & Sharp, 2000）。選択肢の中に再認できるものとそうでないものがあるとき，実際の価値にかかわらず，再認できるものの価値を高く見積もる傾向が生まれるのである。

6．いつヒューリスティックを使うか

本節であげた例に限らず，人は多くのヒューリスティックを発達させ，それ

らを日常的に利用している。最終的に適切な解が得られるかはともかく，さまざまな問題に対処するために幾度となく判断を要求される存在にとって，ヒューリスティックはある程度の解，時間，そして余力を与えてくれる適応的な道具である（Gigerenzer & Gaissmaier, 2011）。この道具をいつ使い，どの処理に時間や労力をかけるかは，そのときおかれた状況に依存する。

ヒューリスティックが利用されやすい状況としては，判断する者が疑いをもってないとき（Fein, Hilton, & Miller, 1990），信頼できる感じがするとき（Schul, Mayo, & Burnstein, 2004），自分に何が起こっているかをより明確に理解しているとき（Tiedens & Linton, 2001），楽しい気分のとき（Bodenhausen, Kramer, & Süsser, 1994）などがあり，それぞれの逆の状況ではヒューリスティックの利用が抑えられる傾向にある。ヒューリスティックは状況に応じて使い分けられているといえるかもしれないが，その使い分けは必ずしも判断する者の意図に基づいて行なわれているわけではなく，専門家でもヒューリスティックの利用を制御するのはむずかしいとされる（Kahneman, 2011）。

5節　直感は熟慮に勝るか

ヒューリスティックの研究が始まった当初には，ヒューリスティックがもたらすバイアスが強調され，直感的な判断の欠点が論じられる傾向にあった。しかし，その後の研究では，熟慮するよりも，直感的に瞬時の判断をするほうが適切な解を得られるという主張がなされ（Ambady & Rosenthal, 1993; Gigerenzer, Todd, & the ABC Research Group, 1999; Gladwell, 2005），研究者間の論争が展開されている。その中でも興味深いのは，複雑な判断を求められた場合には熟慮よりも直感が勝ると主張したダイクステルハウス他（Dijksterhuis, 2004; Dijksterhuis & Nordgren, 2006）の実証研究である。

彼らが行なった実験では（Dijksterhuis, 2004），複数の選択肢（たとえば，4件の住居A〜D）とそれらの選択肢それぞれがもつ多数の特徴（たとえば，住居Cはよい地域にある）が実験参加者に呈示され，参加者は選択肢から最もよいと思うものを選ぶように，あるいは，選択肢それぞれの好ましさを評定する

ように求められた。これらの選択や評定をするのは情報量が多いことでむずしくなっているものの，選択肢それぞれには順位があり，より適切なものからそうでないものまでがあらかじめ設定されていた。選択や評定をいつどの状態で行なうかには3つの条件があり，選択肢の情報が与えられてから，①すぐに判断を求められる参加者（直後条件），②数分間かけて選択肢を吟味したあとで判断を求められる参加者（意識条件），③選択肢について考える余地のない状態で別の課題を数分間してから判断を求められる参加者（無意識条件）がいた。

　分析の結果，最も適切な判断をしたのは，数分間後に直感的に判断せざるを得なかった無意識条件の参加者であった。ダイクステルハウスらは，彼らが提案した無意識的思考理論（Unconscious-Thought Theory; UTT; Dijksterhuis & Nordgren, 2006）を用いてこの結果を説明している。無意識的思考理論によると，人の脳内で処理される情報の大部分が無意識の過程において自動的に処理され，そこでは，入力されてきた大量の情報を探索的に要約する作業が緩やかに進んでいる。これを前提とすると，複雑な判断を求められたときに無意識的な思考が実行されれば，判断に必要な情報をより多く処理することができ，また，時間が経つにつれてそれらの情報が表象として要約され，その表象を利用することで適切な解に近づくことができるようになる。同じ判断を求められたときに意識的な思考をすれば，注意が向けられた狭い範囲の情報しか処理されず，情報全体が要約されることもないため，適切な解に近づくことはむずかしい。ゆえに，意識的な思考よりも無意識的な思考のほうが適切な解に近い判断をもたらすというのである。

　この理論を実験文脈に結びつけて考えると，直後条件では表象が十分に形成されるだけの時間が経過していないことから，また，意識条件では狭い範囲の情報のみが処理されることから，これら二条件に割り当てられた参加者は，広範な情報を要約した表象が形成されない状態で最終的な選択や評価を求められたことになる。一方，無意識条件の参加者は，しばらく無関係の課題に従事したものの，その背後で進行している無意識的思考のおかげで広範な情報を要約した表象を利用できるようになり，他の条件よりも適切な判断が行なわれたと考えることができる。

　ただし，この実験を再現するのはむずかしいという批判もあり

(Nieuwenstein et al., 2015)．直感が熟慮に勝ることを示すにはさらなる実証研究が必要だと考えられる。

6節　二過程モデル

　社会的な情報を処理し理解する際の基盤となる過程は多数あるが，前節において述べた直感と熟慮のように，それらの情報処理過程を二分して検討する試みが心理学では古くからなされてきた。意識と無意識（conscious vs. unconscious），自覚と無自覚（aware vs. unaware），潜在と顕在（implicit vs. explicit），自動的と統制的（automatic vs. controlled），ヒューリスティックとシステマティック（heuristic vs. systematic）などがそうである。これらの二分法は，それぞれ情報処理の異なる側面に焦点をあてて使い分けられているが，

表 3-1　二過程モデルの例

過程1	過程2	著者
自動的処理 （automatic processing）	統制的処理 （controlled processing）	Schneider & Shiffrin（1977）
ヒューリスティック処理 （heuristic processing）	システマティック処理 （systematic processing）	Chaiken（1980）
直感的認知 （intuitive cognition）	分析的認知 （analytical cognition）	Hammond（1980）
潜在的推測 （implicit inference）	顕在的推測 （explicit inference）	Johnson-Laird（1982）
中心ルート （central route）	周辺ルート （peripheral route）	Petty & Cacioppo（1986）
経験システム （experiential system）	合理システム （rational system）	Epstein（1991）
反射的思考 （reflexive thinking）	熟慮的思考 （reflective thinking）	Shastri & Ajjanagadde（1993）
システム1 （system 1）	システム2 （system 2）	Stanovich & West（2000）
システムX （system X）	システムC （system C）	Lieberman et al.（2002）
連合過程 （associative process）	命題過程 （propositional process）	Gawronski & Bodenhausen（2006）
タイプ1の過程 （type 1 process）	タイプ2の過程 （type 2 process）	Evans & Stanovich（2013）

意味内容には重なりもあり，明確に区別されずに用いられることもある（大江，2009）。

　認知心理学の視点が重視され始めた1970年代からは，このような二分法が二過程モデル（dual-process model）として活発に研究されるようになり，自動的処理と統制的処理（Schneider & Shiffrin, 1977）をはじめとする多くのモデルが提唱され，広く受け入れられるようになった。1980年代からは，説得（Petty & Cacioppo, 1986），属性帰属（Trope, 1986），印象形成（Brewer, 1988），偏見（Devine, 1989）といった社会心理学的現象にも二過程モデルが適用され，それらを研究する方法が発展するとともに（工藤，2012），二過程そのものがどのようなものであるかについての議論も重ねられてきた（Chaiken & Trope, 1999; Sherman, Gawronski, & Trope, 2014; Wegner & Bargh 1998）。

　表3-1はこれまでに提案された二過程モデルの例であり，ここでは，それぞれの過程がもつ特徴をもとに過程1と過程2の列を区別している。

1．過程1

　社会心理学でなじみのあるバージ（Bargh, 1994）の自動性の定義を用いれば，過程1の列に並ぶ処理やシステムにみられる基本的な特徴は，その過程を実行するために必要な認知資源ないしは計算容量はわずかでよい（効率），その過程が実行されているという自覚がない（無自覚），実行しようとする意図がなくても実行されてしまう（無意図），いったん実行されるとそれを停止または修正することができない（統制不可能）という4つである。ただし，これら4つの特徴すべてを満たしているものが過程1に含まれるわけではない。たとえば，つい乱暴な口調になっている人が，自分のその状態を意識していて口調を和らげようとするものの，思い通りにはいかないといった状況を考えてみよう。この状況で言葉が発せられる過程には無自覚という特徴はないものの，他の特徴を相対的に多くもつことから，この例は過程1に分類される。

　上にあげた4つの特徴と相互に関連するものではあるが，処理速度が速い（Kahneman, 2011），連合ネットワークが形成されている（Gawronski & Bodenhausen, 2006），ワーキングメモリが利用されていない（Evans & Stanovich, 2013）などの側面を過程1の特徴として強調するモデルもある。神

経生理学的なモデル（Lieberman, 2007）によると，過程1の実行にかかわる脳部位には，扁桃体や大脳基底核などの進化的に古い皮質下領域だけでなく，前頭前野腹内側部（vmPFC）や側頭葉外側部（LTC）といった皮質領域も含まれる。

過程1にみられるこれらの特徴は，進化的または発達的に獲得された効率のよいシステムが身体にあることを意味し，そのシステムは膨大な情報から社会的世界を瞬時に描き出し，特定の環境の中で暮らす個体の生存に有利となる反応の準備を整えていると考えられる。

2．過程2

過程1とは反対の特徴を相対的にもつものが過程2とされる。つまり，過程1と同様に自動性の4つの特徴から考えると，その過程を実行するために多くの認知資源ないしは計算容量を必要とする（非効率），その過程の実行を意識することができる（自覚），その過程を実行しようとする意図がある（意図），その過程を停止または修正することができる（統制可能）というものである。たとえば，乱暴な口調にならないように意識して，おだやかな口調を維持している状況を考えてみよう。この状況で言葉が発せられる過程は，認知資源を多く消費し，おそらく自覚や意図をともない，口調を制御できていることから，過程2に分類される。

他の二過程モデルにおいて強調される過程2の特徴は，処理速度が遅い（Kahneman, 2011），思考に上がってきた命題の妥当性が推論される（Gawronski & Bodenhausen, 2006），ワーキングメモリが利用される（Evans & Stanovich, 2013）などである。過程2の実行にかかわる脳部位は過程1とは異なり，前頭前野内側部（mPFC）と外側部（lPFC），頭頂葉内側部（mPAC）と外側部（lPAC），側頭葉内側部（MTL）といった皮質領域である（Lieberman, 2007）。

過程2のこれらの特徴はおそらく人間特有のものであり，過程1において描き出された社会的世界の意識化を通して心的な操作を可能にし，人間を他の動物とは一線を画す存在にしている。少し遠い未来を見すえてのシミュレーションや自己制御，複雑な問題に対処するための意思決定は，この過程を土台とし

てなされているのである。

7節　おわりに

　本章の前半では，社会的認知を理解するための基礎的な用語を説明し，その後，身体性と重要他者に関する研究を紹介することで，社会的認知がどのように形づくられるかをみていった。後半では，瞬時に絶え間なく描き出される社会的世界を手がかりとして，人がどのように判断し行動していくかを理解するために，まずは社会心理学において重視されてきたヒューリスティックを紹介し，その後，社会的認知の大枠をとらえることのできる二過程モデルについて説明した。これらの内容は社会的認知の基礎であるが，かなり狭い範囲にとどまっている。

　冒頭でもふれたように，社会的認知研究の幅は広く，多様な社会的現象の土台として検討されている。とりわけ，過程1において生み出されるさまざまな誤りやバイアス，過程2において実行される意思決定や自己制御，そして過程1と過程2の関係については，社会的認知研究が得意とするところであり，自己，態度，対人認知，社会的行動，集団過程，コミュニケーションなどの多くの社会心理学領域において積極的に検討され，それぞれの領域において重要な知見を生み出している。また，社会的認知研究は学際的な領域でもあり，他の研究分野との交流を通してますます発展していくことが期待されている。

第 4 章

態度と態度変化

　私たちは日常でしばしば態度という言葉を用いる。たとえば「親切な態度」「横柄な態度」「丁寧な態度」という表現であったり，「誰にでもわけへだてのない態度をとるようにしなさい」という教えであったりする。これらの例では，他者や物に対して人が示す行動の様子を態度という言葉で表現しているように思われる。しかしながら，心理学の領域において態度は行動とは理論的に区別される概念として，多くの研究によりその成り立ちや機能，また影響などに関して実証的な検討が進められてきた。本章ではおもに態度と態度変化の過程を取り上げ，関連する研究方法や知見を概観していく。

1 節　態度とは

1．態度の定義

　これまでさまざまな研究者により態度が定義されてきた。オルポートによれば，態度とは「個人がかかわりをもつあらゆる対象や状況に対するその個人の反応に支持的，あるいは力学的な影響を及ぼす経験によって体制化された，心理神経的な準備状態」（Allport, 1935）である。また態度を「ある実体（entitiy）に対する好意もしくは非好意をともなった評価によって表出される心理的傾向性」（Eagly & Chaiken, 1993），「対象とその要約的評価との記憶における連合」

(Fazio, 1995) と考える研究者もいる。これらの定義に共通することは，態度が「特定の対象に対する評価」を指しているという点であろう。すなわち，態度とは他の人や物，事項などの対象に対する私たちのとらえ方や感じ方，また対象に近づきたいか距離をおきたいかといった方向性を示すものといえよう。

態度は2つの次元で区別することが可能とされる（Maio & Haddock, 2009）。1つの次元はヴェイレンス（valence）であり，肯定的，否定的，もしくは中立的といった評価内容に関するものである。もう1つの次元は強度であり，強くはっきりとしているか，弱く曖昧なものか，という評価の強固さに関するものである。強い態度は持続的で変容しにくく，情報処理に影響を与える可能性が高い。さらに行動の予測因となりやすいと考えられている（Krosnick & Petty, 1995）。

なおここで注意が必要なのは，各次元ともそれぞれ連続性をもつ点である。たとえばある人がAという対象に対しヴェイレンスの次元において肯定的態度をもつとしても，"非常に好き"であったり"まあまあ好き"であったりと，その程度はさまざまであろう。このように程度や次元を区別することは後述する態度の測定に際しても重要である。近年では態度測定法の発展により，態度を顕在態度・潜在態度に区別して測定し，その関係性に関して検討する研究もある。この点に関しても態度の測定に関する箇所で述べる。

2．態度の機能

カッツは態度の機能として，知識，効用性，自己防衛，価値表出という4つをあげている（Katz, 1960）。知識の機能は，態度対象に関する情報を組織化する。たとえば，ある人が自動車を購入しようとした場合，広告やパンフレットなど関連する情報は膨大にある。しかし自動車に対するその人の日頃の立場により，これら新しい情報の取捨選択や解釈が容易になると考えられる。

効用性の機能は，態度対象から生じる報酬を最大化し罰を最小化する。自動車を購入する場合，車内空間の居住性を重視しているのであればその条件を満たすブランドや車種を好む。

自己防衛機能は自尊心を保護する。たとえば他の人種や国民などに対してその能力やあたたかさなどを低めてとらえることで，自分を相対的に高めるよう

な場合も含まれる。

　価値表出機能は，自己概念や中心的価値を保護する。環境保全に関心があることを示すため，環境に配慮した取り組みをしている企業の商品や，エコカーなど環境汚染の影響が少ないとされる商品を購入する。

　これらの態度のはたらきは，私たちが社会において適応的に生きる営みを支えている。

3．態度の測定方法

　前述したように，態度にはヴェイレンスと強度という2つの次元があると考えられる。態度のヴェイレンスに関してはさまざまな対象を設けた態度指標が開発されている。いわゆる心理尺度とよばれる指標にも特定の対象への態度のヴェイレンスを測定するものが多く含まれている。

　これらの尺度では，質問項目として態度対象への対する評価を尋ねたり，態度対象に関する意見や考え方を呈示し，それらに対する反対や賛成の程度を尋ねたりする場合が多い。たとえば日本におけるサマータイム制度導入に対して態度測定をする場合，SD法（Semantic Differential法）では制度導入に対する評価を「悪い－良い」「好ましくない－好ましい」など形容詞対を用いて尋ねる。また，リッカート法では「サマータイム制度導入を早く行なったほうがよい」といった項目を示し，「まったくそう思わない－非常にそう思う」など，考えがその項目内容にどの程度あてはまるか回答させる。他にも，質問項目の内容に対象への評価の程度を加え，その項目に対する賛成・反対を回答させて得点化するサーストン法，複数の選択肢に順位をつける順位法，複数の項目の中からあてはまる項目を選択する多肢選択法など，態度測定にはさまざまな方法が用いられる。

　態度の強度に関しては，評定尺度を用いて態度対象に対する態度のヴェイレンスを回答させたあと，その評価に関する確信度を測定する場合がある。また回答までの反応時間を測定し態度対象への接近可能性（アクセシビリティ）について検討することも可能である。それは態度対象と評価が記憶において強く連合していると，対象と接触した場合に評価が表出されるのも速いと考えられるためである。ある研究ではプライミングの手続きを用いてこの点に関して検

討した（Fazio, Sanbonmatsu, Powell, & Kardes, 1986）。参加者にあらかじめ態度対象を複数呈示し，参加者の反応の速い対象と遅い対象を区別しておいた。実験では同じ態度対象を呈示し，続けて形容詞を呈示した。参加者は形容詞を肯定的もしくは否定的と区別するよう告げられその際の反応時間が測定された。その結果，あらかじめ参加者の反応が速かった態度対象においてのみ，対象と形容詞の評価が一致した場合に反応時間が短かった。この結果は対象と評価の連合が強いと，評価が自動的に活性化し形容詞評定の速さにつながったことを示している。

　このような評価の連合という考え方に基づき，IAT（潜在連合テスト，Greenwald, McGhee, & Schwartz, 1998）も開発された。例としては，「花・虫」「快・不快」といった2種類の分類軸を設け，参加者に刺激（たとえば，「さくら」や「はえ」）をカテゴリーに分類させる。この方法により，概念（「花」や「虫」）と属性（「快」や「不快」）の潜在的な連合に関して測定する。一般的に，「花」と「快」の連合や「虫」と「不快」の連合のほうが，「花」と「不快」の連合や「虫」と「快」の連合よりも強いと考えられるが，その連合の強さを測定するのが，テストの目的である。

　参加者はコンピュータ画面中央に呈示された1つの刺激語（たとえば「さくら」「はえ」「うつくしい」「みにくい」）を分類するよう教示される。その際，刺激語が「花」もしくは「快」のカテゴリーに属するものであれば左側のキーを押し，「虫」もしくは「不快」のカテゴリーに属するものであれば右側のキーを押す課題（一致ブロック）と，刺激語が「花」もしくは「不快」のカテゴリーに属するものであれば左側のキーを押し，「虫」もしくは「快」のカテゴリーに属するものであれば右側のキーを押す課題（不一致ブロック）を遂行する。不一致ブロックにおける分類のほうが一致ブロックにおける分類よりも困難なため，課題にかかる反応時間は長くなる。そしてこの反応時間の差（IATスコア）が大きいほど，「花」－「快」「虫」－「不快」の連合が強いと考えられる（本書第1章，第11章参照）。

　こうした考え方に基づき，グリーンワルドらは，ヨーロッパ系アメリカ人の大学生を実験参加者として，アフリカ系アメリカ人に対する否定的な連合に関して測定した。実験では刺激語としてヨーロッパ系アメリカ人の名前（たとえ

ば，Adam）とアフリカ系アメリカ人の名前（たとえば，Alonzo）ならびに快語（たとえば，happy）と不快語（たとえば，grief）を用いた。その結果，アフリカ系アメリカ人と快語の結びつきは，ヨーロッパ系アメリカ人と快語の結びつきよりも弱いことが示された（Greenwald et al., 1998）。この研究ではIATによって得られたスコアと，アフリカ系アメリカ人に対する顕在態度をSD法によって測定した得点との相関を検討しているが，中程度の相関しか認められなかった（r=.36）。IATによる潜在態度と顕在態度との関係性に関して検討した別の研究でも，顕在態度の測定方法によってその相関の程度は異なるものの，IATの結果と顕在測度の全体的な相関関係は強いものではなかった（r=.12）（Dasgupta, McGhee, Greenwald, & Banaji, 2000）。このことは顕在指標と潜在指標が態度の別側面を測定している可能性を示唆している。この点に関しては「3節　態度と行動」において詳述する。

2節　態度と情報処理

　この節では態度の形成における情報処理過程のはたらきや，形成された態度がその後の情報処理過程にどのような影響を及ぼすのか概観する。

1．認知から態度へ

　態度は特定の対象に対する評価ととらえられるが，そうした評価はどのような過程を通して生じるのか検討するため，態度形成に関する研究がこれまで多く行なわれてきた。ここでは特に説得場面における情報処理の過程とメタ認知のはたらきに関して取り上げ論じる。

(1) 説得メッセージ処理と二過程理論

　説得とは「送り手が，主に言語コミュニケーションを用いて非強制的なコンテキストの中で，納得させながら受け手の態度や行動を意図する方向に変化させようとする社会的影響行為あるいは社会的影響過程」と定義される（深田，2002）。私たちは日常生活の中でさまざまな場面で態度変容の説得を受けている。たとえば家族から家事の手伝いをもっとするよう言われたり，部屋を掃除

するように言われたりする。また商品やサービスの購入を訴える広告コミュニケーションも社会的情報を用いた説得の試みといえよう。

　これらの説得の効果には，説得者の要因，メッセージの要因，文脈の要因などに加えて，説得の受け手の要因，すなわち受け手がどのように情報を受け取り処理するのかという認知的反応の要因が大きな影響を与えている。この受け手の情報処理過程に関して，認知的負荷が高い処理と低い処理という2つの処理モードを仮定する理論がある。

　ペティとカシオッポは，態度変容にいたる2つのルートを精緻化見込みモデルとして示した（Petty & Cacioppo, 1986；図4-1）。中心ルートは説得メッセージの本質的な論点に関し受け手がよく考えて生じる態度変容のルートであ

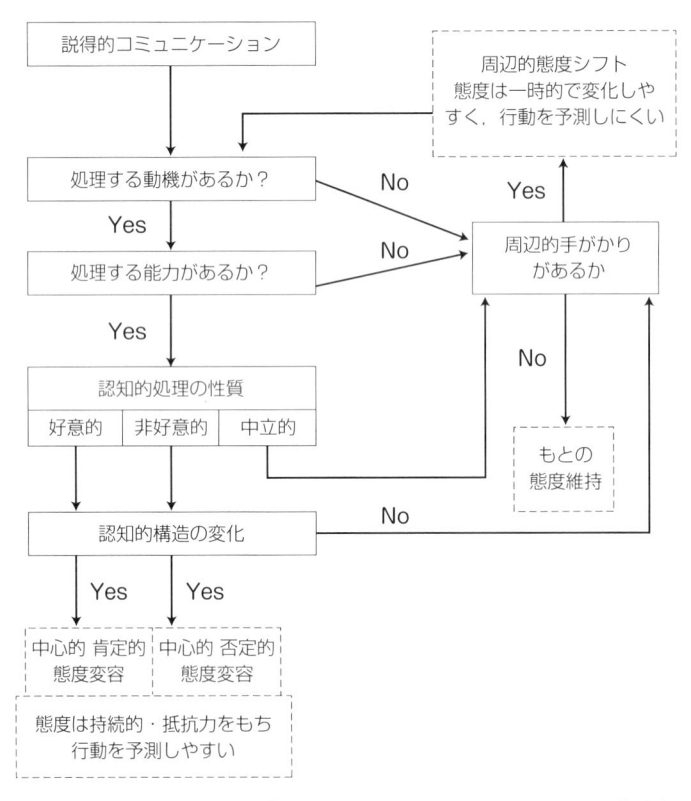

図4-1　精緻化見込みモデル（Petty & Cacioppo, 1986, Fig1より作成）

り，周辺ルートはメッセージの本質ではない周辺的な手がかりによって生じる態度変容のルートとされる。モデルでは，説得メッセージに対する受け手の関与の程度や考えるための動機づけの程度がこの2つのルートを分けると考え，それらがない場合に周辺的ルートを通った処理がなされると仮定した。

同様に2つの処理モードを想定したモデルとして，チェイケンらのヒューリスティック・システマティック・モデル（Chaiken, Liberman, & Eagly, 1989）がある。このモデルでは認知的努力の程度が低いヒューリスティック処理と程度が高いシステマティック処理を仮定している。モデルによると，説得の受け手にメッセージを処理する動機づけがある場合にはヒューリスティック処理のモードが抑制されることにより，システマティック処理のモードがはたらく（減弱効果）可能性と，2つの処理モードが独立・並列的にはたらく（加算効果）可能性があるという。処理モードが同時生起する可能性を主張する研究もあり（伊藤，2002），さらに実証的に検討を進める必要がある。

(2) メタ認知

上記両モデルは態度対象への認知的反応が生じる過程について示しているが，このように対象への反応として生じる思考を一次的思考とよぶ。一次的思考が直接生じるのに対し，その一次的思考に対する反映思考，すなわち二次的思考はメタ認知的思考とよばれ，他の思考や思考過程に対する思考と定義されている（Petty, Briñol, Tormala, & Wegener, 2007）。たとえば「運動をするべきだ」という説得に対して「たしかにそうだ」と納得するときでも，運動したほうがよい理由が思いつきやすい場合と思いつきにくい場合では，納得の程度が異なると思われる。これは思考の浮かびやすさ，すなわち容易性が説得に影響を与える例でありメタ認知のはたらきを示している。ある立場に賛成する情報を生成することが容易であればその情報の有効性を高く認知し，対照的に情報を生成することが困難であればその立場を支持するために利用可能な情報が少ないととらえられる。

近年の研究では，思考の量に対する知覚も態度に影響を与えることが示唆されている。ある研究では，参加者に特定のテーマに関する思考を書かせた。次に参加者の思考量に関して「平均的」「少ない」「多い」のいずれかを偽フィードバックした。実際の思考量には相違がなかったものの，こうしたフィードバ

ックは参加者の態度の確信度に影響を与えており，多いと知覚するほど確信度が高かった（Barden & Petty, 2008）。この結果もまたメタ認知が態度に及ぼす影響を示すものである。

(3) 説得に対する抵抗

先に見たように説得メッセージの情報処理過程に2つの処理モードを仮定する理論がある。態度はこのような過程を通じて説得の影響を受けると考えられるが，私たちは必ずしも他者や社会的メッセージの説得を受け入れるわけではない。説得への抵抗に関して以下では接種理論と心理的リアクタンス理論を取り上げて説明する。

マグワイアは予防接種と免疫機能になぞらえて，あらかじめ説得への反論に接触しているとその後の説得の影響を受けにくいという接種理論（McGuire, 1964）を提示した。一般的に広く支持されている考え（たとえば，適度な運動は健康によい）の是非に関して私たちはふだんよく考えることが少ない。よってそうした考えに対する反論メッセージに接触すると（運動をするべきではない），その説得の影響を受けやすい。しかしながらあらかじめ弱い反論メッセージ（運動はしなくてよい）と，そのメッセージに反対する内容のメッセージを呈示することで，後に強い説得（運動をするべきでない）をされた場合にもその影響に抵抗しやすくなるという。これは受け手が自分の立場を支持する論拠や反論を拒絶する論拠を，前もって準備できるためと考えられる。

たとえば商品のセールス場面においても，あらかじめライバル企業の製品に関して顧客に伝え，その製品よりも自社製品が優れている点を訴求しておくと，後に顧客がライバル企業のセールスに直面した場合でもその説得に応じにくくなる可能性があるだろう。

心理的リアクタンス理論（Brehm, 1956）では自由が制約されたと知覚される場合，その自由を回復しようという動機づけが生じると考える。たとえば高圧的な説得メッセージ（たとえば，必ず運動しなければならない）に接触すると「運動してもしなくてもよい」という自由が脅かされたように感じ，その説得への抵抗が生じるという。このように心理的リアクタンスは説得に対する抵抗としてはたらくと考えられるが，逆にこうした心理的リアクタンスを利用して送り手が説得を成功させる場合もある（今井，2006）。たとえば商品を期間

限定で販売するような場合，その商品を購入する自由を制約されるように思う消費者がいるだろう。その結果，消費者は制約された自由を回復しようとして購買行動をとると考えられる。希少性の高い対象が魅力的に思われるのはこうした心理的リアクタンスがはたらいているためである（心理的リアクタンス理論に関して，詳しくは今城，2005を参照のこと）。

2．態度から認知へ

これまで認知が態度に影響を与える過程に関して論じてきた。しかしながら認知と態度の影響過程は一方向的なものではない。この節では，態度が私たちの認知のプロセス（情報処理過程）に影響を与えることに関して述べる。どのような態度を私たちがもつかによって，他者情報や社会的情報のどこに注目したり（注意），それらをどのようにとらえたり（解釈），またどのように覚えるのか（記憶）が，変わってくる。たとえば知人と一緒に買い物をしている最中，混雑した店内を走り回っていた幼児に対し，知人が「走るのをやめなさい」と告げたとする。もしその知人に対してもともと好意的態度をもっていた場合には，知人の行為を「転んで怪我をする危険性から子どもを守った」と解釈し，また「社会的に望ましい行動をした」と記憶するかもしれない。他方，知人に対してもともと好意的な態度をもっていなければ，「子どもに対して厳しいことを言った」というように解釈したり，否定的な事態として記憶したりする可能性がある。またそもそも相手が見知らぬ人であった場合には，その人がそうした行動をとったことさえ気づかなかったり，出来事が記憶に残らなかったりするだろう。以下ではこうした情報処理過程に態度が与える影響について概観する。

(1) 注意に対する態度の影響

私たちは大勢の人の会話の中から自分の名前を聞き取ることがある。こうした現象はカクテルパーティ効果とよばれ，選択的注意の1つと考えられている。これは聴覚に限ったことではなく自分にとって重要であったり，関与が高かったりすることがらは目に飛び込んできやすい。名簿に多くの名前が書かれていても自分の名前を見つけるのが比較的たやすいのは，この効果の例である。

これまでの研究により，態度がこうした選択的注意に影響を与えるいくつか

の要因が検討されている（Maio & Haddock, 2009）。たとえば重要な判断対象に関連した情報には注意が向きやすい。ある研究ではさまざまな社会問題に対して参加者がどの程度重要と考えるか測定したあと，それらの問題に対する複数の政治候補者の意見としてメッセージを呈示した。その際，各参加者が読んだ情報数と読んでいた時間が測定された。その結果，重要な問題に対して参加者が選択的に接触をもつことが示された（Holbrook, Berent, Krosnick, Visser, & Boninger, 2005）。

　また判断対象に対する態度の明確さも選択的注意に影響を与える。ある研究では，あらかじめ特定の問題に関して参加者が明確な態度をもっているかどうか測定し，その問題に対する論拠の強いもしくは弱いメッセージを呈示した。その結果，明確な態度をもつ問題に関し，メッセージ内容が態度の方向性と不一致な場合，論拠の弱いメッセージを呈示された参加者よりも，論拠の強いメッセージを呈示された参加者のほうが，メッセージに肯定的な態度を示した。メッセージ内容が態度の方向と一致する場合には，こうした論拠の強弱による態度の違いは小さかった。このことは，問題に対して明確な態度をもつ場合，態度の方向と不一致なメッセージのほうがより精緻化されることを示す。しかしながら明確な態度をもたない問題に関しては，態度の方向性と不一致なメッセージよりも，一致するメッセージに対し論拠の強弱による態度の違いが示された。このことは，問題に対して明確な態度をもたない場合，態度の方向と一致するメッセージのほうがより精緻化されることを示す（Clark, Wegener, & Fabrigar, 2008）。これらの研究知見は，態度が注意という認知の過程に影響を与えることを示唆している。

(2) 解釈に対する態度の影響

　判断対象に対する態度により情報の解釈も影響を受ける。たとえばもともと対象について賛成もしくは反対の態度を強くもっている場合には，態度の方向性と不一致な内容のメッセージに対し一致する内容のメッセージよりもその質を低く評価する。ロードらの研究（Lord, Ross, & Lepper, 1979）では，あらかじめ死刑制度に対する参加者の態度を測定し，賛成もしくは反対の明確な態度をもっていた人に実験への参加を依頼した。参加者には，死刑制度による犯罪抑止効果がある（たとえば制度導入によって凶悪犯罪が減少した）という内

容のメッセージと，死刑制度による犯罪抑止効果はない（たとえば，死刑制度のある地域では，そうでない地域よりも凶悪犯罪の率が高い）という内容のメッセージの両方を呈示し，死刑制度に対する態度を測定した。次に先ほど呈示した各メッセージに対する批判文ならびに調査概要等を呈示し，それらのメッセージの根拠となる調査手続きやデータの妥当性に関して回答を求めた。その結果，参加者の態度はメッセージを呈示される前よりも極化し，より強くなっていた。また参加者は自分の態度の方向性と一貫しない調査手続きやデータの妥当性を低く評価していた。この結果は，新たな情報に接触した場合でも，人がもともともつ態度によってその情報に対する解釈が異なることを示唆している。

(3) 記憶に対する態度の影響

判断対象に対する態度の強度や重要度が，新たな情報への注意やその解釈に影響を与えることに関してこれまで論じてきた。注意を向けられ，肯定的に解釈された情報が記憶に残りやすいことは想像に難くない。ある研究では，3つの社会問題に対する54のメッセージを参加者に呈示し，各メッセージに対する賛成もしくは反対の程度についてキーボードのキーを押すことで回答を求めた。またその際，参加者がキーを押すまでの時間を測定した。続けて翌日，同じ参加者に各社会問題に対し前日に読んだメッセージを5分間想起して記述するよう依頼した。その結果，問題に対して強く賛成もしくは反対の態度をもっているとメッセージへの反応が速いこと，またそうしたメッセージは想起されやすいことが明らかになった。この効果は自分の態度と一貫する情報がより処理され，記憶されやすいという認知的不協和理論の観点からは解釈できず，情報が態度と一貫する場合でも一貫しない場合でも，もともとの態度が強い場合にそうした情報の処理や記憶が促進される可能性を示唆している（Judd & Kulik, 1980）。

3節　態度と行動

1．態度から行動へ

　私たちは行動を通じて対象に対する態度を表出することがある。たとえばあるスポーツ選手を好ましく思っていると，その選手が出場する試合を観戦し応援する。また環境保護に貢献したいと考えている場合には，ゴミのリサイクルに積極的になるだろう。しかしながらある態度をもっていたからといって，そうした態度が必ずしも行動として示されるわけではない。以下では態度が行動に及ぼす影響に関して概観する。

(1)　態度の顕在指標・潜在指標と行動との関連

　1節で論じたように態度を測定した顕在指標と潜在指標の結果が乖離する場合もある。それではいずれの態度指標がより行動を予測するのだろうか。

　他の人種に対する偏見的態度と行動に対して検討した研究では，白色人種の参加者に黒色人種に対する態度を質問紙による評価（顕在指標）と反応時間を測定する課題（潜在指標）によって測定した。続けてそれとは関連のない課題として，白色人種と黒色人種のインタビュアーの質問に答えるよう求められ，参加者はそれぞれのインタビュアーについて評価した（顕在的行動）。またインタビューを受けている参加者の様子を記録し，非言語的行動（まばたきとアイコンタクトの量）が潜在的行動として測定された。態度と行動の関連性について検討したところ，態度の顕在指標のみが顕在的行動を予測し，潜在指標のみが潜在的行動を予測していた（Dovidio, Kawakami, Johnson, Johnson, & Howard, 1997）。

　これらの結果は態度の潜在指標と顕在指標がそれぞれ異なる行動の種類を予測することを示唆している。こうした解釈は行動が2つのシステム，すなわち反映システム（reflective system）と衝動システム（impulsive system）によってコントロールされており，反映システムが利用可能な情報を考慮した行動を生じさせるのに対し，衝動システムはより自動的に態度と行動を結びつけるというモデルの考え方とも一貫している（Reflective-Impulsive Model; Strack

第4章　態度と態度変化

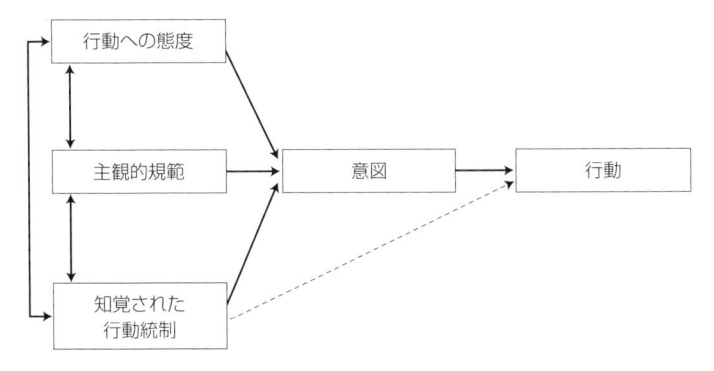

[図: 行動への態度、主観的規範、知覚された行動統制 → 意図 → 行動]

図4-2　計画された行動理論（Ajzen, 1991, Fig1より作成）

& Deutsch, 2004）。

(2) 規範や行動的統制の影響

　上記で取り上げた研究は，他の人種に対する態度や行動という社会的問題を扱っていた。私たちは他者に対して偏見的態度を示さないことや差別的行動をとらないことを学習していく。よって情報に対する統制的処理が可能な場合にはこれらの態度や行動を表出しないよう修正することも可能であろう。しかしながら潜在指標で測定される行動はより自動的に生起するため，修正することが困難な場合が多い。また統制的処理が可能な場合でも，周囲の人が内集団であるようなときには行動を統制する必要性を感じず，差別的行動がとられる可能性もある。

　このような知覚された行動統制や規範が，態度とともに行動意図に影響を及ぼすことは，計画された行動理論（Theory of Planned Behavior; Ajzen, 1991）によって示されている（図4-2）。この理論では態度は意図に影響を及ぼす要因の1つであり，他の要因を考慮する必要性があること，また態度が直接的に行動を予測するのではなく，意図を通じて行動を導くことが論じられている。なお計画された行動理論では，知覚された行動統制と規範の要因について取り上げているが，他にも意図に影響を与える変数があるだろう。たとえば規範が社会的に望ましく知覚され，また行動統制が可能な場合でも，行動の結果として成功の見込みが少ないような場合には，意図が減じられることもあるだろう。私たちの態度が必ずしも表出される行動と一致しない場合もあるのは，こうし

た理由によるのである。

2．行動から態度へ

　前項では態度が行動にどう結びつくのかに関して述べた。以下では行動が態度に影響を与える方向性に関して検討する。

(1) 態度と行動の一貫性

　態度ととるべき行動が一貫しているときは，なんとなくすっきりした感じがするだろう。たとえば「ジョギングが好き」で「毎日ジョギングをする」といった場合である。それに対して「ジョギングが嫌い」なのに「毎日ジョギングをする」場合には，態度と行動が一貫しておらず心理的緊張状態が引き起こされる。このような場合には緊張をできるだけ低減するため，非一貫性を最小にするような心理的はたらきが生じると考えられる。一貫性を高めるためには態度を変容するか行動を変容するかいずれかの方法がある。先の例でいえば，態度に一貫するよう「ジョギングをしない」行動をとる，あるいは行動に一貫するよう「ジョギングを好き」な態度になるという可能性である。日常生活においてはとるべき行動が決定されていることも多く，行動に合わせて人が態度を変容させる必要もある。

　ある研究では，大学のプール利用者を実験参加者としてシャワー時の節水に関していくつかの依頼をした。参加者は4つの条件に分けられ，最初の条件では「身体を洗ったりシャンプーをしたりするときにいつもシャワーを止めているか」などの質問に回答した。2番目の条件では節水を呼びかけるビラに署名するよう依頼された。3番目の条件では，質問への回答と署名の両方を依頼された。なお参加者は必ずしも節水をしているわけではないことが質問への回答から判断された。4番目としてこれらの依頼をされない統制条件が設けられた。参加者の行動に関して検討するため，実験者は参加者が実際にシャワーを使用した時間と身体を洗いシャンプーをする際にシャワーが止められたかどうか記録した。その結果，3番目の条件では統制条件よりもシャワーの使用時間が短かった（Dickerson et al., 1992）。このことは「必ずしも節水していない」という態度と「節水を呼びかけた」という行動との不一致が最もはっきりと示された条件において，態度と行動を一貫させようとするはたらきが生じたことを示

唆している。このように人は自分がとった行動と一貫するようにその後の態度や行動を変容させる場合がある。

(2) 身体化された説得

　行動自体が人の態度に影響を与えるという考え方は，多くの行動や姿勢，身体的動作を用いたさまざまな心理学実験によって検討されてきた。たとえば行動と刺激への評価について検討した研究では，実験参加者が上下にうなずいている最中に呈示された刺激は，左右に首振りをしている最中に呈示された刺激よりも肯定的に評価された（Wells & Petty, 1980）。また実験参加者が腕曲げをしている最中に呈示されたニュートラル刺激は，腕伸ばし中に呈示されたニュートラル刺激よりも肯定的に評価された（Cacioppo, Marshall-Goodell, Tassinary, & Petty, 1992）。これらの結果は人が身体状態に基づいて自身の態度を直接的に推論することを示しており，対象について考える動機や能力が低い場合にこうしたはたらきが生じると考えられた。

　また身体の動きは思考の量にも影響を与える。ある研究では，重いクリップボードを持った実験参加者は強い論拠の説得メッセージを呈示された場合のほうが，弱い論拠のメッセージを呈示された場合よりもメッセージに影響されやすかった。重いボードを持つ参加者がメッセージの論拠を区別したということは，軽いボードを持つ参加者よりも認知的努力の必要な処理モードがとられたことを示している。研究では重いものを持つという物理的努力と認知的努力の関連が示唆された結果と考察された（Jostmann, Lakens, & Schubert, 2009）。これらの知見は，情報処理の2つの処理モードのいずれの場合にも行動が態度に影響を与えることを示唆するものであろう。

　なお，行動は対象に対する思考に影響を与えるだけでなく，先に論じたメタ認知，すなわち思考に対する思考の内容にも影響を与え得る（自己妥当化仮説：self-validation hypothesis, Petty, Briñol, & Tormala, , 2002）。たとえばうなずきと首振りの影響に関して検討した研究では，論拠の強い説得メッセージを呈示される際に実験参加者がうなずく動きをすると，首を振る動きをする場合よりも，肯定的な態度が示された。この結果は先行研究（Wells & Petty, 1980）の研究結果とも一貫するものである。他方，論拠の弱いメッセージを呈示した場合には，うなずく動きをすると，首を振る動きをする場合よりも否定

的な態度が示された。これは論拠の弱いメッセージによって生じた否定的な思考に対する確信度を，うなずきが高めたため（妥当化したため）と解釈された（Briñol & Petty, 2003）。説得メッセージに対する思考だけではなく，自己に関連する思考や情動的思考，また潜在的思考などさまざまな思考に対する確信度に対しても身体的反応が影響を与えることが示されている（Briñol, Petty, & Wagner, 2012）。

　ここまで説得など社会的影響を受けて態度が変容するメカニズムや，態度と行動との関係性などに関して述べてきた。取り上げた研究でおもに検討されていたのは，送り手からのコミュニケーションが受け手の態度に影響を及ぼすという方向性である。しかしながら実際のコミュニケーションでは，受け手側の要因が送り手に影響を与えることもある。この影響は特に対人場面においてみられるだろう。たとえば情報の送り手は受け手の態度に合わせた情報内容を伝達すること，また送り手が伝達した内容が送り手自身の記憶や評価に影響を与えることが明らかになっている（Higgins & Rholes, 1978）。交渉場面のような双方向のコミュニケーションでは，お互いに受け取ったメッセージによって送るメッセージ内容を調整し，決着点を求めて問題に対する態度を決める。また集団でコミュニケーションをしながら意思決定をする場面もある。これらの場合の態度の形成や変容に関しても実証的な研究がなされており，今後もさまざまな視点を加えた研究の進展が望まれている。

第 II 部

人と人のつながり

第 5 章

対人魅力と対人関係

　「対人魅力」は英語の 'interpersonal attraction' を日本語に翻訳した心理学の専門用語で「他者に対する肯定的（positive）もしくは否定的（negative）態度」（Berscheid & Walster, 1978）と定義される。定義に含まれている「態度（attitude）」（本書第4章参照）は，心理学の専門用語として「ある対象に対して好意的（favorable）もしくは非好意的（unfavorable）に反応する傾向」（Oskamp, 1977）を意味し，認知・感情・行動の3つから成るとされている。したがって「対人魅力」は「他者に対する好き嫌い」と言い換えることができる。日常言語である「魅力＝人の心を引きつける力」（広辞苑）とは異なるため，「対人魅力＝他者に対する好き嫌い」ということをしっかり念頭において，この章を読み進めてほしい。

　皆さんにも，好きな人がいて，嫌いな人，苦手な人がいるかと思う。また，同じ人であっても，好きだったのに嫌いになったり，苦手だったのに好きになったりした経験はないだろうか。こうした違いは，なぜ生じるのだろうか。ここからは，対人魅力を左右する要因について考えていく。

1節　対人魅力

　私たちは，出会った人を，どのように好きになったり，嫌いになったりする

のだろうか。他者にかかわる要因，自己にかかわる要因，自己と他者にかかわる要因，の順に見ていくこととする。

1．他者にかかわる要因

　私たちは，どのような他者を好むのだろうか。他者にかかわる要因として，身体的魅力と性格をあげることができる。

(1) 身体的魅力

　外見が好ましい他者に目を奪われた，という経験はないだろうか。外見，すなわち身体的魅力（physical attractiveness）が対人魅力を規定することを初めて実証したのは，大学の新入生歓迎行事の一環として行なわれたダンス・パーティーを舞台とした実験である（Walster, Aronson, Abrahams, & Rottmann, 1966）。この実験では，実験協力者によって事前に評定された身体的魅力が高い人ほど，性別を問わず，異性から好意をもたれ，デートをしたいと思われることが示された。

　このように身体的魅力が高い人が好かれる理由の1つとして，身体的魅力が高い人と一緒にいることによって，第三者からの評価が高まること（Sigall & Landy, 1973）があげられる。

　また，身体的魅力が高いと，性格もよいと判断される傾向があることも理由の1つである。そうした身体的魅力と性格判断の関連は，いたずらをした小学生を女子大学生が評価するという実験で明らかにされている。具体的には，(事前に第三者によって評定された) 身体的魅力が低い小学生が，重大ないたずらをした場合，身体的魅力が高い小学生に比べて，性格がより反社会的で，今後も同様のいたずらをくり返す可能性が高いと判断されたのである（Dion, 1972）。

　こうした背景には「身体的魅力が高い人は，性格もよい」というステレオタイプ（stereotype; Dion, Berscheid, & Walster, 1972）があると指摘されている。つまり，身体的魅力が高い小学生は，性格もよいはずだ，と考えられ，そのため今回は魔がさしてしまっただけで，今後もいたずらをくり返すことはないと判断されたと考えられる。

表5-1　好ましい性格と嫌われる性格（Anderson, 1968）

上位	性格	好意度	下位	性格	好意度
1	誠実な	5.73	1	うそつき	0.26
2	正直な	5.55	2	いかさま師	0.27
3	理解のある	5.49	3	下品な	0.37
4	忠実な	5.47	4	残虐な	0.40
5	信用できる	5.45	5	正直でない	0.41
6	当てにできる	5.39	6	信用できない	0.43
7	知的な	5.37	7	不快な	0.48
8	頼りになる	5.36	8	意地悪な	0.52
9	心の広い	5.30	9	卑怯な	0.52
10	思慮深い	5.29	10	だます	0.62

好意度は「0．最も好ましくない」から「6．最も好ましい」の7件法で測定

(2) 性格

ある他者を好きな理由として「性格がよいから」と答えるのは至極もっともなことだといえるが，私たちは，どのような性格の人を好むのだろうか。大学生を対象に，性格の好ましさを調べた調査は，性別を問わず，「誠実な」人が最も好まれ，「うそつき」が最も嫌われることを示している（Anderson, 1968; 表5-1）。こうした結果から，私たちは他者の性格の好ましさを，誠実性で判断していることがうかがえる。

2．自己にかかわる要因

外見のよい人，性格のよい人が好まれる，というのは当然といえば当然だが，自分の状態次第で，他者を好きになりやすかったり，なりにくかったりすることも明らかにされている。具体的には，自己評価が低いとき，生理的に覚醒しているとき，温度・湿度が快適なとき，私たちは他者を好きになりやすい。

(1) 自己評価

まず，自己評価が低い状態では，自分をデートに誘う異性に対する好意が高まることが，女子大学生を対象とした実験で示されている（Walster, 1965）。こうした結果は，自己に対する評価が低いと，自分にふさわしい他者として求める水準も低くなるためだと考えられている。

(2) 生理的覚醒

次に，生理的に覚醒している状態で，異性を好きになりやすいことを示す実験がある（Dutton & Aron, 1974）。「吊り橋実験」とよばれる，吊り橋を舞台とした実験は，女性を同伴していない18～35歳の男性を対象に，橋を渡る途中で女性インタヴュアーが質問紙への回答を依頼するというもので，危険な吊り橋を渡る場合と，頑丈な吊り橋を渡る場合が比較された。結果は，危険な吊り橋を渡った男性のほうが，女性インタヴュアーに，後日電話する傾向を明らかにした。

これは，危険な吊り橋を渡ることで生じた生理的覚醒を，女性インタヴュアーの魅力によるものだと誤って考えたためだと説明され，こうした現象は「誤帰属（misattribution）」とよばれる。

(3) 温度・湿度

また，大学生を対象とした実験で，温度や湿度が快適な環境では，高温・多湿の環境に比べて，気分がよく，他者に好意を抱きやすいことも示されている（Griffitt, 1970）。こうした結果から，他者に好かれるためには，環境を快適なものに整え，相手の気分を高めることも大切だといえるだろう。

3．自己と他者にかかわる要因

これまで，他者と自己，それぞれにかかわる要因をあげてきたが，両者にかかわる要因には，どのようなものがあるのだろうか。

(1) 近接性

両者にかかわる要因として，近接性（proximity）をあげることができる。私たちは，近くにいる人を好きになりやすい。具体的には，警察学校の訓練生を対象とした研究が，寮の部屋や教室での座席が近い者同士で友人になりやすいことを明らかにしている（Segal, 1974）。似たような経験を，皆さんもおもちなのではないだろうか。

また，大学入学を機に，新たに住宅に入居した大学1年生を対象に，入居6か月後の友人関係を尋ねた調査も，住宅が近いほど友人になりやすいことを明らかにしている（Festinger, Schachter, & Back, 1950）。

このように物理的距離が近い他者に私たちが惹かれるのは，物理的距離が近

いことによって，相互作用が頻繁に生じるからだと考えられている。他者との相互作用をコスト（cost）と報酬（reward）に分けてとらえ，人は利己的で，コストを最小化し報酬を最大化するように行動すると考える社会的交換理論（social exchange theory; Homans, 1961）によれば，物理的距離が近い他者との相互作用は，時間や手間といったコストが少なくてすむため，頻繁に生じやすいと考えられる。

そして，私たちには，頻繁に接触する他者を好む傾向がある。こうした単純接触（mere exposure）の効果は，次のような実験によって明らかにされている。実験は，大学生に卒業生の顔写真を複数回くり返し呈示したあと，顔写真の卒業生に対する好意度を尋ねるというものだった。結果，呈示された回数の多い顔写真の卒業生に対して，高い好意度が示され，これは熟知性（familiarity）が高まるためだと考えられている（Zajonc, 1968）。つまり私たちは，近くにいる他者と頻繁にかかわり合うことで親近感を抱き，その他者を好きになるのである。

(2) 態度の類似性

私たちは，自分と態度が似ている他者を好む傾向ももっている（Newcomb, 1961; Byrne & Nelson, 1965）。こうした態度の類似性（similarity）と対人魅力の関連は，人は報酬を好み，罰（punishment）を嫌うとする強化理論（reinforcement theory; Lott & Lott, 1960）の立場から，自分と態度が似ている他者は，自分の態度を確証する報酬となるためだと解釈される。

一方，認知的斉合性理論（cognitive consistency theory）からも説明することが可能である。人は調和を求めると考えるバランス理論（balance theory; Heider, 1958）によれば，ある対象に対する自分の態度と，同じ対象に対する他者の態度が似ている場合，自分がその他者を好むことで調和が保たれるためだと説明される。

なお，類似している態度の数そのものではなく，類似している態度の数が，類似していない態度の数に比べて多いという比率の高さが，好意を高めることも明らかにされている（Byrne & Nelson, 1965）。

(3) 好意の返報性

他者の自分に対する好意は，それ自体が報酬となるため，私たちは自分に好

表5-2 他者からの自分に対する評価と好意度
(Aronson & Linder, 1965)

他者からの自分に対する評価	好意度
否定的から肯定的に変化	7.67
一貫して肯定的	6.42
一貫して否定的	2.52
肯定的から否定的に変化	0.87

好意度は「-10. 非常に嫌い」から「10. 非常に好き」までの21件法で測定

意を寄せる他者を好み，そうした傾向は「好意の返報性（reciprocity）」とよばれている（Newcomb, 1960）。大学の寮に新しく入居した新入生を対象とした調査は，特に初期段階の友人関係が，この好意の返報性によって左右されることを示している。

(4) 他者からの自分に対する評価の変化

他者からの自分に対する評価の変化が，対人魅力に影響を与えることを示す実験がある。女子大学生を対象とした実験で，自分に対して一貫して肯定的な評価をした他者よりも，否定的評価から肯定的評価に好転した他者に好意を抱き，肯定的評価から否定的評価に転じた他者よりも，自分に対して一貫して否定的な評価をした他者を好むことが示されたのである（Aronson & Linder, 1965；表5-2）。

こうした効果は「獲得－損失効果（gain-loss effect）」とよばれ，評価が変化することで，評価の原因を，評価される自分に帰属せざるを得ず，評価を真剣に受け止めるためだと考えられている。

(5) 他者に対する自分の行動

他者を助けることによって，相手から自分が好かれるのではなく，自分が相手を好きになることを示す実験もある（Jecker & Landy, 1969）。実験に参加した大学生はまず，仮の実験で金銭報酬を得る。なお，この仮の実験中，実験者はあえて，参加者から好意をもたれないよう無愛想にふるまう。その後，実験者は資金不足のため，金銭報酬を返却してくれるよう参加者に要請する。そして実際に，実験者からの要請に応じて金銭報酬を返却した参加者は，実験者に対して高い好意を報告したのである。なお，返却する金銭報酬の額が高いほど，好意度も高かった。

これは，認知的不協和理論（cognitive dissonance theory; Festinger, 1957）

の観点から説明することが可能である。好ましくない実験者からの要請に応じることは、不協和を生じさせ不快である。参加者は、この不快な不協和を解消するため、実験者に好意を抱いたと考えられるのである。

2節　対人関係

　対人関係 (relationship) は、無関係だった2人が相手に気づく段階、出会って表面的にかかわる段階、相互に深くかかわる段階、の3段階に分けられる (Levinger & Snoek, 1972)。ただし、私たちは、出会ったすべての他者と親密になるわけではない。出会ったその後、あいさつをするだけの知人関係にとどまる場合もあれば、これまでにあげてきたようなさまざまな要因で相手を好きになり、生涯をともにする友人関係や恋愛関係、夫婦関係に進展する場合もある。また、永遠に続くかと思われた親密な関係であっても、そうした関係を維持することは容易ではなく、解消せざるをえないこともある。私たちは、どのように他者との関係を進展させ、維持したり、解消したりするのだろうか。

1. 進展

(1) 関係の初期分化

　私たちは、他者と初めてかかわったあと、相手との相互作用に要したコストと、相互作用から得られた報酬を評価し、その評価に基づいて、今後相手から得られ得る（報酬からコストを差し引いた）成果 (outcome) を予測するという。そして、好ましい成果が期待される場合、その関係は進展するが、そうでない場合には、関係は遅々として進まなかったり、続かなかったりすると考えられる (Altman, 1974)。

　このように、関係の初期段階で、関係が進展するか否かが決まることを「関係の初期分化 (early differentiation of relatedness)」(Berg & Clark, 1986) という。

(2) 自己開示

　社会的浸透理論 (social penetration theory; Altman & Taylor, 1973) では、

人と表面的にかかわる段階と，相互に深くかかわる段階では，交換する情報が異なると考えられている。前者の段階では，たとえば天気のような，表面的な情報しか交換されないが，関係が進展するにつれて徐々に，自分の内面にかかわるような深い情報交換，すなわち深い自己開示（self-disclosure）が行なわれるようになるという。

なお，自己開示には，相手がしたら自分もするという返報性（reciprocity）が備わっているため，相手の自己開示によって，自分の自己開示がうながされ，これによってさらなる相手の自己開示が促進される。

また，親密性モデル（intimacy model; Reis &Shaver, 1988）によれば，自分の自己開示に対する相手の反応によって，自分が理解され，認められ，大事にされていると感じること，つまり親密性（intimacy）を感じることによっても，さらなる自己開示が促進されるという。こうした相互の自己開示が，お互いに相手を信頼している証と受け取られ，関係の親密化に寄与すると考えられるのである（Collins & Miller, 1994）。

2．維持もしくは解消

(1) 社会的交換理論

社会的交換理論に基づいて，対人関係の維持もしくは解消を予測するモデルに，投資モデル（investment model）と，衡平モデル（equity model）がある。

ここで今一度，社会的交換理論について整理すると，この理論では，他者との相互作用をコストと報酬の観点からとらえる。たとえば，他者と一緒に旅行するという相互作用には，時間や金銭等のコストが必要となる一方，楽しさや思い出といった報酬が得られる。そして，人は利己的であることを前提として，報酬からコストを差し引いた成果を最大化するよう行動すると考えられる。したがって仮に，同様の楽しさや思い出が得られるならば，より短い時間とより少ない金額ですむ，近場を旅行すると予測されるのである。

投資モデル（Rusbult, 1980）は，社会的交換理論の中でも相互依存性理論（interdependence theory; Thibaut & Kelley, 1959）に基づくもので，私たちは，それぞれの比較水準（comparison level）に照らして，多くの成果が得られる関係に満足し，そうした関係を維持する。また，これまでのコストと，関係を

解消した場合に失われ得る報酬を合計した投資（investment）が大きい関係も継続されやすい。その一方，代替関係から，より多くの成果が期待される場合には，現在の関係は解消され，代替関係への移行が生じる。

　衡平モデル（Walster, Berscheid, & Walster, 1976）は，社会的交換理論の1つである衡平理論（equity theory; Adams, 1965）に基づいており，自分のコストと成果の比が，相手のコストと成果の比と等しい衡平な関係が，満足されやすく維持されやすいと考える。一方，不衡平な関係は，相手のほうが得をしている場合に不満が生じやすく，自分のほうが得をしている場合にも，相手に対する罪悪感が生じるため，衡平な関係に変えようと試みられる。しかし，それでも不衡平な場合には，関係自体が解消されることとなる（本書第7章参照）。

　なお，大学生を対象に行なわれた縦断的な調査は，これらのモデルが予測するように，関係満足度の高さ，交際期間の長さが，恋愛関係を継続させ，代替関係の存在が関係解消につながることを示している（Hill, Rubin, & Peplau, 1976; Simpson, 1987）。

(2) 共同的関係

　一方，社会的交換理論による予測が成立しない関係も存在する。それは共同的関係（communal relationship; Clark & Mills, 1979）とよばれる，自己と他者の一体感（we-ness; Aron, Aron, Tudor, & Nelson, 1991）が重視されるような関係である。共同的関係においては，自己の成果と相手の成果が区別されないため，たとえば自分を犠牲にして，相手を助け続けるといった関係も維持され得ると考えられるのである。

(3) 対人葛藤

　対人関係の維持・解消を左右する要因として最後に，対人葛藤（interpersonal conflict）を取り上げる。他者と関係を続けていく中で，葛藤を避けて通ることは不可能だろう。大学生を対象とした調査は，恋愛関係において，実に多くの葛藤が生じていることを明らかにしている（Kelley, 1979）。

　ただし，葛藤が生じたからといって，必ずしも関係の解消につながるとは限らず，葛藤のとらえ方や，対処方法によって，関係の維持に寄与する場合もある。まず，葛藤を避けられないものだと考えている夫婦は，葛藤を脅威とと

らえ避けようとする夫婦より，良好な関係を維持していることが示されている（Crohan, 1992）。また，生じた葛藤の原因や責任を否定的に帰属すると関係は悪化するが，好意的に帰属することで関係が良好になることも明らかにされている（Bradbury & Fincham, 1990）。そして，葛藤が生じても，話し合う等，建設的に対処することが関係の維持につながることも指摘されている（Rusbult, Zembrodlt, Gunn, 1982; Rusbult, Johnson, & Morrow, 1986）。

第 6 章

援助と攻撃

　わが国では，阪神・淡路大震災の発生以降，被災地に多くのボランティアが駆けつけることがあたりまえのようになっており，統計数理研究所（2014）の日本人の国民性調査でも，日本人は「礼儀正しい」「勤勉」「親切」という向社会的な自己評価が7割を越え，1958年の調査開始以来最高値となった。しかしその一方で，この1か月間にイライラしたことが「ある」という割合も，1993年の調査開始以来，初めて「ない」（49％）を越えて50％に増加している。この章では援助と攻撃について解説する。

1節　援助行動

1．援助行動とは

　援助行動を中村（1987）は，自らの力では克服できそうもないような困難な状態（さまざまな危険とか欠乏の状態も含めて）に陥ったり，あるいは，そのまま放っておけばそのような状態に陥ってしまいそうな人に対して，その状態を避けたり，そこから抜け出したりすることができるように，多少の損失（経済的負担，身体的苦痛や損傷，社会的非難や冷笑など）を被ることは覚悟のうえで力を貸す行為と定義している。

　また，ビエルホフ（Bierhoff, 2008）は，援助行動の概念を図6-1のように

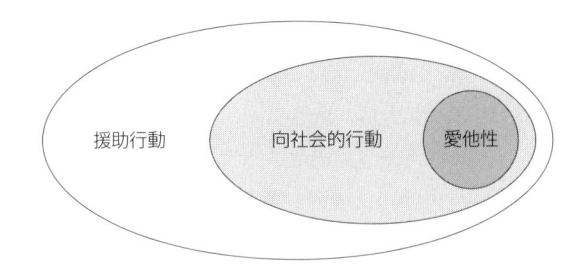

図6-1　援助行動・向社会的行動・愛他性の関係（Bierhoff, 2008を改変）

3つの領域に分けて示している。ビエルホフによれば「援助行動」は，相手の状況を改善させることを意図した行動であるが，その中には「プロによる義務的な動機に基づく行動」や「組織的な行動」も含まれる。つまり，動機を問わず，相手の状況を改善させる行動と定義されている。また，「向社会的行動」には「プロによる義務的な動機の援助行動」と「チャリティー以外の組織的な援助行動」は含まれず，相手の状況を改善させるために個人が義務的な動機ではなく行なう行動と定義されている。さらに，「愛他性」は，向社会的行動の中で他者の利益を最終的な目的として行なわれるものを指している。

2．緊急時の援助行動を抑制させる要因

(1) 緊急時の援助が注目された事件

　援助行動の研究がさかんに行なわれるようになったきっかけは，1964年3月にニューヨークで発生した殺人事件であった。仕事から帰宅途中のキャサリン・ジェノヴィーズ（通称キティ）という若い女性が深夜に自宅近くで男に刃物で切りつけられた。このときキャサリンが悲鳴をあげたため，近所のアパートの住民38人が異変に気づき，中には窓をあけて犯人の男を怒鳴った人もいた。そのたびに犯人はいったん逃走したが，再び戻ってきた。犯人から3度にわたり襲撃され，キャサリンは殺されてしまった。最初の襲撃から警察が到着するまでに30分以上かかったことから，マスコミは住民の通報が遅れたことによりキャサリンが殺されてしまったとして，都市住民の冷淡さを記事にした。

　社会心理学者のラタネ（Latané, B.）は，異変に気づきながら多くの住民が援助行動をとれなかった理由を調べるため，一連の研究を始めた。なお，マニ

ング他（Manning, Levine, & Collins, 2007）は，この事件に関する当初のマスコミ報道に複数の事実誤認が存在したことを指摘している。

(2) 他者の存在が状況の解釈に及ぼす影響

　緊急事態における援助を抑制させる要因を明らかにするため，ラタネとダーリー（Latané & Darley, 1968）は，曖昧な状況を設定し，実験を行なった。

　ラタネらは，大学の教室の通気口から煙のような白い気体が入ってきたときに，アンケートに回答している実験参加者が「1人でいる場合」「見知らぬ人と3人でいる場合」「見知らぬ2人の消極的な人（じつは実験補助者で，消極的な演技をした）と3人でいる場合」の3条件を設定し，教室を出て異変を報告するまでの経過時間を測定した。実験の結果，1人の場合には24人中18人（75％）が報告したが，見知らぬ3人の場合（報告可能者が3人いるため，期待値は98％）には，8グループのうち1人でも報告したのは3グループ（38％）のみであった。また，消極的な2人と一緒にいる人は，10グループ中の1グループ（10％）のみで報告があった。なお，1人条件の場合には2分以内に12人（50％）が報告しており，報告した人は早めに行動している。

　実験の結果，消極的な他者が一緒にいると報告が著しく抑制されることと，単に見知らぬ他者がいるだけでも報告が抑制されることが明らかになった。また，他者からの影響は明白であったが，異変を報告しなかった人は，他者の存在による抑制的な影響を自覚していないことがわかった。さらに，他者と一緒にいた人は，行動しない他者を見て，状況を緊急事態とは認知していなかった。

　たとえば，非常ベルが鳴り，避難が必要な緊急事態であっても，周囲の他者が行動しなければ，「火事ではないようだ」と解釈するなど，緊急事態とは認知せず，逃げ遅れる可能性が高くなる。そのため，非常ベルが鳴ったり，人が倒れているような場合，周囲に行動しない他者がいても，すばやく事態を確認する必要がある。このことを知っていれば，他者を助けることができるだけでなく，火災など自分が危険な状況から逃れられる可能性も高くなるのである。

(3) 他者の存在が援助行動に及ぼす影響

　図6-2は，病気の発作を起こした人に対する援助を分析するためにラタネとダーリーが行なった実験（Darley & Latané, 1968）の手続きである。グループの人数別に3条件が設定された。この実験に参加した大学生は，実験者か

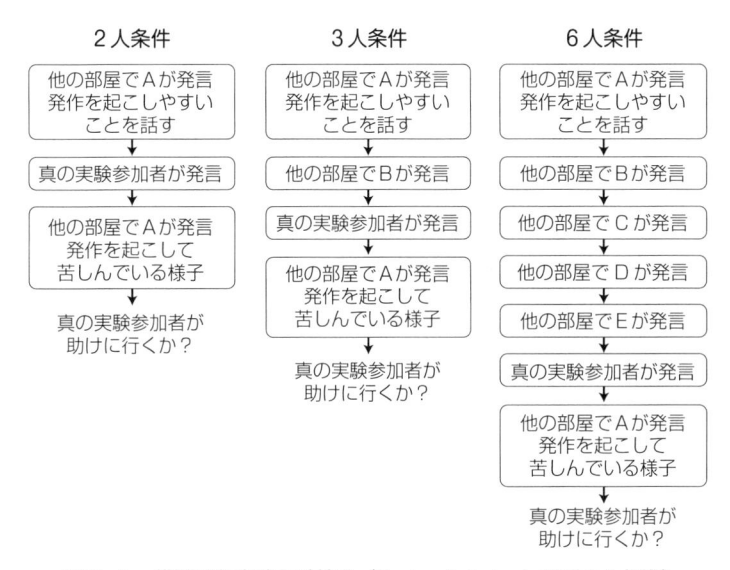

```
      2人条件              3人条件              6人条件
┌──────────────┐   ┌──────────────┐   ┌──────────────┐
│ 他の部屋でAが発言│   │ 他の部屋でAが発言│   │ 他の部屋でAが発言│
│ 発作を起こしやすい│   │ 発作を起こしやすい│   │ 発作を起こしやすい│
│   ことを話す   │   │   ことを話す   │   │   ことを話す   │
└──────┬───────┘   └──────┬───────┘   └──────┬───────┘
       ↓                  ↓                  ↓
┌──────────────┐   ┌──────────────┐   ┌──────────────┐
│真の実験参加者が発言│   │ 他の部屋でBが発言│   │ 他の部屋でBが発言│
└──────┬───────┘   └──────┬───────┘   └──────┬───────┘
       ↓                  ↓                  ↓
┌──────────────┐   ┌──────────────┐   ┌──────────────┐
│ 他の部屋でAが発言│   │真の実験参加者が発言│   │ 他の部屋でCが発言│
│  発作を起こして │   └──────┬───────┘   └──────┬───────┘
│  苦しんでいる様子│          ↓                  ↓
└──────┬───────┘   ┌──────────────┐   ┌──────────────┐
       ↓           │ 他の部屋でAが発言│   │ 他の部屋でDが発言│
  真の実験参加者が    │  発作を起こして │   └──────┬───────┘
    助けに行くか？    │  苦しんでいる様子│          ↓
                   └──────┬───────┘   ┌──────────────┐
                          ↓           │ 他の部屋でEが発言│
                     真の実験参加者が    └──────┬───────┘
                       助けに行くか？           ↓
                                      ┌──────────────┐
                                      │真の実験参加者が発言│
                                      └──────┬───────┘
                                             ↓
                                      ┌──────────────┐
                                      │ 他の部屋でAが発言│
                                      │  発作を起こして │
                                      │  苦しんでいる様子│
                                      └──────┬───────┘
                                             ↓
                                        真の実験参加者が
                                          助けに行くか？
```

図 6-2　模擬発作実験の手続き（Darley & Latané, 1968 より作成）

ら，ストレスの多い都市で暮らす経験を話し合うように言われ，個人的な問題を話し合う気まずさを避けるため，実験者は討論に立ち会わないことが説明された。また，実験参加者は個室に入り，2 分ずつ 1 人だけが話せるように切り替わるマイクを通して順番に話し，他の参加者の発言はヘッドホンから聞くように言われた。じつは，最後に順番が回ってくる真の実験参加者以外の参加者はおらず，発言はあらかじめ録音されていたものであったが，真の実験参加者は，他の個室に実際に参加者がいて発言をしていると思わされていた。

　最初の参加者 A は，ニューヨーク市と勉学への適応に苦労していることや，勉強中や試験中に発作を起こしやすいことを話した。順番の最後である真の参加者の発言が終わると再び参加者 A が発言する番になったが，A は話の途中から苦しそうに話し，発作だと言ったが，途中（125 秒）でマイクの音声が切れた。

　実際には実験者はこの状況をモニターしており，A の発作が始まってから真の参加者が個室を出る（報告する）までの時間を測定した。実験助手は，真の参加者が部屋を出たときか，部屋を出ずに 6 分が経過したときに実験の真の目的を説明し，参加者の情緒反応を鎮めた。

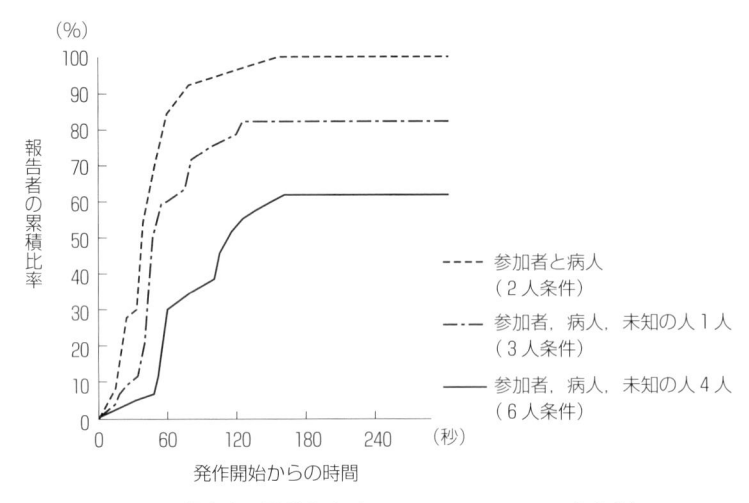

図6-3 報告者の累積比率（Darley & Latané, 1968を改変）

　結果は図6-3のように，2人条件で報告までの平均時間が最も短く，報告率は高かった。反対に6人条件で報告までの平均時間が最も長く，報告率は少なかった。

　この結果は，自分以外にも緊急事態に気づいた人がいると思うと自分が援助しなければならない責任を他者にも分散して軽く認知し，援助は抑制されやすいが，自分以外に援助できる人がいない場合には援助は抑制されにくいと解釈されている。

3. 援助行動の類型

　援助を必要とする状況は多様である。たとえば，溺れている人を助ける場合とエレベーターで乗ってくる人のためにボタンを押して扉を開けておいてあげる場合とでは，どちらも急いで行動する必要がある点では共通しているが，援助することで被る負担（援助コスト）の大きさが異なるうえ，必要とされる援助能力も異なる。したがって，援助を分類し，特徴を明らかにしておく必要がある。

　アマトとピアース（Amato & Pearce, 1983）は，社会心理学の専門雑誌に掲載された援助行動に関する論文で扱われた100個以上の援助エピソードを収

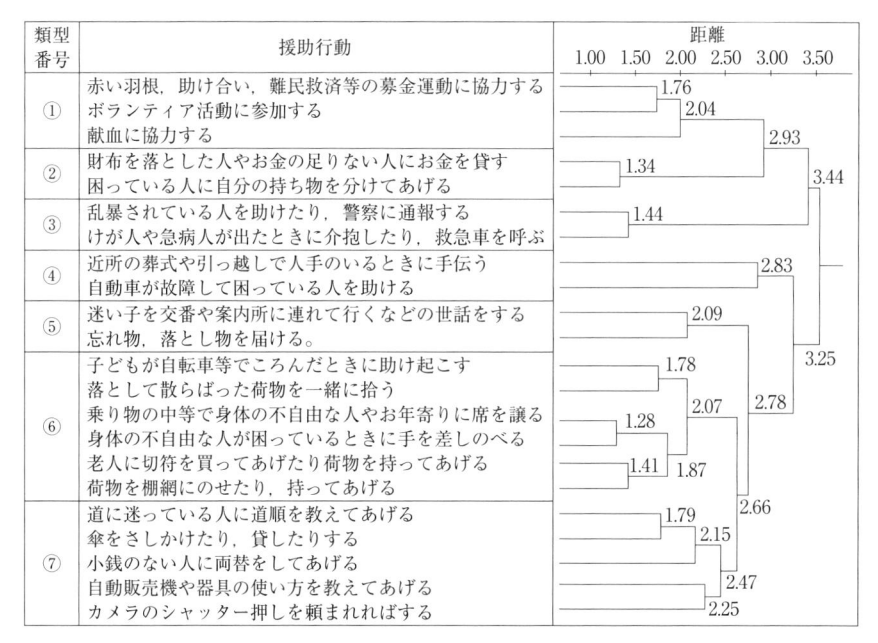

類型番号	援助行動
①	赤い羽根，助け合い，難民救済等の募金運動に協力する ボランティア活動に参加する 献血に協力する
②	財布を落とした人やお金の足りない人にお金を貸す 困っている人に自分の持ち物を分けてあげる
③	乱暴されている人を助けたり，警察に通報する けが人や急病人が出たときに介抱したり，救急車を呼ぶ
④	近所の葬式や引っ越しで人手のいるときに手伝う 自動車が故障して困っている人を助ける
⑤	迷い子を交番や案内所に連れて行くなどの世話をする 忘れ物，落とし物を届ける。
⑥	子どもが自転車等でころんだときに助け起こす 落として散らばった荷物を一緒に拾う 乗り物の中等で身体の不自由な人やお年寄りに席を譲る 身体の不自由な人が困っているときに手を差しのべる 老人に切符を買ってあげたり荷物を持ってあげる 荷物を棚網にのせたり，持ってあげる
⑦	道に迷っている人に道順を教えてあげる 傘をさしかけたり，貸したりする 小銭のない人に両替をしてあげる 自動販売機や器具の使い方を教えてあげる カメラのシャッター押しを頼まれればする

図6-4　援助行動の7類型 (高木，1982を改変)

集した。最終的に集約した62個のエピソードについて多変量解析を行なった結果，①「緊急事態への介入」，②「公的で組織的な援助」，③「見知らぬ人への日常的でカジュアルな援助」，④「寄付と分与」の4類型に分けられることを明らかにした。

　高木（1982）は，大学生から援助に関するエピソードを収集し，最終的に集約した22個のエピソードについてクラスター分析を行なった。結果として図6-4のように，アマトとピアースの分類よりもさらに詳細に，①「寄付・奉仕」，②「分与行動」，③「緊急事態における援助行動」，④「努力を必要とする援助行動」，⑤「迷子や遺失者に対する援助行動」，⑥「社会的弱者に対する援助行動」，⑦「小さな親切行動」の7類型に分けられることを明らかにした。

4．援助行動の生起に影響する要因

(1) 援助行動に及ぼす援助者側の要因

　性別では，援助コストが小さければ女性のほうが援助しやすく（松井，

1981）．年齢に関しては，「若年者世代では，援助を交換可能な対象としてとらえるような"交換規範"が高く支持されているが，お返しを基礎とする"返済規範"意識は低い。これに比して，中年・実年群といった高年者世代では，逆に"返済規範"意識が高く，クールな"交換規範"意識が低い」（箱井・高木，1987）とされ，年齢により援助にかかわる規範意識が異なる。

　性格に関しては，他者の気持ちに共感しやすい人は一般的に援助しやすい（松井，1981；Mehrabian & Epstein, 1972）が，非行少年（男子）の場合，情緒的共感性は親しい人への援助には結びつくが，見知らぬ他者への援助には結びつきにくい（清水・田中・田中・馬場・大川，2002）。また，バトソン他（Batson, Duncan, Ackerman, Buckley, & Birch, 1981）は，真の実験参加者に，回答を間違えると電気ショックを受けるというストレス下で学習の実験をしている人を観察させ，実験継続がむずかしくなった場合にその人の役割を引き継ぐか否かを尋ねた。その際，学習実験参加者と観察者の間の「価値観や関心の類似性」と「その場からの逃げやすさ」を操作したところ，逃げにくい状況では類似度にかかわらず，6〜8割が援助したが，逃げやすい状況では，非類似の場合の援助率が1割強なのに対し，類似の場合の援助率は約9割であった。バトソンらは類似性が共感を生み，援助につながったと解釈して，「共感－愛他性仮説」を提唱している。

　気分に関しては，肯定的な気分になると他者に親切になる（松井・堀，1976）ことが明らかにされ，バロン（Baron, 1997）の実験でも，パンの焼ける心地よい香りのするパン屋の前のほうが，特に香りのしない洋服店の前よりも，両替の依頼への応諾が行なわれやすかった。しかし，否定的な気分による影響に関しては明確な知見が得られておらず，援助の促進・抑制両方の仮説が存在している（清水，1994）。

　時間的余裕の影響に関しては，ダーリーとバトソン（Darley & Batson, 1973）が，神学校の学生に，別の校舎にある教室で，聖書にある「傷ついた旅人を助けた善きサマリア人」をテーマにしたスピーチか，「よい牧師とは」をテーマにしたスピーチのいずれかをするよう依頼し，会場へ移動する際の時間的余裕を変えて実験をしたところ，スピーチ内容にかかわらず，時間的余裕がない場合には，余裕がある場合よりも，移動途中の建物の玄関に倒れている人

に声をかける割合が少なかった。「人助けは大切」と考えていても，時間的余裕がないと援助ができなくなるといえる。

(2) 援助行動に及ぼす被援助者側の要因

性別に関しては，男性よりも女性のほうが援助されやすく，図書館で離席中に本を持って行かれた場合，犯人を教えてもらえる割合が多かった（Howard & Crono, 1974）。

外見に関しては，車が立ち往生した場合，きちんとした身なりの運転手のほうが援助されやすかったが，援助者との類似性もみられた（Graf & Riddell, 1972）。また，地下鉄車内で人が倒れたときに，血を吐いている場合（実験では演劇用の血糊を使用）には吐いていない場合よりも援助されにくかった（Piliavin & Piliavin, 1972）。これは，血を見ることで生理的覚醒（驚きや興奮）が高まりすぎたために援助が抑制されてしまったと解釈されている。

(3) 援助行動に及ぼす状況要因

援助を必要とする事態であるか否かが曖昧な場合には，周囲に行動しない傍観者がいると，援助が不要な状況と解釈されやすい（Latané & Darley, 1968）。また，援助が必要な緊急事態に自分以外の他者が存在していると，他者から見られることによる羞恥感情や援助に対する責任分散が発生し，自分しかいない場合に比べて援助が抑制されやすい（Latané & Darley, 1970）。このように，他者の存在が援助を抑制させる現象は，「傍観者効果」とよばれる。

周囲の騒音に関しては，騒音が大きいと，腕にギプスをしている人が目の前で本を落としてもギプスに気づかず，本を拾いにくくなる（Mathews & Canon, 1975）ほか，交差点で待っている人に時間を尋ねたときに相手が「時計を持っていない」と言った場合，都市でも地方でも交通量の多い交差点ほど，近くの人が時間を教えてくれなくなる（中村, 1982）傾向も明らかになっている。また，都市の住民と郊外の住民間で「不当な境遇に苦しむ人には，助けを与えるべきである」という意見への賛否に差はない（加藤・松井, 1981）が，都市の住民は，郊外の住民ほど積極的には援助しない（松井, 1991）ことに関して，松井（1991）は，「都市住民は刺激の過負荷状態を回避する」としたミルグラム（Milgram, 1970）の指摘と対応するように，都市の住民が郊外の住民よりも「非関与の規範」を強くもっていることを明らかにしている。

5. 援助行動の生起過程に関するモデル

　ラタネとダーリー（Latané & Darley, 1975）は，一連の実験結果から，認知的判断モデルを考案した。このモデルでは，①異変に気づき，注意を向けること（周囲に他者がいたり，騒音があると異変に気づきにくい），②異変が緊急事態であると判断されること（病人が倒れていても，「誰も助けていないから酔っぱらいだろう」などと判断する可能性がある），③自分に助ける責任があると判断すること（周囲に他者がいると，「自分が助けなくてもよいだろう」と責任分散が起きる可能性がある），④援助方法の決定（自分に能力がない場合には直接介入ではなく，警察や消防に援助を依頼するなど，間接的な介入になる）の4段階を経て援助行動が実行されると考えられている。ただし，緊急時には，恐怖や不安により強い情動反応が生じ，冷静な意思決定ができるとは限らないため，モデルに感情による影響を組み込む必要がある（Piliavin, Dovidio, Gaertner, & Clark, 1981；竹村・高木，1988）と指摘されている。バータル（Bar-Tal, 1976）は，緊急場面と非緊急場面での意思決定過程モデルを示し，判断過程に「個人変数」「状況変数」「被援助者の特徴」「文化的変数」が影響するとし，緊急場面では「生理的覚醒」と「状況の解釈」を考慮している。ピリアビン他（Piliavin, Dovidio, Gaertner, & Clark, 1982）も，意思決定過程に及ぼす情動反応の影響を考慮した，「覚醒：出費-報酬モデル」を示した。また，アイゼンバーグ（Eisenberg, 1986）は，発達的な視点である「社会化」と「援助後の自己評価」を加えたうえで，意思決定過程に情動面と認知面が影響を与えるモデルを示した。わが国においても，松井（1989）や高木（1997）が意思決定モデルを発表している。

　松井（1989）は，援助行動の「状況対応モデル」を発表した（図6-5）。このモデルの特徴は，1次的認知処理で，状況の解釈や関与の必要性が判断され，2次的認知処理で，援助するにあたっての危険性などのコストと援助の方法が判断されるというように，意思決定にかかわる認知処理の段階を2段階に分けていることである。また，認知の過程と感情の過程を分けて設定し，1次的認知処理により生じた感情が2次的認知処理に影響すると考えられている。さらに，規範的責務感も独立させ，場合によっては2次的認知処理を通らずに，ス

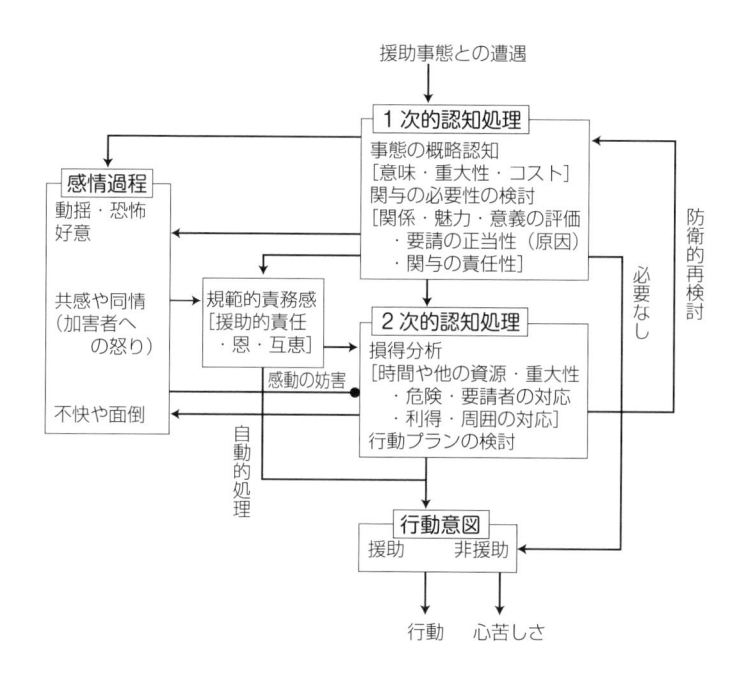

図6-5　援助の意思決定に関する状況対応モデルの全体図（松井，1989を改変）

クリプト的に直接行動意図にいたる場合もあると考えられている。なお，モデルは援助の類型別に「日常的援助」「寄付・分与」「自発的奉仕」「緊急事態での援助」の4種類あり，たとえば，緊急時の援助と非緊急時の援助では認知処理や感情過程の内容が異なり，「寄付・分与」の場合には，行動プランを検討する必要がなくなるほか，動揺や恐怖も生じにくくなるとしている。

6．援助行動の成果と援助の継続性

　援助が援助者にもたらす影響（妹尾・高木，2003）や援助と被援助の循環（妹尾・高木，2011）など，援助者の援助成果の認識に関する研究も行なわれている。
　妹尾と高木（2003）は，地域においてボランティアをしている人（平均60歳代）を対象に，援助が援助者にもたらす援助成果の構造について検討し，「愛他的精神の高揚」「人間関係の広がり」「人生への意欲喚起」の3因子を抽出した。また，ボランティア活動継続動機の構造も検討し，「自己志向的動機」「他者志

向的動機」「活動志向的動機」の3因子を抽出した。そして,「自己志向的動機」による援助継続意図には「愛他的精神の高揚」を成果として認識していることが特に影響し,「他者志向的動機」による活動継続意図には「愛他的精神の高揚」と「人生への意欲喚起」を成果として認識していることが影響し,「活動志向的動機」による活動継続意図には「愛他的精神の高揚」「人間関係の広がり」「人生への意欲喚起」を成果として認識していることが影響することを明らかにしている。

2節 攻撃行動

1. 攻撃とは

攻撃は,「他者に危害を加えようとする意図的行動」(大渕, 1993) と定義されている。重要なのは,攻撃が意図された行動か否かという点であり,身体的苦痛が与えられたとしても,医師による治療であれば,故意に危害を加えようと意図したわけではないため,攻撃とはみなされない。また,実際には危害が生じなくても,危害を加えようと意図した場合には攻撃とみなされる。

2. 攻撃に関する3つの視点

攻撃性の本質については,これまでの先行研究により,3つの考え方からとらえることができる(図6-6)。

(1) 内的衝動説

内的衝動説の特徴は,攻撃のための心的エネルギーが個体の中に存在していると考えることで,本能論とよばれている。精神分析の創始者であるフロイト(Freud, 1933)と動物行動学者のローレンツ(Lorenz, 1963)がこの立場をとっている。

フロイトは,ヒトには死の本能があるため,その破壊衝動が自己に向かわないように,外部に向かって発散し続けなければならず,そのために攻撃行動が存在し,戦争や抗争をなくすことができないと述べている。

第6章　援助と攻撃

a. 内的衝動説

個体内：内的衝動 → 攻撃行動

b. 情動発散説

不快事象 → 個体内：自動的動機づけ → 攻撃行動

c. 社会的機能説

社会的葛藤 → 個体内：戦略的動機づけ → 攻撃行動

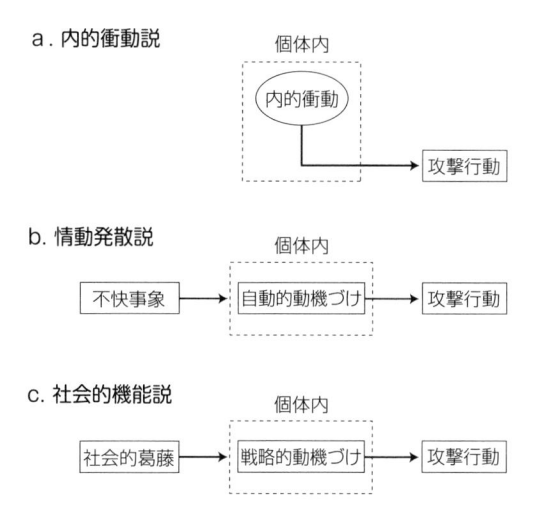

図6-6　攻撃性に関する3つの考え方（大渕，2000を改変）

　動物行動学者のローレンツも攻撃衝動が個体の内部に存在していると考え，食欲や性欲と同様に，攻撃が抑えられていると，しだいに内的衝動が高まっていくと考えた。ただし，ローレンツはフロイトが攻撃を破壊的衝動ととらえたのとは異なり，攻撃が種の維持と進化のために機能していると主張し，外的刺激によって攻撃が誘発されたり抑制されたりするとも述べている。

(2) 情動発散説

　情動発散説は，欲求不満－攻撃説（Dollard, Doob, Miller, Mowrer, & Sears, 1939）に代表されるように，攻撃を不快な感情の発散とみなすものである。行動の遂行を妨害されるなど，外部からの影響で欲求不満状態になると，攻撃的動機づけが喚起されると考える。ただし，欲求不満を攻撃行動で解決させるわけではなく，欲求不満により生じた不快感情を発散させることを目的とするため，欲求不満の発生と関連のない第三者への八つ当たりも生じるとしている。

　また，バーコウィッツ（Berkowitz, 1998）は，認知的新連合モデルを考案した（図6-7）。不快な感情が生じると，それに結びついている攻撃的な記憶や自動的な反応スクリプトが活性化されるため，記憶や反応スクリプトに沿った攻撃行動がとられやすくなると考えられている。

心的ネットワーク

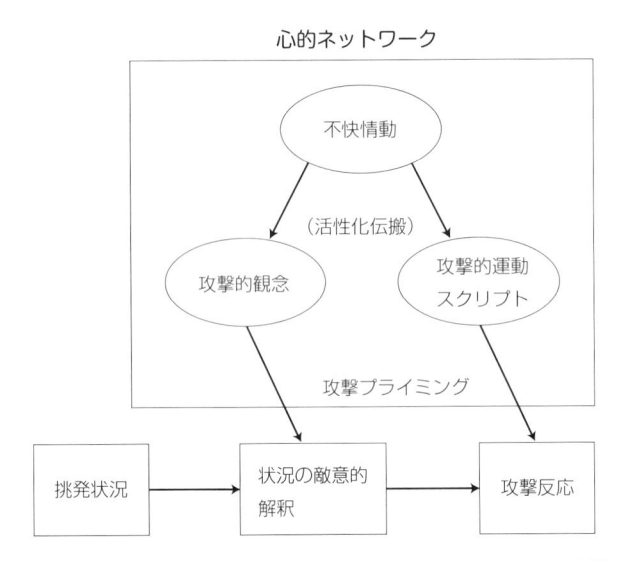

図6-7 バーコウィッツの認知的新連合モデル（Berkowitz, 1998；大渕, 2000）

(3) 社会的機能説

　社会的機能説は，攻撃行動が目的達成の手段として用いられることを強調する見方である。バンデューラ（Bandura, 1973）は，攻撃行動を規定するのは外的な事象であり，攻撃行動の有効性を経験したあとには，類似した状況で攻撃しやすくなると考えている。また，ファーガソンとルール（Ferguson & Rule, 1983）およびテデスキ（Tedeschi, 1983）は，攻撃行動を葛藤状況に対する対処行動の1つと考えており，不公平な状態が生じた場合には，攻撃により不公平を解消しようとしたり，相手をコントロールしようとする場合があるとしている。さらに，この場合の攻撃には「怒り」などの不快な情動は必要ないため，冷静な攻撃も存在するとしている。

3．攻撃の学習

　学習理論の研究者は，攻撃行動の発生に内的な衝動は仮定せず，外部環境中の攻撃誘発刺激や攻撃強化因子により，攻撃行動を研究している。つまり，攻撃により自分の要求を満たす成功経験をすることで，ますます攻撃的になっ

ていくと考えている。パターソン他（Patterson, Littman, & Bricker, 1967）は，特に幼児の場合には，攻撃的な方法をとると高い割合で成果が得られるため，攻撃的な子どもは，より攻撃的になっていく傾向があるとしている。

バンデューラ他（Bandura, Ross, & Ross, 1963）は，攻撃行動をするモデル人物を3～6歳の幼児に見せたあとで欲求不満状態にした場合に，モデル人物の行動を模倣して攻撃的になるかについて，実験的に検討した。実験では，空気を入れたビニール製で，起き上がり小法師のような身長約1.5メートルの人形を大人が殴ったり蹴ったりする様子を直接見せる条件，同じ状況を映像で間接的に見せる条件，アニメーションの主人公のネコが攻撃している映像を見せる条件，何も見せない統制条件の4つの条件を設定し，いずれか1つの状況を幼児に経験させたあと，遊びたい玩具で遊ばせないことで欲求不満状態にさせてから，ビニール製人形のある部屋へ連れて行った。結果は，統制条件と比べて他の3条件の攻撃行動の出現頻度が約2倍高くなった。また，8～9割の幼児が攻撃行動を模倣するようになったため，幼児の性格にかかわらず模倣学習が起きると解釈されている。

4．社会的状況と攻撃

ジンバルド（Zimbardo, 1970）は，「個人の匿名性が保たれ，名前や身分が他者に確認されない，没個性化状態では通常抑圧されている反社会的行動が起こりやすくなる」という仮説を設定し，実験を行なった。女子大学生が4人1組で「見知らぬ人への共感的反応」を名目とした実験に参加した。没個性化条件に割り当てられた学生は，「表情が反応に影響を与えないように」という名目で，実験着を着たうえ，目と口の部分だけに3つの小さな穴のあるフードをかぶった。確認可能条件の学生は名前を呼ばれ，大きな名札を付け，実験者からは自分で独自に反応するようにと教示された。参加者は，ある女子学生のインタビューを聞いたあと，その学生（学習者）の学習に関する実験で教師役をするように依頼された。教師役は2人1組で，学習者が回答を間違えたときに罰の電気ショックを与えなければならなかった。じつは学習者である学生は実験者の協力者で，回答を20回間違えることになっていた。また，実際には電気ショックは与えられないが，学習者には参加者が電気ショックのボタンを押し

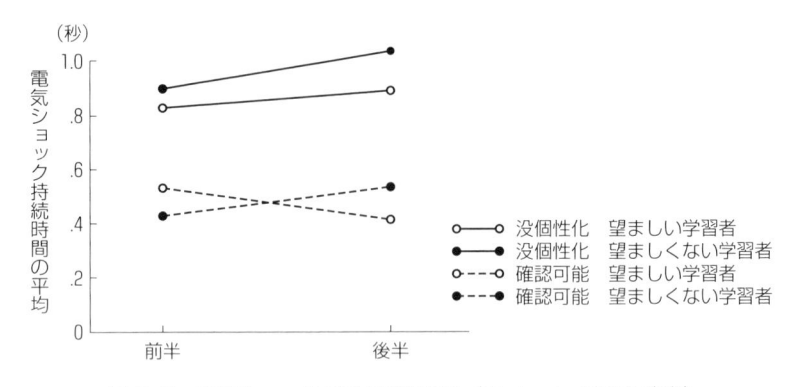

図6-8　電気ショックの平均持続時間（Zimbardo, 1970を改変）

たことがわかるようになっており，学習者は電気ショックを受けているふりをした。最初のインタビューでは，学習者が「あたたかく望ましい人」か「偏見をもつ望ましくない人」かのいずれかの印象を参加者にもたせるよう操作した。実験の結果，女子学生たちは，20回中平均17回電気ショックのボタンを押したが，没個性化条件と確認可能条件の間でボタンを押した回数に差はなかった。しかし，ボタンを押している時間に関しては，没個性化条件の学生は確認可能条件の学生より2倍近く長く押していた（図6-8）。しかも，匿名性が高い没個性化状態になると，「偏見をもつ望ましくない人」のみならず，「あたたかく望ましい人」に対しても攻撃を行なってしまうことが明らかにされた。

5．暴力映像と攻撃

ヒュースマン他（Huesmann, Moise-Titus, Podolski, & Eron, 2003）は，6〜10歳の子どもを対象に暴力的なテレビ番組の視聴時間を調査し，15年後の攻撃性の高さとの関連性を分析した。表6-1は，現在の「一般的攻撃性」「激しい身体的攻撃性」「弱めの身体的攻撃性」「言語的攻撃性」「間接的攻撃性」「ミネソタ多面人格目録（MMPI性格検査）の攻撃的性格」の自己評定ならびにMMPI性格検査以外の攻撃性に関する他者評定と，子ども時代の「暴力的テレビ番組の視聴量」「テレビ番組の暴力に関する知覚された現実感」「攻撃的な女性キャラクターとの同一視」「攻撃的な男性キャラクターとの同一視」の間で

表6-1 子ども時代の暴力的テレビ番組の見方と大人になってから（15年後）の攻撃性との関連性（相関係数）（Huesmann et al., 2003を改変）

子ども時代のテレビ	大人になってからの攻撃性全体		大人になってからの身体的攻撃性		大人になってからの間接的攻撃性	
	男性	女性	男性	女性	男性	女性
暴力的テレビ番組の視聴量	.22**	.19**	.17**	.15**	.03	.20**
テレビ番組の暴力に関する知覚された現実感	.22*	.25**	.14†	.14†	.05	.28**
攻撃的な女性キャラクターとの同一視	.15†	.23**	.05	.09	.01	.19**
攻撃的な男性キャラクターとの同一視	.29***	.22**	.14†	.12	.05	.22**

男性：$n=153$　女性：$n=176$　†$p<.10$　*$p<.05$　**$p<.01$　***$p<.001$

関連性を検討した結果である。子ども時代の暴力的なテレビ番組の視聴量と15年後の攻撃性の総合得点，身体的攻撃性，間接的攻撃性（女性のみ）との間には有意な正の相関があり，子ども時代の他の測定指標との間にも15年後の攻撃性と間に正の相関がある部分がみられた。つまり，子ども時代に暴力的なテレビ番組を見る機会が多いほど，大人になってからも攻撃性が高く，攻撃性が低下することはなかった。

6．攻撃の抑制・コントロール

怒りの表出は必ずしも攻撃的とは限らないが，怒りの直接的な表出を攻撃ととらえた場合の攻撃と怒りの制御について，湯川（2004）は，「制御の目標に関する2段階モデル」を提唱している（図6-9）。怒りの感情を直接表出する（攻撃として行動化する）ことを防ぐ，または適切な（社会的なルールに沿った）別の形で表現することが「第1の制御の目標」で，行動面に向けた外的制御といえる。また，感情面に向けられた内的制御として，怒りをどう治めるかが「第

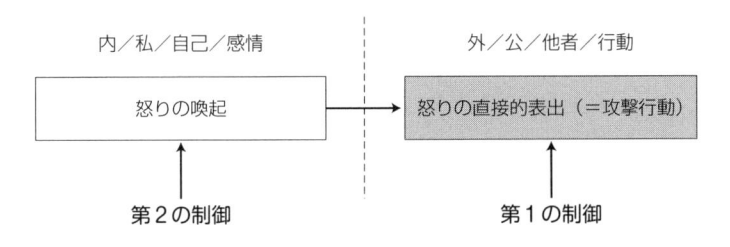

図6-9　制御の目標に関する2段階モデル（湯川，2005を改変）

2 の制御の目標」になるとしている。そして,「気晴らし」や「何もしないこと」が第 1 目標の外的制御には有効と考えられるが,怒り感情自体は解消されないため,第 2 目標の内的制御の観点からは中長期的な意味での根本解決に結びつかず,第 1 の外的制御を経たあと,第 2 の内的制御まで果たすことが望ましいとしている。第 2 の内的制御について,湯川（2005）は,まだ研究が蓄積されていないが,言語化・物語化による認知的再体制化が重要で,方法としては「筆記」が有効な道具になるのではないかと指摘している。

第 7 章

対人相互作用

　これまでの章は,「私」が「相手」の行動から性格や動機を推測したり,「相手」に好意や敵意を抱いたり,「相手」の態度や行動を変えようとする事態を,1度限りの因果的状況を構成して扱った研究を紹介している。しかし現実の人間関係では「相手」もまた「私」を推測し,「私」に感情を抱き,「私」に影響を与えようとする。そしてこれがくり返される中で,「私」も「相手」もともに変化し,時にはどちらかがこの関係を解消しようとすることもある。対人相互作用は,このように二者関係において両者がお互いに影響を及ぼし合うプロセスを問題としている。

1節　囚人のジレンマ

　友人関係,恋人関係,夫婦関係といった日常的な人間関係では,自分の態度や行動は相手の態度や行動によって変化し,その自分の態度や行動が相手の態度や行動を変え,それがまた自分の態度や行動に影響を与えて…,という具合に続いていく。すなわち自分の態度や行動は相手の態度や行動の原因でもあり結果でもある。長い目で見ると,自分の行動が相手の行動を介して将来の自分の行動に返ってくることになる。
　このような対人相互作用の特徴を理解するために,まず以下の状況を想像し

第Ⅱ部 人と人のつながり

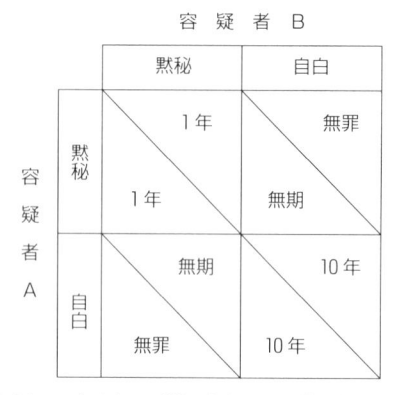

```
                       容 疑 者 B
                    黙秘        自白
              ┌─────────┬─────────┐
              │    1年  │    無罪 │
         黙秘 │         │         │
              │ 1年     │ 無期    │
  容疑者A     ├─────────┼─────────┤
              │    無期 │    10年 │
         自白 │         │         │
              │ 無罪    │ 10年    │
              └─────────┴─────────┘
```

各マトリクスの左下はAの刑期，右上はBの刑期を表わす（図は筆者作成）。

図7-1　囚人のジレンマ

てほしい。AとBの2人の容疑者が重大な罪を犯した疑いで，別の罪で逮捕され別々の部屋で取り調べを受けている。2人は話をすることはできない。黙秘を続けている2人に検察官は以下のような取り引きを提案する。

「このまま黙秘を続けるなら2人とも1年間の刑務所行きだ。しかし罪を認めれば釈放してやる。その代わりにおまえの相棒はたちが悪いので無期懲役だ。逆にもし相棒が先に罪を認めたら，相棒は釈放されるがおまえは無期懲役だ。ただし同時に罪を認めたなら2人とも無罪にするわけにもいかず，2人とも10年間刑務所に入ってもらう。さあどうする。黙秘を続けるか，自白するか」。

この状況は「囚人のジレンマ」とよばれている。2人の選択とその結果を表わすと図7-1のようになる（山岸，1998）。さてあなたなら黙秘と自白のどちらを選択するだろうか。できるだけ刑務所に行く年数を少なくしたいのなら，この問いには「正解」がある。それは自白することである。もし相手（容疑者B）が自白するなら，あなた（容疑者A）が黙秘すれば無期懲役という最悪の結果となるが，自白すれば10年の懲役ですむ。一方，相手が黙秘するなら，あなたが黙秘すれば懲役1年だが，自白すれば無罪になる。相談できないため相手の行動が不確かな状況だが，相手の選択に関係なくあなたは自白すればよいことになる。

ただこの状況は相手にとっても同じである。相手も同じように考えるなら自白するだろう。そうなると2人とも懲役10年となり，お互いに黙秘し続けたと

第7章　対人相互作用

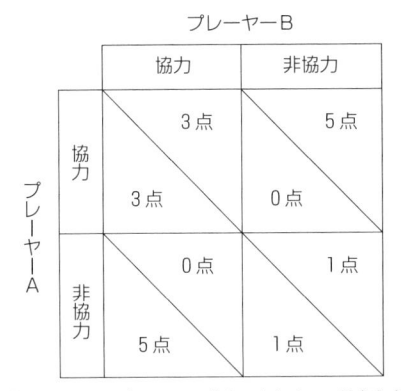

	プレーヤーB 協力	プレーヤーB 非協力
プレーヤーA 協力	A:3点 B:3点	A:0点 B:5点
プレーヤーA 非協力	A:5点 B:0点	A:1点 B:1点

各マトリクスの左下はAの得点，右上はBの得点を表わす。

図7-2　くり返しのある囚人のジレンマの利得行列

きの懲役1年よりも悪い結果になる。しかし自分が黙秘しても相手が黙秘してくれる保証はない。

　自分の結果が自分の選択だけでなく相手の選択にも依存して決定する状況は相互依存状況とよばれる。囚人のジレンマはその典型的な形として，社会学，政治学，生物学などで取り上げられてきた。心理学や経済学ではさまざまな相互依存状況での損得をゲームとして提示し，参加者にはプレーヤーとして選択を求める研究が数多く行なわれている。その1つとして囚人のジレンマと同様の選択がくり返されるゲーム状況を考えてみよう。今度は刑務所に行く年数の代わりにポイントが加算される。あなたとペアになった相手がそれぞれ毎回「協力」か「非協力」のどちらかを選択する。自分と相手の選択の組み合わせで得られる得点は図7-2の通りである。相手とは顔を合わせることも話をすることもない。

　図7-1を図7-2と比較すると基礎的な関係性は同じである。すなわち相手が協力した場合には自分が協力するより協力しないときに利益が高く（5点＞3点），相手が協力しない場合にも自分は協力しないときに利益が高く（1点＞0点）なる。このゲームを1度だけ行なうなら非協力が「よい」選択である。しかしお互いに協力しないとお互いに協力したときよりも利益は低く（1点＜3点）なる。

　このゲームを20回くり返すとする。得点を高くするためにあなたならどのよ

うに選択するだろうか。囚人のジレンマゲームで確認したように1回ごとのゲームでの「よい」選択は非協力なので，すべての回で非協力を選択すればよいと考えることもできる。しかし相手も同じように考えるなら，お互いに非協力の状態になり最終的に1点×20回＝20点にしかならない。だからといってやたらに協力を選択しても相手が非協力なら搾取されるだけである。それではどのような選択が得点を高くするだろうか。

アクセルロッド（Axelrod, R.）は1980年に，ゲーム理論の研究者に呼びかけて，図7-2のゲームで得点を競わせる囚人のジレンマゲームの世界選手権を開催した。14人の研究者よりコンピュータのプログラムがアクセルロッドのもとへ送られ，これに「ランダムに選択する戦略」を加えた15個のプログラムを相互に対戦させる総当たり戦を行なった。1試合は200回と定め，自分自身との対戦も含めた15試合の対戦結果の合計が最高だったプログラムを勝者とした。

優勝したプログラムは最も短い4行で書かれた"tit-for-tat"という戦略であった。「しっぺ返し」とも「応報戦略」とも訳される。それは「初回は協力を選択し，次の回からは相手が前の回に選択したものを選択する」。応報戦略の特徴は，①自分からは裏切らず，②相手が裏切ったらすぐに自分も裏切り返し，③相手が改心したら自分もすぐに反応を戻す，と表わせる。相手と同じ選択を返すことで，搾取を許さない断固たる態度と相手に対する寛容さを同時に示している。

さらにこの対応は非常に単純で，相手にとってもわかりやすい。一見相手から行動を読まれてしまい不利と思えるが，このことは相手から協力を引き出すためには重要である。なぜならこちらが応報戦略をとっている限り，（すくなくとも最終回を除いては）相手にとっての「よい」方略は協力を続けることだからである。協力には協力で，裏切りには裏切りで確実に対応する相手なら，裏切りを選択して相互非協力となるより，協力して相互協力となるほうが得点が高くなることは理解されやすい（Axelrod, 1984）。

2節　互恵性規範

　応報戦略の「相手が協力するなら自分も協力する」という行動のルールは互恵性規範と対応する。相手から何かしてもらったら同じ程度のお返しをするというルールは，多くの文化に広く認められ，幼少期から生活の中で自然に獲得される。誕生日のプレゼントやSNSのポジティブなコメントのやりとりはこのルールに従っている。

　血縁関係のない個体に対する利他的行動は互恵的利他主義の進化として説明される（本書第13章参照）。家畜など動物の血を主食とするチスイコウモリは，餌にありつけた個体が餌にありつけなかった血縁関係にない個体にも自分の吸った血を吐き出して分け与えるが，この行動は以前に血を分けてもらったことがある特定の相手との間で観察される。この相互の血のやりとりはチスイコウモリが同じ洞窟をねぐらとして暮らす閉鎖的な集団で生活していて，個体の識別ができる認知能力をもっているために可能となる。長期的な関係が維持され，将来相手からお返しを期待できるなら，一時的にコストを払っても相手を助けることは結局自分に利益をもたらす。この観点は人間の互恵性規範にもあてはまる。

　山岸（2000）は囚人のジレンマゲームで自分の利益を真剣に考えるように得点を金銭に替えて研究を行なっているが，その1つとして「順序つき囚人のジレンマゲーム」を紹介している。面識がなく顔も合わせない2人の参加者が1回限りの囚人のジレンマゲームを行なう。それぞれに500円が与えられ，まず第1プレーヤーがその500円を相手に提供するかしないかを決める。提供した場合は500円が2倍されて第2プレーヤーに1000円が渡される。第2プレーヤーはその結果を知らされたあとに，やはり自分の500円を相手に提供するかしないかを決める。提供した場合にはやはり500円が2倍され第1プレーヤーに1000円が渡される。最終的な利得行列は図7-3となり，囚人のジレンマゲームであることがわかる。

　その結果，現実の利益が絡む金銭を用いても互恵性規範が確認された。第1プレーヤーが500円を提供しなかったとき，第2プレーヤーの90％が自分も提

第Ⅱ部　人と人のつながり

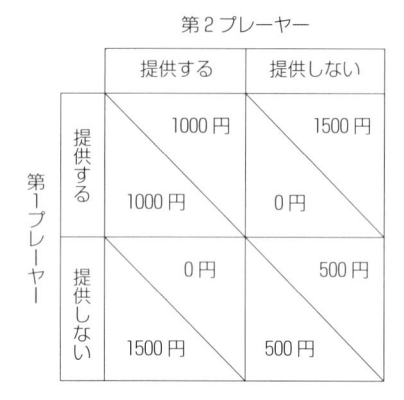

	第2プレーヤー	
	提供する	提供しない
第1プレーヤー　提供する	1000円 / 1000円	1500円 / 0円
第1プレーヤー　提供しない	0円 / 1500円	500円 / 500円

図7-3　順序つき囚人のジレンマの利得行列（山岸, 2000より作成）

供しなかった。一方，第1プレーヤーが提供したときは第2プレーヤーの75%が提供を選択した。つまり自分の利益を最大（1500円）にする合理的な選択をとらず，互恵性規範に従った。

さらに興味深いのは，第1プレーヤーの83%が500円を提供したことである。知らない相手が自分に500円を提供してくれる保証は何もないので，自分の500円を渡すことは自分の利益を大きくすることとは真逆の行動に思える。しかし山岸はこれを自分に望ましい結果をもたらす「かしこい」行動と解釈する。協力には協力で応えてくれる互恵的な人が75%を占める集団では，第1プレーヤーが提供した場合の期待値は，1000円×0.75 + 0円×0.25 = 750円となる。一方前段で示したように提供しなかった場合の期待値は，500円×0.90 + 1500円×0.10 = 600円となり提供した場合を下回る。このように互恵性規範に基づいて行動する人が一定数以上いれば，先に協力行動や利他的行動を行なったとしても長期的には割が合うことになる。その意味で「情けは人のためならず」，他者に利他的にふるまうことは自分に望ましい結果をもたらす。

「互恵性」という言葉は応報戦略の正の側面を表わしているが，応報戦略には「相手が協力しなければ自分も協力しない」，「相手の不当な仕打ちに対して自分もそれ相当の行為で返す」という負の側面もある。この2つの側面を合わせて社会学や文化人類学では「互酬性」という用語が用いられている。前者は正の互酬性，後者は負の互酬性とよばれる（岡田, 2014）。ハムラビ法典の「目

には目を，歯には歯を」や暴力やテロの連鎖は負の互酬性に対応する。フランク（Frank, 1988）は，自分を搾取しようとする相手に対してそれができないことを強烈に印象づけるため，理性による損得勘定を越えてこのように感情的な反応をすることは，他者との関係を維持し，そこから利益を得るために必要であると主張している。

相馬と浦（2009）は恋愛関係における互酬性に着目し，恋人が協力的な態度を示したときに自分も協力的な態度や行動をとりやすい傾向を協調的志向性，相手が協力的でない態度を示したときに自分も協力的でない態度や行動をとりやすい傾向を非協調的志向性とよんでいる。社会人を対象にした縦断調査では，両志向性の高さがそれぞれ相手からの暴言や行動の制限といった心理的暴力を抑制しており，負の互酬性ともいえる非協調的志向性が，相手からの否定的な言動を避け葛藤や対立が深刻化するのを防ぐのに有効であることが示唆されている（相馬・深澤・浦，2004）。

3節　最後通牒交渉ゲーム

最後通牒交渉ゲーム（Ultimatum game）も面識のない2人が最後まで顔を合わせることのない状況で参加する。彼らにはある金額（たとえば，1000円）が与えられて2人で分けるように求められる。第1プレーヤーは提案者となり，自分と相手の分配額を決める。第2プレーヤーは決定者となり，この提案を受け入れるか拒絶するかを決める。受け入れれば提案された額で分配されるが，拒絶すると2人ともお金はもらえない。

自分の利益を最大にする合理的な選択という観点から予想される行動は，第1プレーヤーが相手にゼロに近い金額（たとえば，相手に1円，自分に999円）を渡すことを提案し，第2プレーヤーはそれを拒絶しないことである。拒絶するとどのような金額の提案よりも利益は低くなるため，ゼロでない限り拒絶しないことが第2プレーヤーの合理的な選択となる。相手が拒絶しないのだから，第1プレーヤーは自分に最大の利益を配分するように提案することになる。

しかしこのような選択はほとんどなされない。たとえばフランク（Frank,

1988）によれば，提案された分配比率の平均は，提案者：決定者＝67.1：32.9であった。そして提案者の25.5％が50：50，すなわち平等に分配することを提案した。さらに決定者の21.5％が提案を拒絶し，拒絶された分配比率の平均は，85.3：14.7であった。「1000円のうち150円をあげる」といった分配なら拒絶される可能性が高いことになる。

　最後通牒交渉ゲームで決定者が拒絶するのは，自分の取り分が少ない提案に不公正さと怒りを感じるからと推測できる。しかしくり返しのある囚人のジレンマゲームの応報戦略と異なり，このゲームでは拒否しても自分の利益につながる余地はない。このため拒絶は冷静さを欠いた感情的反応とみられることもある。私たちは不当に利益を得ている人や，コストを払わずにあるいはコストに見合わない利益を得ている人に対していわゆる義憤を感じる。十分な収入があるのに生活保護を受け取っている人や税金を払わない人への怒りはその例である。そしてそのような人が社会的な批判にさらされたり罰せられたりすると，鬱憤が晴らされた気持ちになる。

　最後通牒交渉ゲームでの決定者の拒絶は提案者への罰とみなすこともできる。ただし提案者がその後公平な行動をするように改めたとしても，その恩恵を受けるのは将来の交渉相手であり決定者ではない。直接利害関係のない第三者に1回限りの囚人のジレンマゲームのやりとりを観察させ，そのうえで自らがコストを払って当事者の利益を減らすような「罰」を下す機会を与えると，協力しなかった相手に罰を与えることが頻繁に認められる（Fehr & Fischbacher, 2004）。このような罰は観察者に直接利益をもたらすとは考えづらく，罰を受けた当事者に社会的規範を守らせて，その相手と将来やりとりする他者を利する行動として利他的な罰（altruistic punishment）とよばれる（Fehr & Gächter, 2002）。利他的な罰を与えるときには，報酬系と関連する脳の背側線条体（dorsal striatum）が活性化しており，罰することにともなう満足を予期し実際に満足感を経験することが明らかにされている（de Quervain et al., 2004）。

4節　関係の衡平さ

　最後通牒交渉ゲームでは，自分と相手に等しく分配する「平等分配」が少なからず認められた。提案者は相手との公平さを考慮して平等に分配したかもしれないが，相手の拒絶を避けて利益を確実に手にするために合理的に選択したとも考えられる。しかし相手が拒否権をもたない分配提案だけのゲーム（独裁者ゲーム）でも，平等分配は少なくなるものの一定数は選択される（神・田中,2009）。このことは自分の利益の最大化とは別に平等分配への選好が存在することを示している。

　分配の公正さを判断するときのルールとして，関係する人が一律に同じ結果を得ることが正しいとする「平等の原理」のほかに，個人の投資した量に比例した量の成果を得ることが正しいとする「衡平の原理」がある（「衡平」はequityの訳語であり，読み方が同じ「公平」と訳される場合もあるが，支払われたコストと受け取る利益の比率がつりあっている状態を意味するものとして，この漢字を用いる；山田・北村・結城，2007）。コストを多く払った者が少なかった者より多く分配されるべきと考える。衡平理論の提唱者アダムス（Adams, J. S.）は，集団における報酬分配について個人の集団への貢献と集団から得られる報酬の比率が集団内でお互いに等しいときに公正と判断されるとする。衡平理論によれば，①人は自分の喜びを最大にし，苦痛を最小にしようとする傾向がある，②しかし社会は人が衡平にふるまうことを要求する，③この社会からの圧力により，人が最も心地よく感じるのは，自分の人生や愛に見合うものを得たと認知するときである，④そこで人はさまざまな方法で不衡平な関係から生じる苦痛（過剰に利益を得ているときの罪悪感や利益が不足しているときの怒りなど）を減らそうとする（Hatfield & Papson, 2011）。

　「衡平」は二者関係の公正さや満足の評価にも適用できる。自分が相手ないし関係に差し出す貢献（コスト）と相手ないし関係から得られる報酬のバランスが考慮される。対人関係を貢献（コスト）と報酬をやりとりする交換過程ととらえ，相手や関係に対する満足や関係の変化を説明しようとする一連の理論は社会的交換理論とよばれる。ここでの報酬は喜びや欲求充足をもたらすもの

であり，金銭的利益や生理的満足だけでなく，愛情，安らぎ，承認，尊敬といった心理的なものも含む。一方貢献（コスト）は報酬を得るために支払われ失われるものであり，経済的損失，時間的損失，生理的苦痛のほかに，不安や心配など心理的なものも含まれる。

　ホーマンズ（Homans, G. C.）は関係の中で投入したコストと返された報酬によって関係への満足度が左右されると主張した。コストに比べ報酬が少なければ満足度が低下し，関係の継続が危ぶまれると仮定される。ティボー（Thibaut, J. W.）とケリー（Kelley, H. H.）は，単なるコストと報酬のバランスではなく，利益からコストを差し引いた成果が自分の想定した基準を上回るかどうかが重要であると考えた。さらにラズバルト（Rusbult, C. E.）の投資理論では，恋愛関係に対する関与度（コミットメント）が，投入される投資とそこから得られる満足度の評価に加え，現在の関係を解消し別の関係に移ったときに予想される満足度にも左右されるとした。現在の関係の満足度が低くても，別の関係からこれを上回る満足度が期待できなければ，関係は継続される（大坊・奥田，1996）。

　このように初期の社会的交換理論は，当事者自身の利益と，コストの認知や満足の予測にのみ焦点を当てていて，交換過程における「衡平」を扱っていない。これに対してウォルスター（Walster, E.）は，自分のコストと報酬を相手のそれと比較して衡平かどうかを考慮し関係を評価すると主張した。つまり，（自分の利益）／（自分のコスト）＝（相手の利益）／（相手のコスト）が成立するときに衡平と評価される。相手が関係にコストをかけずに自分と同等の利益を得ているなら，（自分の利益）／（自分のコスト）＜（相手の利益）／（相手のコスト）となり，不公正として怒りや不満を感じる。また逆に（自分の利益）／（自分のコスト）＞（相手の利益）／（相手のコスト）という状況では，申し訳ないと罪悪感を感じ，貢献（コスト）を増やしたり，利益の一部を返還したりすると予想する。このように関係が不衡平であるとき，衡平状態を回復しようと動機づけられることを仮定する。この予測は互恵性規範に基づく反応とも一致する。そして回復が困難な場合には関係自体を解消しようとする（大坊・奥田，1996）。

5節　交換関係と共同関係

　社会的交換理論では，二者関係でなんらかの資源や利益がやりとりされ，交換から得られる利益を最大化しようとする動機のもとで，その交換が衡平になるように互酬性の規範に従って行動することが仮定されている。これに対してクラーク（Clark, M. S.）とミルズ（Mills, J.）は，このようなルールが厳格に適用されない関係が存在すると主張し，社会的交換のルールに従う交換関係（exchange relationships）と区別して共同関係（communal relationships）とよんだ。家族，夫婦，恋人といった親密な関係がそこに含まれるとする。

　共同関係では交換の衡平さにこだわらず，必要に応じた分配がなされる。利益のやりとりにおいて送り手は相手からの見返りを期待したり要求したりしないし，受け手も返報を意識しない。相手の幸福（welfare），相手との同一視と連帯感，関係への所属と安心感が関心の対象となる。初対面の相手との間に期待される関係を操作した研究では，共同関係が期待される相手（未婚の女性）に対しては，社会的交換理論の予測とは逆に，自分の援助に対して返報がされた場合よりもされなかった場合のほうが男性参加者のその相手への魅力度が高くなった（Clark & Mills, 1979）。

　社会的交換理論は，親密な関係でも衡平な交換が維持されていると仮定する。たとえば外見のつりあいがとれていないカップルでも，外見が提供する価値に見合うなんらかの価値（たとえば，経済力ややさしさ）が交換されていて，その衡平さが維持される限り関係は安定する。親子関係や夫婦関係など親密な関係では，返報までの時間が長かったり，衡平かどうかの判断がむずかしいもの（世話，心配，愛情など）が交換されている。そしてたいていの場合それを意識することがないが，それでも交換が成立していると主張する。一方，クラークとミルズは2つの関係の違いは返報までの時間や動機の利己性・利他性という点ではなく，あくまで関係の質の違いであると主張する。さらに小学校の教師と子どもの関係を例にあげて，交換関係（給与を得ている）であり共同関係（子どもの幸福に責任を負っている）でもある関係も存在すると主張している（Clark & Mills, 2011）。

親密な関係が良好なときは，見返りを期待して相手に奉仕しているとは意識しないが，関係がうまくいかなくなるときは，相手との関係に不公正さや不満，怒りを感じたりと交換を意識した反応が現われてくる。社会的交換理論に従えばコストと利益の衡平が変化したと考え，共同関係の理論に従えば関係の質が変化したことになるだろう。

6節　対人相互作用を支える心理的要因

1．信頼

　面識のない相手を信頼することは，新しい対人関係を形成したり，その関係を維持して相互作用を続けるために不可欠である。「信頼」という概念は古くから心理学で扱われている（水野，2004）。人全般に対する信頼は一般的信頼とよばれ，「ほとんどの人は基本的に正直である」といった項目で測定する尺度が作成されている。山岸（1998）は日本とアメリカでこの尺度を実施すると，日本のほうが平均値が低いことを指摘した。犯罪率が高いアメリカのイメージからすると意外に思われる。山岸はこの結果を「信頼」と「安心」の対比で説明している。

　「安心」とは「自分の利益にはつながらないから裏切らない」という保証のことであり，相手の善良さを信じることとは異なる。くり返しのある囚人のジレンマゲームでは，裏切ると結局は利益が低くなることが理解できるようになると，相手もまた裏切らないだろうと安心して協力できた。日本の伝統的な社会のような，まわりの人がすべて顔見知りで新参者が入ってくることが少ない流動性の低い社会で安心は機能する。一方流動性の高い社会では，新しい相手と関係を結ぶ機会にあふれているため，今の相手よりも自分にとって望ましい相手と関係を築くチャンスがある。特定の相手との長期的な関係に縛られるとその機会を逃すという機会コストが高くつく。このためアメリカでは，見ず知らずの相手を「信頼」することによってこの機会を生かそうとする。これを「信頼の解き放ち機能」とよんでいる（山岸，1998）。

第7章 対人相互作用

　行動レベルでの信頼は「信頼ゲーム」というゲーム状況を用いて検討できる。ここでの信頼は「相手に裏切りの誘因があり，相手に裏切られると損失を被るという社会的に不確実な状況で，相手が裏切らないことを期待し，自分の結果を相手にゆだねること」と定義できる。たとえばインターネット・オークションで面識のない相手に商品の代金を支払う場合，先に振り込んで相手が商品を送ってこなければ一方的に損をする。この状況で代金を振り込むなら，それは相手を信頼した行動といえる。

　信頼ゲームでは，第1プレーヤーと第2プレーヤーにそれぞれあとで換金できる同額のポイントが与えられる。第1プレーヤーはそのポイントを確実に手にすることもできるし，第2プレーヤーを信頼して預けることもできる。もし預けた場合にはポイントは2倍されて第2プレーヤーに渡される。この時点で第2プレーヤーはこのポイントをそのまま手にして終了することもできるし，受け取ったポイントを相手に返すこともできる。返された場合にはポイントは2倍されて第1プレーヤーに渡される（図7-4）。つまり第2プレーヤーが信頼に応えて返還すれば平等分配が成立し，お互いが最初のポイントの2倍を手にすることになる。第1プレーヤーにとっては相手を信頼して預けることがポイントを増やす唯一の手段である。第1プレーヤーの行動は他者に対する信頼のしやすさ（trustfulness）の程度に対応しており，第2プレーヤーの行動

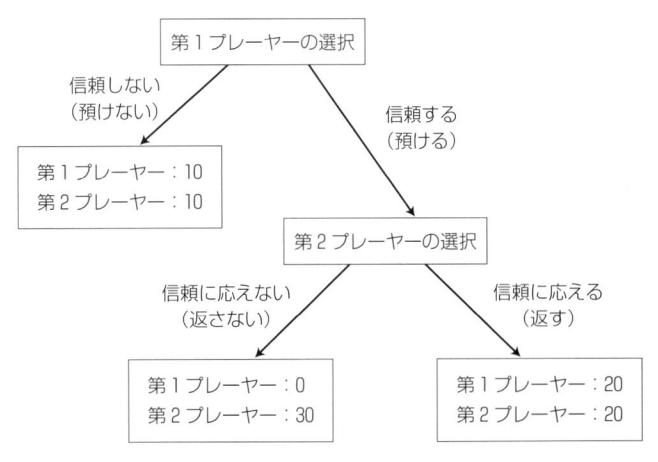

図7-4　信頼ゲーム（松田・山岸，2001より作成）

は，信頼に値する行動を返す程度（trustworthiness），すなわち信頼に値する特性をもっている程度に対応する（先に紹介した山岸，2000の順序つき囚人のジレンマゲームは信頼ゲームに類似した構造である）。実際のゲーム研究ではこの1回限りの関係においてポイントを預けたり返したりする行動が認められる（松田・山岸，2001；神・田中，2009）。

2．感謝

　感謝は，他者の善意によって自分が利益を得ていることを認知することで生じるポジティブな感情と定義される（相川・矢田・吉野，2013）。特に他者から直接支援や思いやり行動を受け取ったときに感じられ，その相手に対して「ありがとう」と感謝を言語的に表現したり，金品や労力など資源を返礼したりする返報行動を動機づける（蔵永・樋口，2013）。このことから感謝が互恵的な関係を形成し維持する機能を果たすことが予想される。たとえば，入学時に先輩に対して抱く感謝の高さが1か月後の両者の親密な関係への発展につながること（Algoe, Haidt, & Gable, 2008; Algoe, Gable, & Maisel, 2010）や，恋愛関係において相手に対して感謝を感じそれを伝えることで送り手と受け手双方の関係に対する満足感が高まることが明らかにされている。

　感謝の感じやすさを特性として測定する尺度（たとえば，GQ-6）も開発されている（白木・五十嵐，2014）。この得点はウェルビーイングや人生の満足度の高さ，抑うつや敵意・怒りといった否定的な感情や物質主義の低さと関連する（McCullough, Emmons, & Tsang, 2002）。また感謝を感じやすい人は，道徳的行為における行為者のコストや利他的な意図，行為を受けた人にとっての価値を高く評価する傾向がある（Wood, Maltby, Stewart, Linley, & Joseph, 2008）。

　相関研究ではなく，感謝の効果を直接検討した介入研究では，毎日（別の研究では1週間に）1回，その日（週）に起こった感謝を感じさせた出来事を5つ想起して記録させるという手続きによって，ポジティブ・ムードや人生に対する肯定的な評価が高められたり，他者に道具的・情緒的サポートを与えるように動機づけられたりすることが明らかにされている（Emmons & McCullough, 2003）。

他者から感謝される経験も援助や思いやり行動をうながすと考えられる。たとえば，ボランティア活動を続けている人はその理由の1つとして，相手が喜んでくれることが自分の励みになることを報告したりする。また日常的に感謝を感じやすい人は，他者から感謝される経験も多いことが示唆されている（伊藤，2014）。

3．許し

　許し（forgiveness）は，自身の感情を害させたものに向けられた否定的な感情，認知，行動，動機づけが中性あるいは肯定的に変化することと定義できる。宗教学や社会学でおもに論じられてきた概念で，1990年代後半から精神的な健康を導く要因として実証研究や問題を抱えた夫婦や犯罪犠牲者を対象にした応用研究が行なわれている（加藤・谷口，2009）。これらの研究では許しを個人の特性あるいは個人内のプロセスとしてとらえるものが多い。

　許しあるいは寛容さは対人相互作用において関係を維持するようにはたらく。応報戦略は相手が非協力から協力に行動を変化させた場合に，過去の行為を水に流しすぐに自分も協力に転じるという点で寛容さをもっている。ただし相手が協力から非協力に変化した場合には自分もすぐに非協力に変えるという点では，1度の裏切りも許さない非寛容な対応である。くり返しのある囚人のジレンマゲームで双方が応報戦略を行なっている中で，どちらかが単調さに飽きたり単純に間違えて非協力を1度でも選択してしまうと，そこに裏切りへの強い意図がなくても相互協力の状態に戻ることはできない。

　アクセルロッドの研究以降のコンピュータ・シミュレーションによる研究では，相手が非協力を選択しても自らが非協力を選択するまで数回待つような寛容な応報戦略や，あるいは相手との関係継続を選択できるようなゲーム状況では，相手が非協力を選択してもすぐに相手との関係を断ち切らずにその相手に協力しつづける戦略の有効性が明らかにされている（北村・大坪，2012）。このような結果は現実の親密な関係における許すことや寛容さの重要さを示唆する。

7節　間主観的な分析と概念

　社会的交換理論の予測は，多くの研究によって支持されている。恋人関係や夫婦関係で，自分たちの関係を衡平と感じているほど満足感が高く，逆に不衡平と感じているほど苦痛，怒り，不安が高まる。そして衡平を感じている人の関係は持続しやすい。ただしこれらの研究は交換プロセスそのものを問題にしているわけではなく，あくまで個人の認知や感情といった主観によって関係性をとらえているため，結局は個人内のプロセスを表現するにとどまっているという問題点が指摘される。

　このような限界に対して，関係性を間主観的な概念ととらえ，二者の相互作用の影響を間主観的なモデルによって検討した研究がある。清水と大坊(2008)は多段共分散構造分析により，ダイアド・データ（恋人関係にある二者それぞれのデータ）をカップル内（Withinモデル）とカップル間（Between モデル）に分割して分析している。前者が従来の個人の認知レベルでのモデルであるのに対して，後者はカップルを1つの単位としたモデルであり，モデル内の概念は間主観的な概念となる。このようにして衡平理論の予測を主観レベルと間主観レベルのそれぞれで検討できる。その結果，間主観的なレベルでも恋愛関係における相互作用の強度と多様性が関係の良好さ（二者の関係性の認知）に影響を及ぼしていた。

　浅野と吉田（2011）も恋愛関係や友人関係のような親密な関係がもたらす2つの愛着機能（安全な避難所機能と安全基地機能）と二者間で共有されている関係効力性（自分たちの関係を脅かす問題の予防と解決にお互いの資源を活用できるという期待）を間主観的な概念としてとらえ，関係効力性が高い恋人関係ほど愛着機能も高いことを主観的な過程（Withinモデル）と間主観的な過程（Between モデル）で確認している。

第 8 章

社会的影響

　人間は社会的動物であり，日々，他者からさまざまな影響を受けて生活している。社会的影響とは，認知・感情・行動の変化をもたらすような他者から受ける影響を指す。「社会」における「心理」を扱う学問が社会心理学であるから，広い意味では，社会的影響とは社会心理学の研究すべてを含み得るが，社会的影響に関する研究とは，特に集団における多数派への同調とその例外である少数者影響，そして明示的な命令に対する服従などを指すことが多い。本章ではこれらの研究に加え，社会的影響の一般化を目指した社会的インパクト理論について論じる。

1節　同調

　レストランで他の人が頼んだものにつられてつい同じものを頼んでしまったり，デパートで行列ができているのを見て，自分には必要がないのについ並んでしまったりした経験は誰にでもあるだろう。このように，他者の行動に合わせる方向に自分の行動を変えることは同調とよばれる。他者に同調した理由を本人に尋ねればいろいろな答えが返ってくるだろう。レストランの例であれば，他の人のオーダーを聞いて美味しそうだと思ったのかもしれないし，デパートの場合はお買い得だと感じたのかもしれない。実際の社会状況において人々の行動は多くの要因によって引き起こされ，ある行動を引き起こしたといえる単

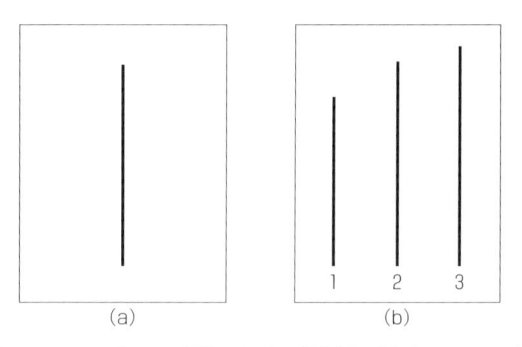

図8-1　アッシュの実験における線分図の例（Asch, 1955）

一の理由を特定することは不可能である。

　アッシュ（Asch, 1955）は，同調が引き起こされるような状況を実験室につくり出し，系統的に実験状況を変化させることによって，その本質を明らかにしようとした。この実験では，これは知覚の実験であると説明された6，7人の実験参加者が並んでテーブルを囲む。そして，1本の線が描かれたパネルと，長さの異なる3本の線が並んでいるパネルを見せられ（図8-1），(b)の3本線のうちどれが(a)の線と同じ長さかを答えるよう求められる。テーブルを囲んだ参加者たちは端から順番に自分の回答を口頭で伝えていく。正しい答えは一目で明らかであり（図8-1の例では2番），全員が容易に正解を答えられるように感じられる。じつは，この参加者のうち，最後から2番目に座っている1人を除いて全員が実験協力者であり，参加者のふりをして事前に決められた台本に従って行動している。

　実験では簡単な線の長さを答える問題が続くが，あるとき，最初の回答者が明らかに間違った答えを言い，他の参加者も次々と最初の回答者と同じく明らかに不正解な答えを言っていく。自分の前に座った他の回答者たちが全員間違った答えを選んだあとで，これらの参加者がサクラであることを知らない真の参加者は，はたして明らかに正しいと思う答えを言うだろうか，それとも他の参加者に同調して同じ間違った答えを選ぶだろうか。

　統制条件として集団ではなく1人で回答すると正解率が99％であること，また参加者の日常生活に大きな影響を与える友人集団などではなく，実験状況と

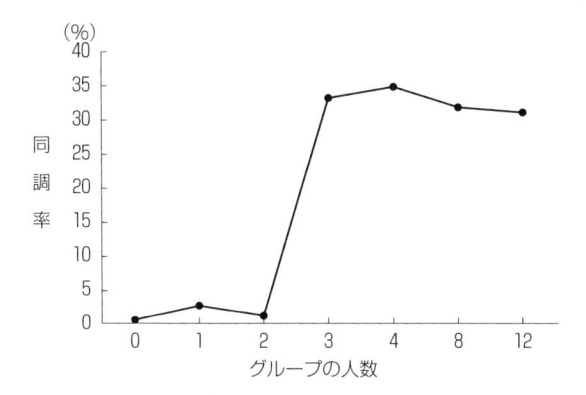

図8-2 グループの人数による同調率の変化（Asch, 1951）

してつくり出された一時的な集団であることを考えると，実験の結果は75％の実験参加者が少なくとも一度は同調するという驚くべきものだった。現実ではアッシュの実験のように極端な条件のもとで同調するかどうかが問われることはまれであるが，だからこそ，アッシュの実験は同調行動の本質をとらえているともいえる。

アッシュは条件を変えて実験をくり返し行ない，実験参加者以外に1人でも正しい回答をする者がいた場合，同調行動が大きく減ることを発見した。全員一致であること，すなわち「斉一性」は同調に大きな効果をもっている。また，集団の人数が同調行動にどのような影響を与えるかを調べたところ，自分以外の回答者が1人しかいない場合には同調はほとんど生じないが，2人から増え始め，3人より多く増やしても同調率は変化しないことを示した（図8-2）。

そもそもなぜ人々は同調するのだろうか。同調における社会的影響を同調のメカニズムから2種類に分ける考え方がある（Deutsch, & Gerard, 1955）。観光地で混んでいて人気のありそうなレストランを選ぶときなど，状況が曖昧で十分な情報がないときに，他者の行動を情報として利用し，自分も同じ行動をとるというのが1つのタイプである。このような社会的影響は情報的影響とよばれ，自分がとるべき行動に自信がないときに特に生じやすい。情報的影響をうながすのは，正しい行動をとりたいという動機である。

一方，新しく参加したサークルで一緒に行動しているときなど，集団に受け

入れられたいと感じて，多数派の行動を選ぶ場合は規範的影響とよばれる。集団が魅力的であったり，集団に拒否されることのリスクが大きい場合に強くはたらく。規範的影響には，多数派の行動を真似ることによって，他者との親和を高めたいという動機がはたらいている。

　アッシュの実験においては線の長さの判断に曖昧さはないため，情報的影響ではなく規範的影響がはたらいているといえる。アッシュの実験からは，その場限りの一時的な集団であったり，集団に受け入れられることの明示的なメリットが明確に存在しなかったりしても，規範的影響がはたらくことがわかる。情報的影響を取り扱った実験として有名なものにシェリフの自動運動の実験があげられる（Sherif, 1935）。自動運動とは，暗闇で小さな光の点をながめていると，実際には動いていないのに不規則に揺れ動いているように見える現象である。客観的な手がかりがないため，動きの大きさを複数の人間で判断すると，前の人の判断に次の人の判断が大きく影響を受けることが知られている。

2節　少数者影響

　アッシュによる同調の研究は，社会的状況が個人の行動を大きく規定することを統制された実験室において系統的に示し，その後のアメリカ社会心理学界に大きな影響を与えた。一方でヨーロッパの社会心理学者を中心に，アメリカにおける同調研究への批判も存在した。モスコヴィッチ（Moscovici, 1976）は，コペルニクスやガリレオの業績に代表される科学の革新，社会制度の改革，流行などは常に少数派から始まると指摘した。たとえば，コンピュータにしても携帯電話にしても，普及し始めたときは，利用する人間はごく少数に限られていた。

　社会に変化や革新をもたらす少数派の社会的影響を検討するため，モスコビッチ他（Moscovici, Lage, & Naffrechoux, 1969）はアッシュの実験と同様のパラダイムを用い，実験参加者のふりをして台本に従って行動する協力者を集団のうち2名のみとした。判断対象となったのは色であり，くり返し呈示される青色の刺激に対して，協力者が「緑」と回答した際に実験参加者がどれだけ影

響を受けるかが少数者影響の大きさとなる。実験の結果，くり返し呈示される青色の刺激に対して，協力者が一貫して「緑」と回答し続けた場合，少数者影響がはっきりと示された。アッシュの実験における多数派の影響力よりは小さいものの，回答のうち8.42％，全体の3分の1の参加者が少数派に影響を受けていた。

　少数派が影響をもつためには，一貫した態度を示すことが重要である。モスコヴィッチの実験では，少数派の影響力は協力者が一貫した回答をしない場合（36回のうち24回のみ「緑」と回答した場合），影響力は1.25％へと大きく減少した。頑固に同じ意見をもち続けることによって，その判断・意見に自信があると判断され，多数派に対して影響力をもつことになる（Maass & Clark, 1984）。また，少数者の一貫性は，単に機械的に同じ態度をとり続けることによるのではなく，自身のたしかな根拠に基づいているとまわりの人間に判断されることが必要となる。

　少数者による影響は，技術革新の普及や社会規範の変化，流行に不可欠というだけでなく，十分な議論が行なわれないまま集団の意思決定が行なわれること（集団思考とよばれる）を防ぐ役割を果たすという側面ももっている。そもそも多数派がもっている意見や態度は，当然のものとして受け止められていて，それが正しいのかどうか，あらためて深く考えたりはしないが，少数派の意見は，少数派によるものだ，というだけで多数派にあらためて自分の意見の根拠について考えさせる機能をもつ（Nemeth, 1986）。また，アッシュの実験では，参加者は表面的に多数派の行動に自分の行動を合わせていただけだったが，少数派による影響は，影響を受ける者の個人的な態度・信念の変化をもたらし得る（Maass & Clark, 1986）。この変化は，表立った行動の変化がみられなかったときにも生じ得る（Wood, Lundgren, Ouellette, Busceme, & Blackstone, 1994）。

　一方で，多数派による規範的影響がはたらくのは皆と同じであることによって他者に受け入れられるためであり，少数派であることには集団から排除されるリスクが存在する。特に全員一致で集団として判断を下す必要があるときなどに，少数派を貫き通すことは多大な努力を要する。池田（1993）は映画「十二人の怒れる男」を，少数派による影響力がみごとに描かれている例として紹介

している。この映画では、自分の父親を殺害したとして逮捕された青年が有罪かどうかを12人の陪審員が判断する。容疑者に対して圧倒的に不利な状況の中，1人の陪審員だけ一貫して無罪を主張し，最終的には全員の意見を変えることに成功するが，その過程において，このたった1人の少数者は多数派から多くの攻撃を受けていく。実験室実験においても，ネメス（Nemeth, 1979）の模擬陪審研究は，少数派であることによって多数派からの好意度が下がることを示している。

3節　権威への服従

　アッシュの実験における同調は，規範的影響がはたらいた場合のように他のメンバーからの無言の圧力を感じたとしても，あくまでも影響を受ける者の自発的な行動である。明示的な命令ないし要請に人々がどう反応するかについて調べた研究では，ミルグラムの実験（Milgram, 1963, 1974）が有名である。

　この実験では，有名大学の心理学実験室で「記憶の実験」への参加を募集する新聞広告を通じて参加者が集められた。参加者には，1時間で4ドルの報酬もあった。参加者が大学の実験室に着くと，別の参加者と会う。この別の参加者は実際には参加者のふりをしているだけの実験協力者である。このサクラは品のよい47歳の男性が務めた。2人はくじを引いて実験における役割を決めるが，実際には常に真の参加者が教師役，協力者は生徒役をやるように細工がしてある。

　「記憶の実験」では，教師役は，生徒役に単語のペアのリストを読み上げる。その後，ペアの最初の単語を1つずつ読み上げ，生徒役は正解を選択肢の中から選ぶ。生徒役が間違えるたびに，教師役は電気ショックを与えるスイッチを押さなくてはならない（図8-3）。準備段階では，教師役の参加者は，生徒役の実験協力者が椅子に縛り付けられ，手首に電極がつけられるところを見る。参加者は生徒役のいる部屋の隣の部屋で電気ショックを与える機械の前に座る。電気ショックを与える機械には15ボルトから450ボルトまでの30個のスイッチが横に並んでおり，軽いほうの「弱いショック」から「危険：強烈なショック」，

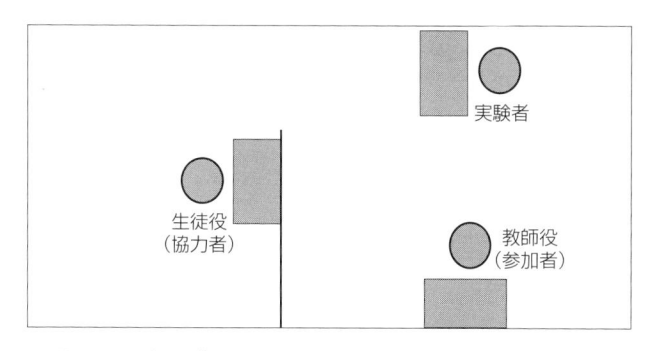

図8-3　ミルグラムの実験の模式図（Milgram, 1963, 1974）

最後には「XXX」までラベルがついている。教師役がスイッチを押すと，メーターの針が右に振れて，ショックが与えられたことを示すようになっている。実験の前に，実際にどのように電気ショックがはたらくかを確認するため，参加者は45ボルトの電気ショックを受ける。

　実験が始まると，教師役と同じ部屋にいる実験者が，間違えるたびに与える電気ショックのレベルを1つずつ上げるように指示する。実際には，生徒役は電気ショックを受けない。生徒役の男性は，この役をやるために訓練を受けており，台本に従って行動する。電気ショックが75ボルトになると壁を通じて苦痛の声をあげるようになる。150ボルトから苦痛の声はより激しくなり，実験をやめたいと言うようになる。より強くなると，どなったり，ののしったりするようになり，300ボルトから壁を蹴り始める。さらにその次から回答をしなくなり，反応がなくなる。

　実験参加者はこの実験の手続きに文句を言うが，実験者は静かに「実験を続けてください」「実験を続ける以外に選択肢はありません」と，定型文で反応するのみである。実験参加者の服従の程度は，最終的に何ボルトまで電気ショックを与え続けたかによって測られる。

　ミルグラムの実験の手続きについて説明を受けたあとで，この実験に実際に参加したとしたら，自分がどこまで電気ショックを与え続けるのかについて，予想するのは非常にむずかしい。アロンソン（Aronson, 1995）が大学生に聞いたところ，もし自分がこの実験に参加したとしたら，生徒役が壁を叩き始

第Ⅱ部 人と人のつながり

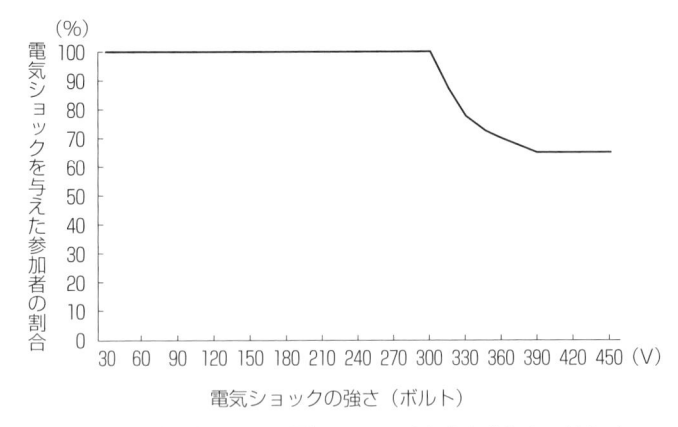

図8-4 ミルグラムの実験で各レベルの電気ショックを与えた参加者の割合（Milgram, 1963）

たあとも自分は電気ショックを与えるだろう，と答えた学生は1％しかいなかったという。ミルグラムが実験の開始前に精神科医にアンケートをとったところ，150ボルトを超えるとほとんどの人は電気ショックを与えるのをやめ，300ボルトを超えて電気ショックを与える人は4％にすぎず，最終的に450ボルトまで電気ショックを与える人は1％未満だろうと答えた。

　実験の結果は，精神科医や大学生たちの予想を大きく裏切るものだった。実験に参加した25歳から50歳代の男性40名のうち65％の参加者が最後まで電気ショックを与え続け，300ボルト以前にやめた参加者はいなかった（図8-4）。すべての参加者が実験者の命令に従って，生徒役に著しい苦痛を与え，3分の2は相手が生命の危険にあるかもしれないのに電気ショックを与え続けたのである。電気ショックを与え続けた参加者は，電気ショックを与える機械が見せかけだけのものであり，実際に電気ショックが与えられるわけではないと知っていたわけではない。多くの参加者は実験の最中に汗をかいたり，どもったり，震えたり，うめいたり，といった葛藤の様子を示しており，相手に電気ショックを与えることに対して強い葛藤を感じていた。

　ミルグラムによる服従実験の背景には，ミルグラムのユダヤ人としてのルーツがかかわっている。第2次世界大戦におけるナチス・ドイツのユダヤ人虐殺がなぜ生じたのかを考える際に，ヒトラーという独裁者の異常性を原因とすることは容易だが，実際に手を下したのは，ナチス・ドイツに加わっていた人々

である。なぜ，ナチス兵は非人間的な虐殺の命令に従ったのだろうか。ミルグラムの実験は，このような歴史上の特殊な状況における命令への服従のメカニズムを明らかにしようとしたものである。

　ミルグラムの実験では，参加者は新聞広告を見て応募した市民であり，特に異常性を見せないふつうの人々であった。また，命令の根拠となる権威は，有名大学の教授によって行なわれた科学的実験に報酬を受け取って参加しているという程度であり，戦争中の軍隊における命令の権威とは比べものにならない。それにもかかわらず，参加者は罪のない他者が気を失うほどの苦痛を与えることが示された。これは，権威への服従が，戦争中の軍隊という特殊な状況に限られるものではないことを示している。たとえば，2013年には，消費期限を延ばしたり本来は食用に適さない原材料を製造に用いるといった企業による食品偽造事件が相次ぎ，大きな社会問題となった。こうした不祥事から，権威をもつ人間の命令を受け，実際，偽造をしてしまう現場の状況が明らかとなった。消費者に健康被害を引き起こす可能性があっても，従業員がこうした不正に対する命令に従ったのは，権威への服従が現代社会においても普遍的なものであることの現われである。

　ミルグラムの実験は社会心理学の枠を超えて社会に大きな影響を与え，人間の本質についてあらためて考える必要性を喚起したが，同時に研究手法に倫理的に問題があるという指摘も行なわれた。研究参加者は他者に電気ショックを与えることに対して，実験中に多大な葛藤を示しており，多くのストレスを感じていた。研究のためとはいえ，参加者の受けたストレスが大きすぎるという批判である。また，参加者は実験後に研究の目的について説明を受けた。自分の与えた電気ショックは実際には誰も受けなかったという事実は説明されたが，自分は命令されただけで相手を死なせてしまうかもしれないほどの電気ショックを与える人間であることを認識せざるを得なくなる。自己概念に大きな負の影響を与える可能性があった。

　ミルグラムはこうした批判に応えるべく，参加者に対して事後調査を行ない，参加者の多くは実験に参加したことに対してポジティブな印象をもっていること，またトラウマなどの心理的ダメージを受けた参加者はいないことを確認している。現代では，心理学的研究を行なう際には，参加者が受けるかもしれな

い心理的・肉体的被害について，実験前に十分に倫理的配慮を行なうことが求められている。大学をはじめ多くの研究機関では実験を行なう前に，参加者に必要以上の苦痛やストレスを与えないこと，また実験の目的や手続きなどについて事前に十分な情報を与えたうえで参加に同意を得ることなど，一定の倫理的基準を満たしていることが要求されるようになった。

4節　社会的インパクト理論

　本章で取り扱ってきた同調や少数者影響，服従といったテーマは人間の社会的行動の本質にかかわるものであり，社会的影響は社会心理学における中心的な分野として多くの研究が行なわれてきた。だが，こうした研究における理論は，同調なり少数者影響なり，比較的狭い範囲の現象を扱うものであり，社会的影響全般について論じるものが少ない。これは社会心理学のその他の諸分野にも共通し，「ミニ理論」が乱立する一方で人間の社会的行動を幅広く説明する大局的な理論の欠如が現代の社会心理学という学問分野の問題点だと指摘される（Nowak & Vallacher, 1998）。

　ラタネ（Latané, 1981）による社会的インパクト理論は同調や服従に加え，模倣，社会的緊張による吃音，ニュース記事の影響力，援助行動，傍観者効果，社会的手抜きといった多様な現象に共通する法則を数式によって記述しようとする点において例外的である。社会的インパクト理論によれば，社会的インパクト，すなわち影響力の大きさは，影響源のもつ個人的影響力の強さ（Strength）と影響源からの距離（Immediacy），そして影響源の数（Number）の3つの変数がかけ合わされたものになる。個人的影響力の強さとは，地位や権力，重要性といった影響源のもつ特性によって定められる。距離は，物理的・空間的な距離であり，遮蔽物が存在するかどうかなどによって変化する。数は影響を与える人数になる。ラタネはこれを電球から受ける光量に例えている。電球には明るいものと暗いものがあり（個人的影響力の強さ），電球に近いほど光は強くなり（距離），多くの電球がついているほど明るくなる（数）。

　影響源の数は多ければ多いほど強い影響を与えるが，その影響力は比例的に

増大しない。影響を与えるのが1人から2人に増えるときに比べ，99人から100人に増えるときの影響力の増大は相対的に小さくなる。社会的インパクト理論では，影響力は人数が増えるに従って増大するが，その増え方は指数（t）が1未満となるべき乗則に従うと考える。この考え方に従えば，同調行動においても，集団の人数が大きいほど同調への圧力が増すが，人数が増えるにつれ1人分の影響力の増加は小さくなっていく。ジェラード他（Gerard, Wilhelmy, & Conolley, 1968）によるアッシュの同調実験の追試は，社会的インパクト理論の予測する人数の効果を示している。ラタネによれば，舞台での精神的緊張や援助行動における傍観者効果，社会的手抜きといった多様な現象において，人数による影響力の増大がべき乗則に従うという。

影響源の数に比べ，影響源からの距離が社会的影響の変数として取り扱われることは比較的まれである。ラタネ他（Latané, Liu, Nowak, Bonevento, & Zheng, 1995）は，記憶に残っている対人相互作用という従属変数を用いて，距離が人間関係に及ぼす影響を調べている。過去24時間以内に回答者にとって重要なことを話した相手との距離をアンケート調査によって収集し，より距離が近い相手ほど，相互作用の相手として記憶に残りやすいことを示している。ベイベックとハックフェルト（Baybeck & Huckfeldt, 2002）による研究においても，政治的コミュニケーションは距離によって大きく規定されている。

5節　新しい研究動向

近年では，社会心理学における社会的認知的研究の隆盛にともなって，同調行動の社会認知的側面の検討が行なわれている。たとえば，エプレイとギロビッチ（Epley, & Gilovich, 1999）は，プライミングとよばれる手法を用いて，同調に関連する語（たとえば，「従順」など）と反する語（「独立」など）を呈示すると，同調率が変化することを示している。関連する概念語の呈示のあとでは同調率が上昇し，反する概念語の呈示のあとでは減少した。また，ある人物の写真を見せられたときに，その人物の職業や社会的属性（会計士かパンクロック・ミュージシャンか）によって，その後の同調率が変化することも確認

されている（Pendry & Carrick, 2001）。社会的規範に従うことが望ましい職業である会計士の写真を見たあとは同調率が上昇し，逆にパンクロック・ミュージシャンの写真を見たあとでは同調率が低下した。これらの結果は，人々が自分をとりまく環境に応じて，同調するべきかどうかを変化させていることの現われともいえる。

　アッシュの実験における同調行動は意図的なものであるが，より自動的で自発的な他者の行動の模倣の存在も，社会的認知研究の手法や，神経科学の手法の進化によって研究の対象となり得るようになった。チャートランドとバージ（Chartrand, & Bargh, 1999）は意識下で行なわれるような，より自動的な姿勢，所作，表情などの模倣をカメレオン効果とよんだ。カメレオン効果は，人間関係において情緒的つながりと共感の形成に役立つと考えられる。対面する二者がお互いの姿勢や表情を意識せずに真似することにより，お互いに対する好意が増し，人間関係を促進する。

　自動的な模倣の延長として同調を考えるとき，他者との交流を潤滑にし，集団における社会的相互作用を容易にするという側面を無視することができないが，同調研究においては，前提として同調は悪であるという価値観が存在する。西洋的な，独立した自己をもつ存在としての人間像（Triandis, 1989）がその根底にある。アッシュの実験においては，他者に同調したがゆえに間違った答えを口にする参加者は，心の弱い人間であり，独立（した人間）であることに失敗したのだという解釈である。永田（2003）は社会から独立して生きることのできない人間にとって，完全に他者から独立した基準に基づく判断が存在するという前提に無理があり，何が「正しい」のかについての判断において，たとえ物理量のような客観的・普遍的基準があるように思える場合でも，他者と意味の共有が必要であるという点において社会的な判断であると考えられると指摘している。

　ラタネによる社会的インパクト理論の発展としては，ノバック他（Nowak, Szamrej, & Latané, 1990）によるコンピュータ・シミュレーションを用いた集団・社会への影響の長期的な検討がある。本章で紹介してきた同調や服従に限らず，社会的影響を扱う多くの社会心理学的な理論は，ある状況下における一度限りの影響によって行動や心理がどのように変化するかを扱うものがほとん

どである (Cialdini & Goldstein, 2004)。ノバックらによるシミュレーション研究をもとに，ラタネ (Latané, 1996) は社会的影響過程が積み重なることにより，集団や社会にどのような変化が生じるのかを用いて検討し，ダイナミック社会的インパクト理論 (DSIT: Dynamic Social Impact Theory) を提唱した。ダイナミック社会的インパクト理論の予測とは，人々が二者間の距離に応じてお互いに影響を及ぼしあい，自分の属性や行動を変化させるというミクロな社会的影響過程の積み重ねが，集団レベルでのマクロな自己組織化現象をもたらすというものである。自己組織化された組織の特徴は，メンバーの類似性が増し親密性が高まる一方で，異質なものを排除する傾向が生じるという点にある。

　本章では社会的影響に関する研究のうち，同調，少数者影響，服従といった古典的で代表的な理論について取り扱ったあと，より普遍的な理論の構築を目指した社会的インパクト理論について述べてきた。より広義には，複数の人間が作業に加わったときに生じる社会的促進や社会的手抜き，援助行動の抑制である傍観者効果，依頼や説得に対する応諾なども社会的影響に含まれる。これらの研究成果は，人間の心理と行動が状況に強く規定されることを示している。

第9章

集団過程

外的環境にうまく適応するために集団は欠かせない。しかし，ロボットであれば効率よく集団行動がとれるかもしれないが，残念ながら私たち人間はそううまくいかない。課題遂行するうえで具体的に集団にかかわるだけでなく，心理的にも自己を集団にかかわらせ，集団成員との中で自己を顧みてしまうからである。それによって集団での課題遂行の効率が落ちたり，成員間がギクシャクしたりする。それが集団過程の興味深いところでもあり困難な問題でもある。

1節　集団とは何か

単に複数の人々が存在するだけでは集団とはよべない。たまたま近くにいるというだけの人の群れは集合（aggregate）である。では集団とよぶために備えているべき条件は何だろうか。じつは，研究のアプローチによって複数の見解があり統一されているわけではない。

共通運命（common fate）の体験も集団の条件の1つとなる（Lewin, 1951; Campbell, 1958）。たとえば，迫害を受けるという共通の運命にある民族は1つの集団とみなすことができる。この条件は外的環境からの受動的な影響に基づいたものであるが，より能動的なあり方を重視するものもある。たとえばスミス（Smith, 1945）は，複数の有機体が外的環境に対して統一した方法で行為している単位であることを重視した。スポーツチームを皆で声を合わ

せて応援している場合などもこれに含まれるであろう。他にも，成員同士の相互作用（interaction; Homans, 1950），成員間の相互依存性（interdependence; Cartwright & Zander, 1968），地位（status）や役割（role）という構造的特徴および成員の行動を規制する価値（values）や規範（norms）の存在（Sherif & Sherif, 1969）などの特徴を集団の条件に含める場合もある。これらはいずれも，共通の目標をもち，それを達成するための具体的な仕事など，すなわち外的環境に課題（task）が存在することが前提となり，課題への能動的なかかわりの過程で生じるさまざまな機能的側面に着目したものである。目標の達成のために協力し合う必要が認識されれば，集団成員にはなんらかの行動や態度が期待されて価値や規範となり，それを期待される人々の範囲が集団の境界となる。さらに，地位や役割の発生は，目標達成にむけて集団成員がそれぞれ異なる機能をもつと同時にそれらが統合していることを意味している。

　これに対して主観的な条件を重視する立場の研究者は，2人以上の個人が自分たちを同じ集団の成員であると知覚するだけで集団が存在する（Turner, 1982）としている。たとえば，インターネット上で互いが同じ趣味をもつことを知っているだけの2人もこれに含まれる。このような知覚者の内部にのみ存在し実体のないものは社会的カテゴリーとよび，実体として知覚される集団と区別する場合が多い。

2節　集団の意思決定

1．集団の意見は極端になる

　1人で考えるよりみんなで話し合ったほうがよい考えになる気がするうえに，みんなで決めたほうが民主的だということで，集団での議論に基づく判断が重視されることは多い。しかし，集団での議論が個人の判断より常に優れているとは限らないのである。

　私たちは日々の生活の中で数多くの選択をしているが，選択をする際には，利益を得る可能性とともに損失をともなう可能性も含まれている場合があり，

それらを天秤にかけて選択をすることがある。このような選択をする際には，皆で話し合ったほうが損失をともなう可能性の高い選択をしやすくなるという事実が報告されている（Stoner, 1968）。これはリスキーシフト（risky shift）とよばれている。たとえば，受験する大学を選ぶときに，多くの利益を得ることができそうだが合格する可能性が低い大学から，少ない利益しか得られないが合格する可能性が高い大学まで複数の選択肢がある場合，討議後の各個人の意見の平均は，合格がむずかしい大学を受験する方向にシフトするのである。その後，コーシャスシフト（cautious shift）が起こる場合もあることが指摘された。たとえば，結婚相手を選択するときなどのように，一般的に博打的な選択が望ましくないとされがちな場合には，討議によってむしろ保守的な選択をするようになる。

　リスクに関連した葛藤をともなう選択の場面のみならず，各個人のさまざまな態度が集団での討議によって極端化することが明らかになっている。モスコヴィッチとザヴァロニ（Moscovici & Zavalloni, 1969）がフランスで行なった実験では，ド・ゴール大統領とアメリカに対する実験参加者の態度を討議の前後に測定しているが，いずれも討議前の優勢な態度が討議後に強まっていた（図9-1）。これは，集団極性化（group polarization）とよばれている。

　集団極性化が生じるしくみについては複数の説明が可能である。その1つに，討議によって説得力のある情報が手に入るためという説明がある。たとえば，少し賛成するという程度の個人が集まっており，各個人がもっている賛成意見の根拠が少しずつ異なっていれば，それらが討議の際に提供，共有されて，賛

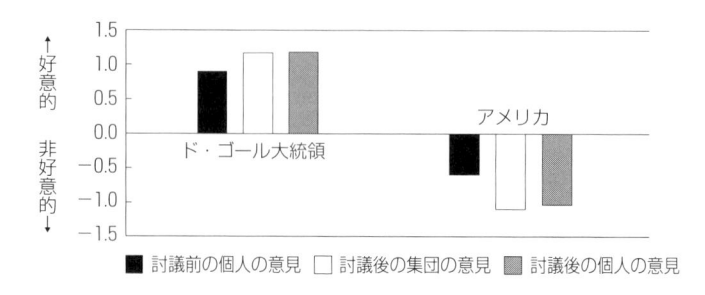

図9-1　集団討議によって生じた集団極性化（Moscovici & Zavalloni, 1969）

成態度は極端になるのである。また，皆から理想的で望ましいと評価されるような意見を察知して，その方向へ態度を極端化するためという説明もある。たとえば，まわりが賛成意見をよしとしていることがわかれば，皆からよく思われようと自分はいっそう強い賛成意見となるのである。さらに，討議に参加している者以外の他者と対比した結果として集団極性化が生じると説明するものもある。たとえば，賛成意見の個人が集まって討議する場合，反対意見の者たちから明確に区別される集団として位置づけることで，対比的に賛成意見という特徴が際立っていくということである。

2．集団の意見は狭くなる

かつて，キューバ侵攻やベトナム戦争などの政治的判断を迫られたアメリカ政府が，優秀なブレーンを抱えていたにもかかわらず愚かな判断を下してしまったのは，彼らが集団思考（groupthink）に陥ったためだと考えられている。ジャニス（Janis, 1971）が指摘する集団思考の症状とは，他者の意見を批判的に評価するのを避け，自由な発想が抑圧され，和気あいあいとした雰囲気を損なうことなく意見の一致を得ることに注意が向いてしまうようになる，などである。急いで合意に達しようとする仲のよい集団においてこの現象が起きやすいが，これを防ぐためには，集団の外部の意見を積極的に取り入れるような工夫や，成員同士が意識的に批判を加え合うようにリーダーが気を配るなどの工夫をすべきであるといわれている。

集団での討議では合意しやすい内容に議論が集中しがちである。討議に参加する個人は事前にもっている情報のうち，他者も共通してもっている情報を討議中に言及しやすく，これを共有知識効果（common knowledge effect）とよぶ。たとえば，ある料理屋の評価を議論する際に，皆が食べたことのある定番メニューがとても美味しいことにだけ話題が集中し，他のメニューは美味しくないという情報を各個人がもっていたとしても，その情報がそれぞれ異なるメニューについてであり自分しか食べたことがないのであれば，なかなか話題には出しづらく，そのような情報はいわば隠れたプロファイル（hidden profile）となってしまうのである（図9-2）。討議の最初にすべての情報を出し合ったとしても，その後に共有知識効果が生じることは変わらない。特に，1つの正解

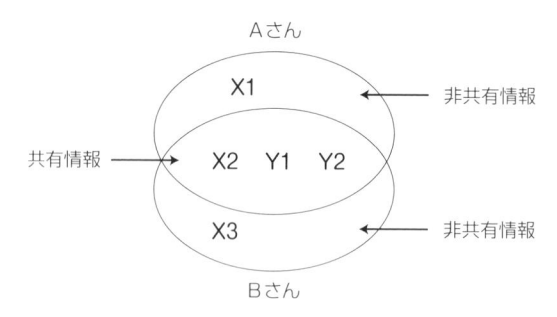

```
                    Aさん
              ╱─────────────╲
             │      X1       │ ← 非共有情報
共有情報 →   │   X2  Y1  Y2  │
             │      X3       │ ← 非共有情報
              ╲─────────────╱
                    Bさん
```

「X」と「Y」のどちらが優れているか討議する場合，実際には「X」の方が優れた特徴を多くもっているとしても，この段階のままであれば「Y」の情報が多く共有されており，それに基づいて討議は進められる。

図9-2　隠れたプロファイルの例

があると信じて討議する場合よりも，集団としての1つの判断をまとめることを重視して討議するほうが正解は遠のいてしまう（Stasser & Stewart, 1992）。

3節　集団成員の課題とのかかわり

1．集団のまとまりと課題遂行

　集団ができても，まとまりが悪くすぐバラバラになってしまう集団もあれば，皆が一体感をもつ結束力が強い集団もある。言い換えれば，集団凝集性（group cohesiveness）に差があるということである。集団凝集性には集団成員同士の対人魅力も含まれており，個人が互いに魅力を感じていればおのずと集団全体の結束も固くなる。しかし，ふだんはいがみ合っていても集団活動の際にはしっかりと仕事をこなすという集団もあるように，集団凝集性は対人魅力だけで成り立っているわけではなく，集団の目標を達成することや集団に所属することそのものに価値を感じていることなども誘因となって集団凝集性は生み出されている。

　集団成員が増えて集団サイズ（group size）が大きくなると集団凝集性が低下することもあるが，集団サイズそのものが集団凝集性を低下させるというよ

りも，それにともなうコミュニケーション不足などが原因になっており（Indik, 1965），サイズの大きい集団であっても集団凝集性を高めることは可能である。

集団凝集性が課題遂行を促進するかという問題は実践にかかわる興味深い問いである。日常の経験からも，まとまりの悪い集団で仕事がはかどるとは思えないが，やはり，集団凝集性が高くなれば集団が期待する価値や規範を成員がしっかりと受け入れるようになり，それが課題遂行の促進へとつながるようである。スポーツ集団を対象とした研究では，アーチェリーや水泳のような成員相互で役割を調整し合う必要がないスポーツ集団でさえも，シーズン中には課題遂行に関連する集団への魅力が高まり（Matheson, Mathes, & Murray, 1995），それが成員間のコミュニケーション量や個人の動機づけの高さ，課題遂行の高さに関連している（Williams & Widmeyer, 1991）。

スポーツ集団の多くは集団目標も明確で，課題遂行をできる限り高めようとする努力が行なわれているかもしれないが，日常で存在する集団では，がんばることがそれほど期待されていない場合もあるだろう。集団凝集性の中でも特に対人魅力の側面を重視する集団では，課題遂行レベルが高くなると能力差のある成員間では相互の理解が困難で対人魅力が低下するため，それを避けようと仲がよい集団ほどがんばりすぎないという規範がつくり出されることもある。その場合には，集団凝集性が高くなるほど，がんばりすぎないという規範への同調が強まって課題遂行がむしろ低下することになる。

2．集団成員間の差異の問題

似たもの同士が集まって仲間になったほうが，互いの理解も容易で仕事の効率もよいようにも思われるかもしれない。しかし，一方で，同質な成員ばかりであることは，単純で固定的な仕事ぶりになってしまうようにも思われる。たとえば，人種や勤続年数，仕事上の背景などの多様性が高い集団では対人葛藤が生じやすく，それが集団の生産性に悪影響を及ぼす場合もあるが（Pelled, Eisenhardt, & Xin, 1999），多様な人種で構成された集団のほうが創作的な作業でよい成績を上げることもある（McLeod, Lobel, & Cox, 1996）。つまり，集団成員の多様性は課題遂行に正の影響も負の影響ももたらす可能性がある。

集団成員の多様性の是非を議論する場合には，多様性の種類を区別しておく

第Ⅱ部　人と人のつながり

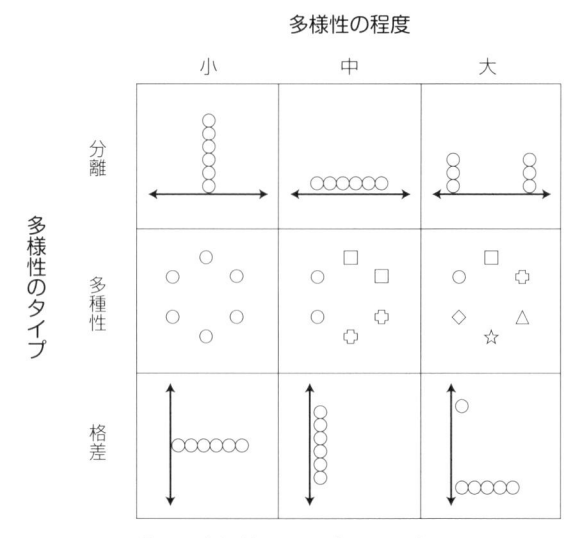

図9-3　集団の多様性のタイプと程度（Harrison & Klein, 2007）

必要があるといえよう。ハリソンとクライン（Harrison & Klein, 2007）は集団成員の多様性を以下のような3種類に分けている（図9-3）。まず，集団目標への意見や価値観などに関する違いは分離（separation）である。分離が大きいと合意を得にくくなるため対人葛藤を引き起こし生産性の悪化をもたらすという。集団目標を達成するためには集団活動の共通の基盤が必要なのである。次に，経験や専門性，外部とのつながりの違いは多種性（variety）である。多種性が大きいことは情報的資源が多く，創作的な作業や意思決定の質を高めるという。集団目標に向けて統合的にまとめ上げることができるのであれば，このような幅広い資源は重要な利点であるといえよう。最後に，集団内の地位に基づく勢力や威光の違いは格差（disparity）である。格差が大きいと競争的になり，逸脱行動や集団からの離脱が多くなるという。課題遂行過程で生まれる格差は否定的な影響を及ぼす場合があるということになる。

集団での課題遂行が進んでいくと効率的に活動を行なうための構造化が行なわれ，成員間の格差がつくり出されていくという側面もある。ホワイト（Whyte, 1949）は，あるレストランの場面を利用して，集団の構造が発達していく様子を具体的事例で示した。最初は，店主と数名の従業員からなる小規模な店舗の

段階から始まった。店主も従業員も，接客，調理，皿洗いと何でもやったので，客は誰に注文をしてもよかった。店の規模が大きくなってくると組織は少し複雑になり，接客，調理，皿洗いの仕事は分担され，指示の流れにある程度の方向性が出てきた。しかしこの段階になっても客は従業員だけでなく店主にも注文することができ，店主はすべての従業員の仕事に目が行き届いていた。さらに従業員も客も増えてくると，店主はすべての仕事の様子が把握できなくなり，接客と厨房それぞれに新たな監督者をおいた。店主からの指示は監督者を経由して一本化され，役割に階層化が生じたのである。分業はさらに専門化し，料理人は調理に専念し，客は接客担当の従業員にだけ注文するようになった。規則は明確に決められていき，従業員同士の関係は形式ばったものになっていった。

このように集団構造が徐々に発達してくると，成員にはそれぞれ異なる役割が期待されるようになり，新たに従業員を増やす際には，それぞれの役割に合うよう異なる属性をもった個人を採用するようになるだろう。また，店主から監督者を経て各係へと指示が流れる経路があるということは，そこに地位の上下関係があるということになる。立場の違いによる意見の食い違いや報酬などにも差がつきやすく，これによる対人関係への負の影響を緩和することは集団にとって重要な課題となるだろう。

集団成員間の差異の問題はコミュニケーション・ネットワークを扱う研究においても重要なテーマである。たとえば，各成員がもっている情報を集めて整理するという課題を集団で行なう場合に，中心となる成員に情報が集まりやすい構造（ホイール型やY型）と全成員が同じような情報伝達の経路をもっている構造（サークル型や完全連結型）があるとする（図9-4）。情報を収集する

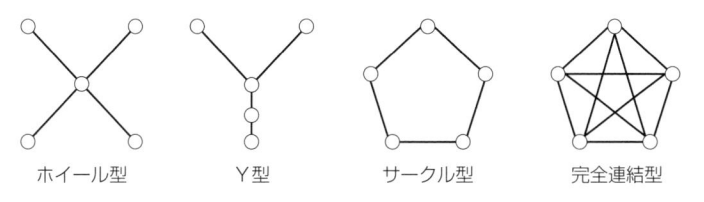

図9-4 コミュニケーション・ネットワークの例

だけの単純な課題では前者の型のほうが効率的であるが，情報整理が複雑な課題では後者の型のほうが効率的になる（Shaw, 1964）。つまり，成員ごとに異なる役割を遂行することによって課題遂行は効率化するが，そのような組織化によって生じる差異が大きすぎれば成員に負荷をかけるということである。

3．リーダーシップ

　日常生活の中で，「Ａさんはリーダーに向いているが，Ｂさんは向いていない」などと感じられることも少なくないだろう。リーダーシップ（leadership）の初期の研究では，優れたリーダーがどのような特性をもった人物であるかが問題とされてきた。しかし，決め手となるような特性が見いだされず，集団によって異なる特性をもったリーダーが活躍しているという事実もあり，そのような研究はしだいに下火になっていった。しかしながら近年になって，リーダーシップとパーソナリティとの関連を新たに整理する研究が行なわれ，その結果，神経質傾向との負の関係や外向性との正の関係などいくつかの関連が指摘されている（Judge, Bono, Ilies, & Gerhardt, 2002）。

　リーダーは集団目標の達成に向けてさまざまな影響を集団に与える。その過程がリーダーシップである。リーダーは集団成員の1人が担う場合もあるが，複数人で行なう場合もある。さらに，成員の一人ひとりが目標に向かって自己自身にはたらきかけていく場合もあり，そのような過程は自己リーダーシップ（self-leadership）とよばれる。

　リーダーシップの機能に2つの次元があることを仮定している研究は多い。1つは，集団目標の達成に向けて集団活動を効率的に進めていくための機能であり，もう1つは，成員間の人間関係を良好に保つための機能である。集団目標の達成を目指して課題遂行する過程では，さまざまな成員間の差異が格差として顕在化し，対人関係に負の影響を与えることはすでに述べた。つまりリーダーシップとは，成員間の差異を生じさせ得るはたらきかけと，成員間の差異が人間関係の悪化をともなって集団目標の達成への障害とならないようにするという，両立が容易ではない問題に取り組まざるをえないことになる。

　日本におけるリーダーシップの代表的な理論には，三隅（1978）のPM理論がある。リーダーシップの2つの機能を目標達成機能（performance; P機能）

と集団維持機能（maintenance; M機能）とよび，それぞれ高低を組み合わせてリーダーシップを4類型に分類するものである。さまざまな種類の集団で調査を行なった結果，P機能とM機能のいずれも高いリーダーシップが最も効果的であることが報告されている。

また，フィードラー（Fiedler, 1967）は，適切なリーダーシップスタイルは状況によって変化すると考え，条件即応モデル（contingency model）を提唱した。一緒に仕事をすることが最もむずかしかったと想起される人物に対して好意的な評価をする高LPC（least preferred coworker）リーダーと非好意的な評価をする低LPCリーダーとに分けた場合，リーダーが集団を中程度に統制できる状況においては，高LPCリーダーが効果的であり，リーダーが集団を非常に統制しやすい状況と非常に統制しにくい状況においては，低LPCリーダーが効果的であるとされている。

4節　集団間関係

1．フィールド実験における集団間葛藤

集団が成立する場合と同様に，集団間関係も目標や課題の存在から完全に切り離されたところに存在するとは考えにくい。複数の集団が実質的な関係をもち始める際には，共通の目標があり，それを達成するための課題が存在することが重要な前提となる。そのような課題を遂行するにあたって，目標達成のために互いが競争するような課題構造となっている場合には，集団間での妨害的な相互依存的（contriently interdependent）関係が成立することになる。

集団間葛藤が生じる過程を劇的ともいえるフィールド実験を通して検討したのが，シェリフ他（Sherif, Harvey, White, Hood, & Sherif, 1961）の「サマー・キャンプ実験」として知られている研究である。実験に参加したのは平均年齢11歳の少年たち22名で，出発の前にできるだけ同質の集団になるよう注意深く半数ずつに分割された。実験は3つの段階で構成されており，第1段階では互いに相手の集団の存在を知らされないまま離れた場所でキャンプ生活を行なっ

第Ⅱ部　人と人のつながり

た。ゲームをはじめとしたさまざまな課題を遂行しながら約 1 週間を過ごした結果，少年たちは互いにニックネームで呼び合うような仲になり，集団の名称，旗，仲間内でだけ通じる隠語やジョーク，ルールなどがつくり出され，まとまりのある集団としての一体感が高まっていった。その後，第 2 段階になってもう一方の集団と初めて出会い，野球や綱引きなどいくつかのゲームが集団対抗戦で行なわれた。これらのゲームは，勝ったほうの集団にだけ賞品が与えられるという妨害的な相互依存的関係をつくり出すしくみとなっていた。これによって集団間の関係は一気に悪化した。相手の集団のシンボルである旗を奪って燃やしてしまったり，相手の集団が生活する小屋に留守中に侵入して中を荒らしたりするなど，険悪な雰囲気の中で数々の衝突が起こり，まさに実験者の計画通りに集団間の葛藤が生じたのである。

2．集団間関係の実験パラダイム

　シェリフらは，このような状況で少年たちに互いを評価させた場合，自己が属する集団（内集団：ingroup）とそれ以外の集団（外集団：outgroup）のどちらに対しても客観的に正確な評価ができるかを検討した。少年たちは，地面に撒かれた豆を時間内にどれだけ多く拾うことができるか賞金を賭けて集団間で競い合うが，その際，拾われた多数の豆が写っている画像がプロジェクターでほんの短時間だけ呈示され（図 9-5），それをできるだけ正確に数えるよう

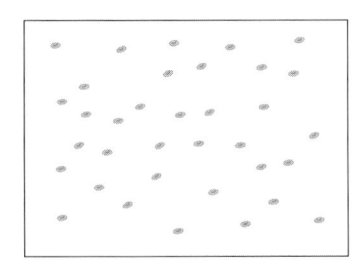

各集団が拾った豆をスクリーン上にそれぞれ一瞬だけ映し出し，これを数えさせる。実際にはいずれも 35 個の豆が映っていたが，短時間で正確に数えることはできないであろう。

図 9-5　サマー・キャンプ実験で用いられた集団間評価課題の例
(Sherif, Harvey, White, Hood, & Sherif, 1961)

教示されたのである。その結果，実際には同数の豆が写った画像を用いたにもかかわらず，どちらの集団も内集団の豆の数をより多く見積もったのである。このように，内集団であるという理由だけで成員を好意的に評価したり有利な優遇したりすることを内集団びいき（ingroup favoritism）とよぶ。たとえば，初対面の他者を同郷というだけで高く評価したり，応募者が同窓であるという理由で就職試験に合格させたりすることである。

　サマー・キャンプ実験での少年たちが内集団びいきをしたのは，内集団成員が拾った豆の数を多めに見積もれば自分の利益になるからかもしれないし，ひいきをしなければ他の内集団成員に責められるからかもしれない。では，それらの条件を排除したら内集団びいきは生じなくなるのだろうか。タジフェル他（Tajfel, Billig, Bundy, & Flament, 1971）は最小条件集団パラダイム（minimal group paradigm）を用いた以下のような実験を行なった。まず，実験参加者たちをコイントスのようなできるだけ無意味な基準で半数ずつに分割する。自分がどちらの集団に属するかは知らされるが，他は誰がどちらの群に属するかはわからず，以降の作業もすべて匿名のまま進められる。その後，自己以外の成員への報酬分配や，自己以外の成員の属性や生産物などを評価する課題を与える。この集団実験状況が「最小条件」とよばれる理由は，それまで集団間葛藤を発生させる原因になると考えられていた，集団成員の価値観や態度などの類似性や成員間の対面的相互作用がない状況で，自己利益や自己評価とは直接の関係がなく，集団区分の基準と関連しないはずの集団間行動や認知を測定しているためである。この条件で内集団びいきが生起するならば，残された条件である，内集団に所属して集団状況に置かれることそのものが重要であるとわかる。類似した実験は数多く行なわれたが，内集団びいきが生じることがくり返し確認されている。

3．集団への同一視と集団間関係

　自己と内集団とを同一視することで，外集団よりも内集団のほうが優れており価値があるというバイアスがかかった認知をするようになる。その理由は，自己をできるだけ肯定的に認知しようとする自己高揚動機（self-enhancement motive）が内集団の認知に対しても影響するからである。自己の肯定性に

確信がもてず肯定的な自己を得ようとする防衛的高自尊心（defensive high self-esteem）をもつ個人が強い内集団びいきを起こすこと（Jordan, Spencer, Zanna, Hoshino-Browne, & Correll, 2003）からもそれがわかる。また，内集団の望ましい成員と望ましくない成員への評価は，外集団の同程度の成員への評価と比べると，望ましい成員の評価はより高く，望ましくない成員の評価はより低くなることが知られている。これは黒い羊効果（black sheep effect）とよばれる。さらに，優れている集団と自己との結びつきを示そうとする傾向もある。自分の大学のフットボールチームが勝利した後は，大学名がわかる衣服等を身につけて登校する学生が増えることを報告する調査（Cialdini et al., 1976）がある。この現象は栄光浴（BIRGing: Basking in Reflected Glory）とよばれている。これらはいずれも，社会的アイデンティティの基盤となる内集団が肯定的であることを求めるために生じる現象である。

　その後の研究では，どのような対処が妥当であるかはっきりとしない不確実な状況で決断を迫るという経験をさせたあとには内集団への同一視が強まり（Hogg, Shermanb, Dierselhuisa, Maitnerb, & Moffitt, 2007），内集団びいきも強まる（Grieve & Hogg, 1999）ことが明らかになっている。つまり内集団への同一視は，曖昧な社会的状況における行動の指針を得ることとも関連していることがわかる。また，学級集団等で起きる「いじめ」のしくみが内集団びいきに重なると考えて，最小条件集団パラダイムを用いた実験を行ない，「いじめ」の問題を論じる研究もある（米山・石井，1999）。

4．集団間葛藤の解決

　集団間葛藤を実験的につくり出したサマー・キャンプ実験の第2段階までをすでに紹介したが，そこで悪化した関係をどうすれば修復できるかが実験の第3段階で検討されている。まず，楽しい雰囲気の中で一緒に時間を過ごし，対等な関係となって互いをよく知ることで仲がよくなるかが試された。しかしながら，オルポート（Allport, 1954）が『偏見の心理（The Nature of Prejudice）』の中でも述べているように，単なる接触で集団間葛藤が改善できるとは限らないのである。企画された食事会ではゴミを投げつけ合うなど，むしろ葛藤を激化させたことが報告されている。

実験の最後の段階では上位目標（superordinate goal）が導入された。皆で協力することではじめて達成されるような共通の目標である。少年たちは水道管の水漏れ箇所を一緒に探し，皆でお金を出し合って映画鑑賞し，食料を載せたトラックが故障したときには，かつて関係を悪化させた綱引きのロープを使って全員でトラックを引いたのである。これらの経験を通して集団間の関係は改善し，同じバスで帰路につくことを希望するまでになったのである。このような上位目標の認知的な効果は，集団間の境界を目立たなくさせ，2つの集団を含めた大きな1つの集団としてのまとまりが顕在化することであった。たとえば，男性と女性の区別が気にならなくなり，どちらも同じ人間であるという気持ちに変わるようなものである。

　これに対して，2つの集団の境界は下位カテゴリーとして残したまま，それらを統合的にまとめ上げるように上位の集団が成立する再カテゴリー化（re-categorization）が起きる場合もある。つまり，集団間での促進的な相互依存的（promotively interdependent）関係の成立である。たとえば，国家間での経済交流や防衛交流，複数の企業が1つの商品やサービスを生産する過程でかかわり合う場合などもこれにあてはまるであろう。デュシャンプとブラウン（Deschamps & Brown, 1983）の実験では，芸術系学部の学生数名と理科系学部の学生数名とが1つの集団となって，雑誌の記事をつくるという作業を行なわせた。どちらの集団にも同じ役割を与えた場合と比べると，芸術系学部の学

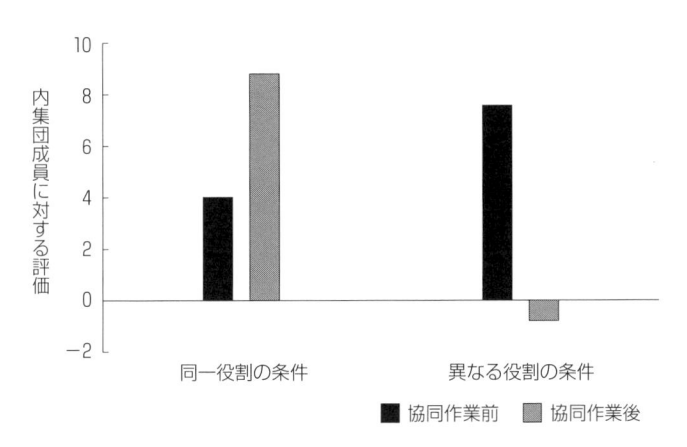

図9-6　**協同作業による集団間葛藤の解消**（Deschamps & Brown, 1983）

生たちに文章作成の役割を与え,理科系学部の学生たちに統計資料の作成を役割として与えた場合のほうが内集団びいきが減少したのである（図9-6）。これは,目標達成のために集団間レベルで協同する必要があるという課題状況を経て,重層的な構造をもつ集団および社会的アイデンティティへと統合が進む過程である。このように,外的環境にある課題とのかかわりが集団間を統合する重要な条件になるといえよう。

第10章

コミュニケーション

　コミュニケーションという言葉で示される現象は非常に多様である。人間同士のコミュニケーションに限定しても，家族や友人との日常的なやりとりからマス・コミュニケーションまで，さまざまな形態がある。

　本章でおもに論じるコミュニケーションは，個人間の（間に通信機器などを挟む場合も含む）コミュニケーション，すなわち対人コミュニケーションである。

1節　コミュニケーションとは何か

1．コミュニケーションの概念

　深田（1998）は，コミュニケーションの基本概念を3つにまとめた。1つ目は相互作用過程である。このコミュニケーションは，当事者がお互いにはたらきかけ，応答するプロセスであり，これによって相互理解や関係性が成立する。たとえば「おはよう」というあいさつを交わすことは，新しい情報を伝えるものではないが，相手を認識して良好な関係を維持することに貢献する。2つ目は意味伝達過程である。これは当事者の一方が他方に意味を伝達するプロセスであり，これによって当事者の双方で意味を共有する。自分が価値をおいていることを他者に伝えたり明日の集合場所を伝えたりすることなどがこれに相当する。3つ目の影響過程とは，当事者の一方が他方に影響を及ぼすプロセスで

ある。テレビを消して勉強するよううながしたり，ある商品を買ってくれるよう説得したりするなどのコミュニケーションがこれに相当する。

　池田（2000）は，情報を意図的に伝えたり共有したりするだけでなく，非意図的に「伝わる」ものもコミュニケーションに含められるとしている。たとえばあたりさわりのない世間話をしているだけなのに，相手が自分を敵視しているようだと気づくことがある。相手の側に敵意を伝える意図がなくても，ちょっとしたものの言い方や視線などから，または具体的にどこからとは言えないがなんとなく全体的に，そうしたメッセージを「読み取る」のである。

2．コミュニケーションの構成要素

　コミュニケーションのプロセスは，送り手，メッセージ，チャネル，受け手，ノイズといった構成要素から成る。

　たとえば鈴木さん（送り手）が林さん（受け手）に自分の好意を伝えたいときに，その情報を生のまま伝えることはできない。言葉や表情など，なんらかの記号にする。記号の集まりがメッセージである。メッセージはそれぞれ対応するチャネル（channel）を通して相手に伝えられる。たとえば「好きです」と話した言葉は聴覚チャネルを通じて伝わり，書かれた文字やジェスチャは視覚チャネルを通じて伝わる。ふだんのコミュニケーションでは，たいてい，これらの複数のチャネルを使ってコミュニケーションを行なっている。チャネルによって伝達しやすい情報の内容は異なる。受け手は送り手の発話を聞いたり手紙を読んだりして送り手からのメッセージを受け取り，これを解釈してメッセージに込められた情報を理解する。このプロセスの途中にノイズがあると，受け手には情報が伝わらない。騒音にかき消されて鈴木さんの声が林さんに聞こえなかったり，聞こえたとしても林さんが日本語を解さなかったりした場合，コミュニケーションは成立しない。

　以上のことをふまえると，対人コミュニケーションとは，ある人と別の人の間で，記号を介してなされる情報のやりとりであるとまとめられる。

2節　言語コミュニケーション

　人間のコミュニケーションは言語を抜きにしては語れない。口頭で発話される言語には，音韻，語，意味，文法という4つの要素があり，私たちはふだん自然にこれらの要素を操作して，言語コミュニケーションを行なっている。発話以外の言語もこれらの要素のいくつかをもっており（たとえば，書き言葉には音韻の要素だけがない），それらの要素を操作して，できる限り効果的な情報伝達をしようとしている。

1．コミュニケーションプロセスのモデル

　コミュニケーションプロセスの大枠は前節で述べた通りであるが，送り手の心的な意味表象である情報が，具体的にどうやって最終的に受け手の心的な意味表象となるのかに関しては，いくつかのモデルが提案されている（たとえば，Krauss & Fussell, 1996; 岡本, 2013; Sperber & Wilson, 1995）。

(1) コードモデル

　コードモデルは通信機器の情報処理理論を人のコミュニケーションに適用したものであり，コミュニケーションを，ある意味表象が送り手によってなんらかのコード（code）に変換され，なんらかの経路を経て受け手に伝えられ，受け手によって意味表象に解読されるプロセスととらえる。このモデルでは，「意味」はコード化されてメッセージの中に存在すると考える。たとえば青森県や長野県で多く生産されている赤い果物のことを伝えるのに，日本語話者は「リンゴ」という言葉にコード化する。そしてこれを聞くなり読むなりした日本語話者の受け手は，青森県や長野県で多く生産されている赤い果物を思い浮かべる（内的に表象する）はずであり，そうなれば，意味が伝わったことになる。

　しかし人間の言語の場合，そう単純にはいかない。「リンゴ」という言葉で表象されるものがリンゴの果実とは限らない。リンゴの木かもしれないし，あるいはリンゴという名の歌手かもしれないし，リンゴの実をロゴマークのモチーフとするコンピュータのことかもしれない。送り手が伝えたい情報が正しく受け手に伝わるかどうかは，あるものをどう呼ぶかに関する合意の程度と，ス

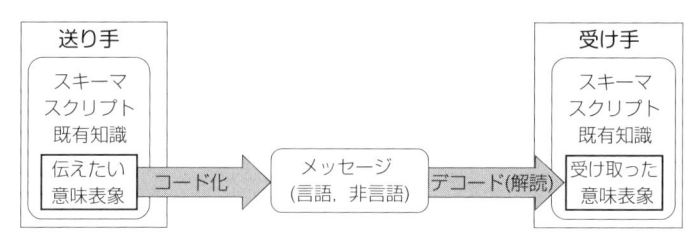

図10-1　コードモデル

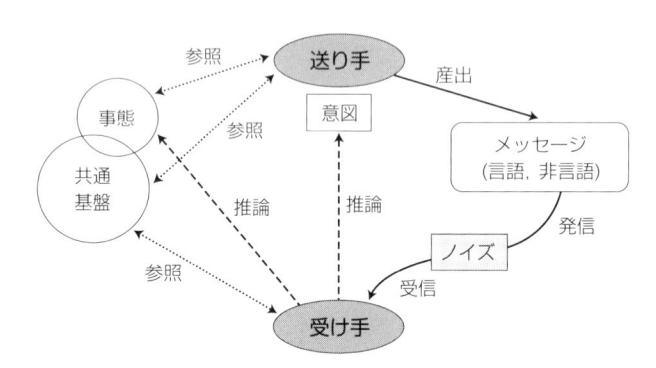

図10-2　推論モデル（岡本, 2013）

キーマ，スクリプトやすでにもっている知識構造などによって決まる（図10-1）。

近年，コードモデルは言語コミュニケーションよりもむしろ非言語コミュニケーションの説明に適用できると考えられている。

(2) 推論モデル

推論モデルでは，「意味」はメッセージの中でなく送り手の意図の中にあると考える。語やフレーズの文字通りの意味と，送り手（話者）がその文意を使って受け手に伝えようとしている意図（speaker-meaning）は異なるものであり，受け手は言葉の文字通りの意味や状況から送り手の意図を推論する（図10-2）。送り手も，受け手が推論してくれることを念頭においてメッセージを整形する。

送り手がメッセージを産出したり，受け手がメッセージを解釈したりする際には，共通基盤（common ground; Clark & Carlson, 1981）を参照する。共通

基盤とは，送り手と受け手の双方が了解している（と想定される）知識，信念などの情報のことである。たとえば藤井さんに「どう思う？」と訊かれた南さんは，藤井さんと基盤を共有できれば，これだけの発話でも何について訊かれているのかを推測することができる。また，もし藤井さんが南さんとの間に共通基盤がないと考えていたとすれば，そもそもこのような言い方はせず，「何について」の質問かを明示するだろう。ただし，藤井さんは共通基盤があると思っていても南さんのほうは共通基盤がないと思っているかもしれない。もし南さんが何のことを訊かれているのかわからなければ，「何について訊いているの？」と尋ねればよいのだが，次々と進んでいく会話の中で，いちいち共通基盤を明示的に確認することはできない場合も多い。

　通常，共通基盤があると想定する根拠は，次の3つが考えられる。1つ目は物理的に同じ場にいることである（物理的共存在）。たとえば藤井さんと南さんが美術館で一緒に1枚の絵を見ているときに藤井さんが「どう思う？」と言ったならば，2人がともに見ているその絵についての質問だと推測できる。2つ目は，以前になされた言語コミュニケーションの内容である（言語的共存在）。物理的に一緒にいなくても，手紙で藤井さんが自分の悩みについて書いたあとで「どう思う？」と書いたとすれば，藤井さんの悩み事についての質問だと推測できる。3つ目の根拠は，なんらかの同じ集団にいることである（共同社会の成員性）。たとえば藤井さんと南さんが同じ大学の学生であれば，お互いが「うちの学校」言ったときにどの学校を指すかは簡単に推論できる。

　グライス（Grice, 1975）は，発話される言葉そのものが同じであっても話者の意図が異なる場合が多々あるのに，なぜやりとりがちぐはぐにならないのかという疑問に対する説明として，会話の当事者たちは互いに会話を成立させるための「協調」をしているからだと考えた。仮に内容が口論であったとしても，口論というやりとりが成立するために，口論の当事者はお互いに自分の意図（たとえば，敵意など）が相手に伝わるように，また相手のメッセージから意図を読み取れるように，「協調」をする。グライスは，人々が発話を決める際および他者の発話を解釈する際には一般的な「協調の原則」に従っていると提案し，具体的に発話の量，質（内容の真偽），関係，形式に関する4つの会話の格率があるとした（表10-1）。かみ合っていないようにみえる会話でも，会話の当

表10-1　協調の原則と会話の格率（Grice, 1975）

［協調の原則］
　あなたがかかわっているやりとりの目的または方向性とされているものに合致するように，会話への貢献をせよ。

［会話の格率］
- 量の格率：①現在のやりとりの目的のために求められている量の情報を提供せよ，②求められている以上の量の情報を提供するな。
- 質の格率：①偽だと思っていることを言うな，②十分な証拠のないことを言うな。
- 関係の格率：関係のあることを言え。
- 様式の格率：①不明確な表現を避けよ，②曖昧さを避けよ，③簡潔に言え（不要な冗長性を避けよ），④整理して言え。

事者はこれらの格率に従って自分の発話を整えたり相手の発話を解釈したりして，かみ合ったやりとりになっている場合がある。一方，これらの格率を明らかに無視した発話からでも，発話者の意図を推論できる。

たとえば，

　　星野：どこへ行くの？

　　槙：髪がすっかり伸びちゃって

というやりとりは，星野さんの発話に対して槙さんがまったく関係ないことを言っているようにみえるが，槙さんが関係の格率に従っていると考えると，すっかり伸びてしまった髪を切りに，つまり美容院へ行くのだと推測することができる。別の例として

　　木村：どんな人だった？

　　泉：目と眉毛が2つあって，鼻と口は1つあった

のような会話の場合，様式の格率に違反して冗長な発言をすることで，泉さんはその人物の印象を覚えていないのだと推測できる。

ただしこれら格率の妥当性には問題も指摘されている。それを受け，スペルベルとウィルソン（Sperber & Wilson, 1995）は，言語コミュニケーションの原則を「関連性」1つでとらえ直した関連性理論を提案している。

コードモデルと推論モデルは背反的なものではない。むしろ通常のコミュニケーションでは，ある言葉が何を表わすのかをコードモデル的な視点で理解（たとえば，「イイヒト」という発音から何かの点が良い人間を指す言葉であると解読）したうえで，会話の文脈から推論モデル（図10-2）で示すような推論プロセスを経て本気でよいと思っているのか，逆の意味として（つまり皮肉と

して）言っているのかを推論する，というようなことをしていると考えられる。

2．社会的属性と言語使用

情報の大意は同じでも，使う語や言葉遣いによって，伝わるメッセージの印象には違いが生じる。

(1) 敬語とポライトネス

たとえば「7時に来てほしい」という内容を上司や客に伝える際，「7時に来い」とはけっして言わず，「7時においでください」などと言うだろう。敬語とは他者に敬意を示す表現である。日本語においては，言及する対象者を高める尊敬語（おっしゃる，召し上がるなど），自分を低めることで対象者や聞き手を相対的に高める謙譲語（参る，差し上げるなど），聞き手に対する丁寧な態度を示す丁寧語（〜です，〜ますなど）がある。敬語の使用によって，発話者と対象者の上下関係，親疎関係，やりとりがなされている状況の公式性，話題となることがらの重大さや真面目さが表わされる。ふだんはフランクに話している友人同士が，会議の場ではお互いに敬語で話すということはよくある。これは，そのやりとりが公的なものだからである。

敬意表現に似たものとしてポライトネス（politeness）がある（Brown & Levinson, 1987）。上下関係や親疎関係にかかわらず，相手に配慮した表現全体を指すもので，先の敬語はポライトネスの一部といえる。相手に配慮するとは，相手の「フェイス」（面目，体面など，相手が維持しようとする行動の自由や自己像のこと）を維持することである。たとえば「7時に来てくれると助かるんだけど」という表現は，敬語は使っていないものの，7時に来るよう直接要求する形にせず相手が断る自由を維持しているので，ポライトな（相手に配慮した）表現である。

(2) 言語カテゴリー・モデルと言語期待バイアス

人の行為を描写する際，抽象度の高さが異なる複数の表現が可能である。たとえば「向井さんに話しかける」という原さんの具体的な行為は，「向井さんを励ます」のようにやや一般化した表現もできるし，もっと抽象度を上げて「向井さんを心配する」と原さんの心的状態を表わすような表現にもできる。このように，ある行為をどの程度の抽象度で描写するかによって，行為の原因帰属

表10-2　言語カテゴリー・モデル（Semin & Fiedler, 1988；菅・唐沢, 2006）

記述行為動詞（DAV: descriptive action verb）例「向井さんは原さんに話しかけている」
・行為の具体的な記述であり，解釈や評価を含まない。言及対象となる行為は，客観的な確認が可能である。

解釈行為動詞（IAV: interpretive action verb）例「向井さんは原さんを手伝っている」
・具体的な行動の記述と同じような機能を果たすが，特定の行動の単なる記述や分類ではなく，ポジティブ・ネガティブの解釈も含む。

状態動詞（SV: state verb）例「向井さんは原さんを好いている」
・心的状態や感情状態（観察者から見て客観的に確認することがむずかしい抽象的なもの）についての表明である。行為の始めと終わりは明確に定義されない。
・日本語において，「傾性を表わす名詞」＋「がある（をもつ）」という表現は状態動詞に含む（例「正直さがある」）。

形容詞（Adj: adjective）例「向井さんは外向的である」
・その人物の性質を表わす。抽象的であり，経験的な出来事や行為に直接言及しない。
・日本語において，形容動詞は形容詞に含む（例「正直だ」）。

や行為者に関して伝わるメッセージには違いがでる。セミンとフィードラー（Semin & Fiedler, 1988）は，行為についての描写を4つのレベルに分類した言語カテゴリー・モデルを提案した（表10-2）。ある行為をどのレベルで描写するかは聞き手との関係や共通基盤によっても異なるが，一般に，ステレオタイプや期待に一致する行動はより高い抽象度で描写されるという言語期待バイアス（linguistic expectation bias）がみられる。たとえば「友だちと雑談する」という行為の主が女性である場合，この行為はおしゃべりという女性ステレオタイプに一致するため，より抽象度の高い「おしゃべりだ」のような描写がされやすく，行為者が男性である場合は具体的な「友だちと雑談する」という描写がされやすい。このようにバイアスのかかった表現で行為者についての情報を伝達すると，聞き手はこの行為者についてよりステレオタイプ的な認知をしやすくなる（Wigboldus, Semin, & Spears, 2000）。

(3) 地域方言と社会方言

　オードリー・ヘプバーンの主演でたいへん有名なミュージカル映画『マイ・フェア・レディ』は，ロンドンの下町出身の花売り娘イライザが言語学者ヒギンズ教授の厳しい発音および言葉遣い（とその他のマナー）の訓練を受けて，どこかの国の高貴な姫だと間違えられるほどに変貌する物語である。土地や身

分に独特の訛りや言葉遣いは，本人が意図せずとも発話者についての情報を聞き手に伝えることになる。日本でも，別れ際に「それじゃ」でなく「ほな」と言う人は関西出身だと推測されるし，「タートルネック」とよぶ人と「とっくり」とよぶ人がいたら，おそらく後者は年齢がかなり上の人だと推測されるだろう。「俺，○○なんだよ」「私，○○なのよ」という発話は，声を聞かず文字で読んでも，発話者の性別が推測できる。

　地域方言とはその名の通り地域によって異なる言語的特徴であり，一般的に方言とよばれるものはこれにあたる。たとえば東京で「よい」という表現は大阪では「ええ」となり，福岡では「よか」となる。社会方言とは社会的階層，人種，性別や年齢など，社会的属性によって異なる言語的特徴である（岡本, 2010）。ただし近年は女性でも「〜なのよ」ではなく「〜だよ」と言ったり，ある地方の方言が一種の流行語として（特に若者の間で）他の地方で使われたりするなど，方言の使用は変化している。

3節　非言語コミュニケーション

1．非言語メッセージの性質と分類

　パントマイムは言葉を使わずジェスチャや表情だけで行なう演技であるが，人はそれを見て笑い，感動して涙を流すことさえある。前方を歩いている成人の男女はどのような関係だろうとふと考えたとき，もし2人が手をつないでいれば，ただの仕事仲間と考えることはまずないだろう。

　このように，非言語手がかりだけでも非常に多くの情報が伝わる。言語と特に違うのは，言語の場合は送り手が意図的にメッセージを整形するのに対し，非言語によるメッセージは非意図的に発信されてしまう（受け手が勝手に何かを「読み取って」しまう）場合もある点である。何もせず立っているだけでも「疲れているようだ」など送り手について何かしらのメッセージを（それが正しいかどうかは別として）読み取られてしまう。

　非言語コミュニケーションの手がかりのバリエーションを図10-3に示す。

```
・音声行動(準言語)
・非音声行動 ┬ ・身体動作 ┬ ・表情
            │            ├ ・視線
            │            ├ ・ジェスチャ
            │            └ ・姿勢
            ├ ・身体接触：自分への接触, 他者への接触
            ├ ・空間行動
            └ ・物品の使用など：衣服, 化粧, 持ち物, 香水など
```

図10-3　非言語コミュニケーションの手がかり

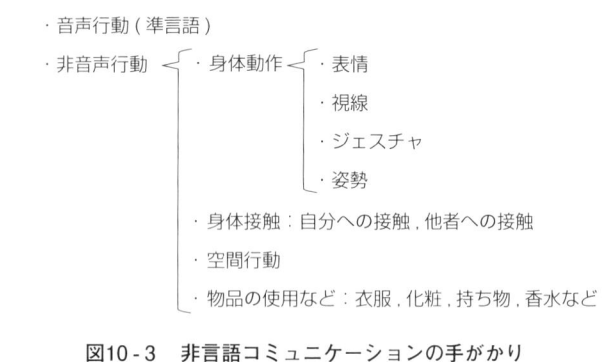

　非言語メッセージは言語のように構造化されたものではないため，ある非言語手がかりが意味するものはそれほど明確には決まらない。多くの研究者が観察や実験などさまざまな方法で研究を重ね，一定の傾向が見えている手がかりもあるが（たとえば，Argyle, 1988; 大坊, 1998; Morris, 1977; Richmond & McCroskey, 2004），個人や状況による変動は大きい。

2．さまざまな非言語手がかり

(1) 音声行動

　「そうですね」という台詞1つとっても，言い方によって賛同，ためらい，追及，あきらめなど，さまざまなメッセージを伝え得る。では，この4種類のメッセージそれぞれを伝えるには，この台詞をどのように言うだろうか。おそらく声の高さ，大きさ，速さ，抑揚（イントネーション）や強調（アクセント）を変えるだろう。他にも，間のとり方や言いよどみなどさまざまな特徴が変わり得る。

(2) 表情と視線

　表情が伝える情報は，おもに感情である。表情だけで「19時に渋谷のハチ公前集合」のような命題的情報を伝えることはまずない。
　エクマンとフリーセン（Ekman & Friesen, 1975）は，驚き，恐怖，嫌悪，怒り，幸福，悲しみの6つの基本感情を表わす表情のパターンはおおむね人類共通と考えられるとし，その動きを定式化した。ただし，表情のパターンは同じでも，表出の程度には，文化，性別や状況などによって違いがみられる。

視線は表情に含まれるものであるが、視線だけでもある程度の情報を伝えることができる。視線の機能は、第一に視線の持ち主が他者の表出を知覚するためのものであるが、視線によって、その持ち主（についての情報）を他者が知ることもある。凝視はおもに視線の対象への関心を表わす。好きなもの、興味あるもののことは長く凝視するし、興味のないものや嫌いなものからは目をそらす。ただし、好意ではなくむしろ強い敵意をもつ場合にも注視することがある。いわゆる「ガンを飛ばす」場合である。

他者とやりとりをする際には相互注視（アイコンタクト）をとる。ただし、ずっと見つめ合ったままではなく、話者のほうは相対的にあまり聞き手を凝視しない。この他、社会的コントロールや課題達成を促進する機能もある。

(3) ジェスチャと姿勢

ジェスチャや姿勢など身体の動作は、それを見る人に豊かなメッセージを伝える。動かないことも含めて動作である。たとえば直立不動で微動だにしないことは緊張や他者への服従を伝え得る。コミュニケーションの多くの場合は発話とともに動きがみられるが、音を立ててはいけない場面など、身体の動作だけで何かを伝えることもある。

エクマンとフリーセン（Ekman & Friesen, 1969）は、身体の動作と表情を含む非言語行動を5つのカテゴリーに分類した。表象（emblems）とは言語の代わりになり得るシンボルとしての動作である。手話やハンドサインなどのように、動きと意味が定義された、まさに言葉のような使い方をされるものもあれば、客観的な定義はないものの、日常生活の中でいつの間にか習得される、OKサイン（人差し指と親指で○をつくる）のようなものもある。例示（illustrators）は言葉で示したものの例を示し、言語メッセージを補強するものといえる。たとえば「こんなに長かったんだ」という発言とともに両手を左右に広げるなどである。この場合、長かったのが時間なのかモノなのかは問わない。発話に沿ってその意味が決まってくるといえ、表象のように特定の意味が決まっているわけではない。感情表示（affect displays）は、表情以外の身体動作によっても行なわれる。たとえば悲しみに暮れているときに肩を落とす、怒っているときに肩やこぶしに力が入るなど、意図せず表出されるものも多いが、意識的に表出したり、逆に表出を抑制したりすることもできる。調整

(regulators) とは，会話や相互作用の流れを調整するものである。待ち合わせの相手がこちらを探しているのを見かけたときに手をあげたり，数人での雑談の際，誰かが話し始めたときにその人のほうを向く動作は「その人の話を聴くよ」というメッセージを送ることになるし，同じ状況でその人の方を向かずにいれば，「今はあなたが話をするべきところではない」というメッセージを送ることになり得る。適応（adaptors）は，自己の基本的な要求を満たしたり，感情をコントロールしたり，対人的なやりとりをつつがなく維持したりするための行為の一部として行なわれるものである。自分の髪をいじる，手に持っているペンを回すなど，多くの場合無意識に行なわれており，一般にはあまり行儀がよくないとされる行動が多い。

(4) 身体接触，空間行動

　身体接触には，自分への接触と他者への接触の2通りがある。自分への接触は，先にあげた適応行動と重なるところもある。自分の顔を触ったり腕を抱き抱えたりするような操作は，緊張や不安のあるときに無意識に出てきやすい動作だが，これは不安なときに，子どものころ養育者にしてもらったようになでてもらったり抱きしめてもらったりすることの代替行動ととらえられる。近年，接触によってオキシトシンというホルモンが分泌され，鎮痛効果や不安緩和効果がもたらされることもわかってきた。

　他者への接触は，基本的には相手への好意や親密さを表わす。あいさつなどで儀礼的に触れることもあるが，あいさつで握手，ハグやキスをするのは，友好的態度を示す形式的な動作である。なお，日本人はあいさつでハグやキスをすることは非常に少ない。また，頭を触ることは大人が子どもにするような接触であり，成人同士では通常行なわない。このように，接触するのにふさわしい部位や接触の程度は，相手との関係や文化，性別などにより違いがある。

　接触できるのは，それだけ相手との距離が近い場合である。ホール（Hall, 1966）は，人間同士のコミュニケーション機能の1つとして空間行動があることを指摘し，おおむね4つの距離帯に区別できるとした（図10-4）。各距離帯が具体的にどれくらいの距離であるかは，コミュニケーションの内容や感情的かどうか，明るさや騒音といった物理的環境や文化によって異なる。騒音があったり暗かったりすれば距離は近くなりやすいし，日本人はアメリカ人に比べ

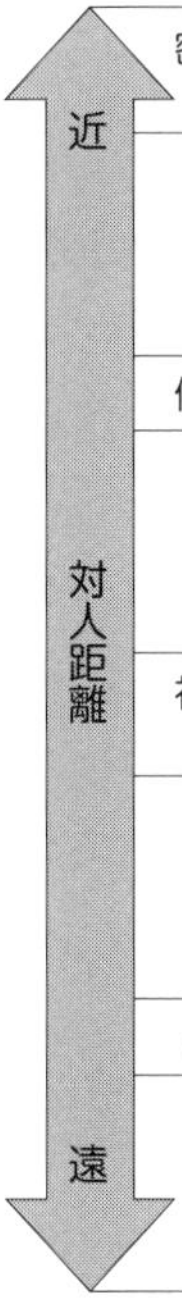

近 ↕ 対人距離 ↕ 遠	密接距離	……相手の体温,におい,息の音などが知覚され,相手の身体と密接に関係していることがはっきりと感じられる。
	近接相 (〜15cm)	愛撫,格闘,慰めや保護が可能な距離。近すぎて視覚的には相手が歪んで見える。
	遠方相 (15〜45cm)	頭,ももや腰が簡単に触れることはないが,相手の手に触れたり握ったりすることができる。
	個体距離	……自分と相手を分ける距離。小さな防御領域ができる。
	近接相 (45〜75cm)	片方が手を伸ばせば触れることができる。視覚的に相手の表情を明瞭にとらえられる。
	遠方相 (75cm〜1.2m)	双方が腕を伸ばせば触れることができる。個人的な話をすることができる。
	社会距離	……相手への干渉がむずかしく,相手に触れるためには特別な努力が必要。顔の細かい部分は見て取ることができない。
	近接相 (1.2〜2.1m)	一緒に働く,ちょっとした社交上の集まりなど,個人的でない用件がなされる。
	遠方相 (2.1〜3.6m)	より形式的なやりとりがなされる。相手の前で作業を続けても失礼に見えない。
	公衆距離	……相手とのコミュニケーションをするには遠くて不適切な距離。
	近接相 (3.6〜7.5m)	相手に脅かされたときに,逃げたり防いだりすることができる。
	遠方相 (7.5m〜)	公的な場での距離。普通の声では聞き取れない。

図10-4　アメリカ人の4つの距離帯（Hall, 1966）

て各距離帯がやや遠い。

　特別嫌いな人でなくても,他人にあまりに近づかれると気詰まりに感じることはあるだろう。それ以上近づかれると気詰まりであると感じる領域は,個人を中心に立体的に広がっており,これをパーソナル・スペースとよぶ（Sommer, 1969）。パーソナル・スペースの大きさは相手との関係や相手と相互作用をするかどうかなどの条件によって変動するが,一般に,パーソナル・スペースは体の正面が1番広く,体の横や後ろは狭い。また,平面的に広がるだけでなく立体的にも広がる。

(5) 物品の使用,その他の手がかり

　就職面接時,冠婚葬祭の場面など,その場にふさわしい服装が一般に知られているような場では,そういった服装をしていないと,無粋であると思われるだけでなく,何かあえて慣例に逆らう意図があると思われるかもしれない。状況の制約がない場合でも,衣服の派手さや髪の色,化粧の有無,香水,アクセ

サリーや持ち物などが持ち主の印象に影響を及ぼすことは，経験的にも同意できるだろう。

ただし，これらは他者になんらかのメッセージを伝えるだけでなく，自分自身のアイデンティティの意識や自尊心，気分などにも影響を与える。スーツや和服など，ふだんあまりしないような正装をすると気が引き締まる思いがするのはこうした影響によるものだろう。

3．複数の手がかりの組み合わせ

ここまでは基本的に1つの手がかりの効果についてバラバラに見てきたが，実際のコミュニケーションにおいては言語と非言語手がかりを組み合わせて使っている。そうすることによって発話内容を強調できることもあれば，発話内容の嘘が非言語メッセージによって見破られてしまう場合もある。また，複数の手がかりの間でメッセージが矛盾する場合もあり得る。

(1) メッセージが矛盾する場合の読み取り

口では「ゆっくりしていってね」と言っている人がなんとなくそわそわしていたり，「おまえは本当に困った奴だなあ」と言ってきた人が困っているとは思えない笑顔であったりと，ある人から読み取れるメッセージが相矛盾する場合がある。このようなとき，人は相手のメッセージをどのようなものと解釈するのだろうか。メラビアン他（Mehrabian & Ferris, 1967; Mehrabian & Wiener, 1967）は，「愛」という言葉（ポジティブ）を不機嫌そうな声（ネガティブ）で言うといったように，言葉の意味と声のトーンがそれぞれ表わす感情価を操作したり，「そうかもね」という中立的な言葉を，不機嫌そうな声のトーン（ネガティブ）と笑顔（ポジティブ）で言う場合などのように，声のトーンと表情がそれぞれ表わす感情価を操作したりして，矛盾する2つの手がかりが一緒に呈示された場合の全体的なメッセージの印象を調べた。その結果，言葉の内容と声のトーンが矛盾する場合には声のトーンが表わす感情価に一致する方向の印象がもたれやすく，表情と声のトーンが矛盾する場合には表情が表わす感情価に一致する方向の印象がもたれやすかった。

(2) 欺瞞的コミュニケーション

非言語手がかりの研究の発展の一翼を担うのは，欺瞞的コミュニケーション

の研究である。発話内容が嘘であるときや楽しくないのに楽しそうにして見せるなどの欺きをしているとき，どのような言語や非言語手がかりがみられるのか，嘘をつく人はそれらの手がかりをどの程度コントロールできるのか，嘘を見破る人はどこを見ればうまく見破れるのかといった研究がなされてきた。

嘘をつく立場で考えると，非言語手がかりの中には意識的にコントロールしやすいものもあればしにくいものもある。たとえば強い怒りを感じているのに笑顔をつくって見せるなど，表情はある程度意識的にコントロールすることができるが，笑顔の細かい部分（たとえば，目尻など）までコントロールすることはむずかしい。また，表情だけでなく視線，手の動き，姿勢や立ち方など，嘘をつきながら複数の手がかりを意識的にコントロールすることはむずかしい。

嘘を見破る立場で考えると，嘘を見破るのに効果的な単独の手がかりはない。嘘をついているときは視線を逸らすとか口数が増えるといった"セオリー"として知られているものもあるが，こうした動きは嘘をついているときだけでなく緊張しているときなどにも出るので，実際にはその手がかりだけで判断はできない。複数の手がかりの組み合わせをみて判断すれば多少はうまく嘘を見破れるかもしれないが，過信は禁物である（佐藤，2013）。

4節　オンラインのコミュニケーション

ここまでは特に断りを入れずにおおむね対面でのコミュニケーション（face to face communication）を念頭においていたが，現代のコミュニケーションでかなりの割合を占める，コンピュータとインターネットを介したコミュニケーション，すなわちCMC（Computer Mediated Communication）の研究も進んできている。

技術の発展により，当初はたいへん大がかりで高価なものであったコンピュータは，今では一般の人々の間にも普及した。さらに小型化や通信技術が進み，2013年末の時点で，国内の世帯の9割がスマートフォンや携帯電話，PHSといったモバイルメディアをもち，インターネットの人口普及率は80％を越えている（総務省，2014）。コンピュータが出現したころと現在とでは，インタ

ーネットで供されるサービスも違えば利用者側の利用目的や利用形態にも違いがある（川浦・三浦・森尾，2009）。

CMCにはもちろん対面のコミュニケーションと共通する点もあるが，CMC独特の側面ももつ。本節ではCMC独特のコミュニケーションの性質を概説する。

1．CMCの特徴

コンピュータと一口にいっても，現在はデスクトップ型のコンピュータ（いわゆるパソコン）から携帯端末までさまざまな形のものがあり（そして今後新たな形のものが出てくる可能性もある），利用のしかたもさまざまである。特にパソコンと携帯電話（10～40歳代では通話よりもメールなどコンピュータとしての機能を使うほうが多いので，以下「ケータイ」と表記する）やスマートフォン（スマホ）などの携帯端末ではその利用のしかたに大きな違いがあるといえる。これまでのCMC研究の多くはパソコンの利用を念頭においたものであったが，携帯端末での利用を前提とした現象の研究も増えていくだろう。

三浦（2011）はCMCの特徴を4つにまとめた。1つ目は視覚的に匿名であること，2つ目は画面に表示された文字によりやりとりがなされることである。技術的に不可能なわけではないが，日常的なCMCのほとんどは，リアルタイムの映像を配信せず，メール，ソーシャルネットワーキングサービス（SNS：mixi, Facebook, Twitterなど）やインスタントメッセンジャー（IM：LINE, Skypeのテキストチャット機能など）などを用いた，タイプされた文字でのやりとりである。匿名掲示板への書き込みのように不特定の相手とのやりとりであれ，友人とのメールのように相手を特定できるやりとりであれ，やりとりをしているその瞬間に相手がどこにいてどのような顔をしているかは見えず，視覚的に匿名である。そしてタイプされた文字でのやりとりであるため，声や手書き文字で読み取れるような非言語手がかりもなく，言語メッセージだけで意図を読み取ってもらう必要がある。また，コンピュータでの作文は，ある程度文章の推敲をすることができるため，個人の内面を反映させやすい。相手が目の前にいてすぐに何か言わないとタイミングを失してしまうような対面のコミュニケーションの状況とは異なる。さらに，記録に残りやすいことも特徴である。データを消さない限り一言一句違わず残っており，コピーも容易である。

3つ目の特徴は同期性が多様かつ柔軟なことである。同期性とは，メッセージの送り手と受け手が同時にそのやりとりにかかわる必要があるかどうかである。対面のコミュニケーションや電話での会話と異なり，CMCではメールのように送り手も受け手も各自自分の都合のよいときにメッセージを送信したり読んだりすることもできれば，チャットのように即時的なやりとりをすることもできる。

4つ目に，情報を付加しやすいことがあげられる。CMCは，じつは言語メッセージそのものだけでなく，webサイトへのリンク（リンク先のサイトに新たな情報がある），音楽，画像や動画などの情報を付け加えることができる。旅行先でこんなにすごい光景を観たのだと，言葉とジェスチャで伝えるより，そこで撮った動画を見せるほうが自分の感動は伝わりやすいかもしれない。

2．CMC独特のコミュニケーション

(1) 絵文字，顔文字によるコミュニケーション

先に述べた通り，CMCはおもにタイプされた文字によるコミュニケーションであり非言語手がかりに欠けるが，別の非言語手がかりとして，文字や記号を組み合わせて表情などを絵的に表わした顔文字（エモティコンemoticon：emotion＋iconともよばれる）や，ある種のフォントとして用意された絵文字が使われている。では，顔の絵をつけることで本物の表情が見えないことによる欠落を補うような効果はあるのかというと，残念ながらそれほどの効果はないようである。しかし，顔文字や絵文字をつけないことで特定の印象を抱かれることはあるようである。特に若い世代がケータイやスマホでやりとりする私的なメールでは，顔文字や絵文字をつけることがふつうであり，これらをつけていない文字だけのメッセージだと，冷淡な印象をもたれたり，機嫌が悪いと思われたりすることもあるという。本物の表情とは異なり，顔文字や絵文字は無機的な文字メッセージを装飾する，あるいは装飾する手間をかけるという相手への配慮というメタメッセージを伝えているようである（荒川，2004）。

(2) 自己開示の促進

特に未知の他者とのコミュニケーションにおいて，CMCであるからこそ親密になりやすい場合がある。それは，CMCが視覚的に匿名であり，見た目の

印象による影響を受けないことによる。たとえばぱっと見て女性であるとか髪を赤く染めているとかいった情報が伝わると，ステレオタイプ的な期待をもたれる可能性がある。また，自分自身でも，自分の社会的立場にふさわしいふるまいをし，TPOや他者からの期待に沿うように，また，自分を知っている人に見られた場合に現実生活に支障が出ないように，自己の表出を制限する可能性がある。自己を表出するにしても，対面のコミュニケーションでは初対面でいきなり自己の内面にかかわる深い自己開示をすることはふさわしくないとされ，なかなか自分らしいところを相手に知ってもらうまでにいたらないこともある。バージ他（Bargh, Fitzsimons, & McKenna, 2003）は，CMCには「真の自己」（またはより内的な自己の側面）の表出を促進し，対面のコミュニケーションよりも早く，より親密な関係を形成する効果があると指摘している。インターネット上の面識のない他者には，比較的すぐに自分の重要な側面について表出でき，仮に表出した自己像が受け入れられなくても，その他者との関係から離脱することも容易である。さらに，どのような自己像を示すか，送り手側がある程度コントロールでき，外見などに左右されずやりとりができるといった利点もある。このようにして自己表現が促進されることにより，自分にとって重要な側面（趣味や信念など）を共有できる他者を見つける機会が得られるという。

　信念や趣味を共有できる（自分を社会的に妥当化してくれる）他者が少ない場合，対面のコミュニケーションでは探す（出会う）範囲に限界があるが，インターネットは世界中から仲間を見つけることができるため，見つけた仲間とは親密になりやすいのである。

　インターネットは電気や水道と同じくらい必須のインフラとなった。ただし電気や水道と異なりその利用形態は恐ろしいほどの速度で多様化している。また，自己開示の促進のようなポジティブな効果もあれば，詐欺などの事件，炎上やSNS疲れといったネガティブな影響もある。インターネットはあくまでツールであり，それを利用したコミュニケーションの良し悪しは，利用のしかたが決めるものである。したがってCMC研究は，その時々の利用のされ方を的確にふまえながら行なっていく必要があろう。

第 III 部

社会心理学の新しい研究動向

第11章

無意識と潜在過程

　近年，無意識と潜在過程に関する社会心理学の研究は大きな進展を遂げている。それらの研究は「自己報告」をめぐる問題を中心に展開してきたといえる。人は自身の行動や判断の背景にある心的過程について正確に報告ができないこと，また，自己報告は本人の思考や感情が意図的に隠されてしまうことなどが自己報告の限界として多くの研究によって指摘されてきた。こうした問題を背景に，社会心理学は，社会的な行動や判断を支える潜在的な心的過程をとらえることに大きな関心を寄せることになった。本章では，自己報告をめぐる問題を中心に社会心理学で展開してきた無意識と潜在過程に関する研究を追っていく。

1節　はじめに

　日常生活の中で，自分の考えを尋ねられることは少なくない。その人物をどのように思うのか。どうしてその商品がいいのか。ある人物や対象について自分がどのように考えているのか。その考えを言葉で説明することが求められる。社会心理学の研究においても，インタビューや質問紙によって調査対象者に考えや理由を尋ねることはよく行なわれる。回答者は，"非常にあてはまる"や"全くあてはまらない"といったあらかじめ用意された選択肢を用いるか，自由に言葉で表現することによって，自らの考えについて回答する。このように自分

がどのように考えているかや自分がどのような人間であるかについてなんらかの形で意識的に回答することを「自己報告（self-report）」とよぶ。調査対象者に自己報告を求める調査は，当然ながら，回答者が自らの思考内容やそれにいたる過程を正確に把握しており，それらを報告することができることを前提として行なわれているといえる。

　しかしながら近年，社会心理学では，本人による意識的な自己報告に頼っているだけでは，社会的な行動や判断を支える心理学的基盤を十分に解明することができないのではないかという懸念が広まりつつある。自己報告に対する懸念の１つは，人々が自らの行動や判断を支える心的過程に意識的に接近することができないことを示す実験的事実の発見に由来している。自らの行動や判断の理由を尋ねられたとき，人々は正確ではない説明をすることがさまざまな研究から示されている（Nisbett & Wilson, 1977b; Greenwald & Banaji, 1995）。また，自己報告に対する懸念のもう１つは，意識的に回答される内容がしばしば評価懸念などの動機的な要因によってゆがめられることにある。たとえ自らの態度や思考について意識的な自覚ができていても，それを表明することが社会的に望ましくないと認識していれば，その人は本心とは異なる内容の回答をすることになる（Kutner, Wilkins, & Rechtman, 1952）

　こうした自己報告をめぐる問題を背景として，社会心理学は，社会的な行動や判断を支える自己報告ではとらえることが困難な心的過程をとらえることに大きな関心を寄せることになった。今や，社会的な行動や判断が意識的な制御下におかれた心的過程だけでなく，意識的な制御下の外ではたらく潜在的な心的過程に導かれることを示す知見が膨大に蓄積されつつある。研究の進展の中で，潜在的な心的過程を測る間接的な測度が開発され，研究の道を切り開く大きな役割を担った。本章では，自己報告をめぐる問題を中心に，社会心理学で展開してきた無意識と潜在過程に関する代表的な研究を見ていく。最初に自己報告をめぐる問題を概観する。次に，自己報告と間接的測度が，情報処理プロセス全体の中でどのような関係にあるのかについて検討することで，無意識と潜在過程に関する問題をさらに探求していく。

　本論に入る前に用語について若干の説明を行なっておく。社会心理学の無意識と潜在過程に関する研究で頻繁に現われる"意識－無意識"や"顕在－潜

在"といった概念軸は，自動性（automaticity）の概念と強く結びついている。社会的な行動と判断の自動的な性質について体系的に論じたのはバージである（Bargh, 1994; 1997）。バージは自動性を特徴づける要素として，自覚性（awareness）の欠如，意図性（intentionality）の欠如，統制可能性（controllability）の欠如，効率性（efficiency）の4つをあげた。自覚性の欠如は，個人が自らの心的過程について自覚していないことを意味する。意図性の欠如は，個人の行動や思考が意図なく行なわれていることを意味する。統制可能性の欠如は，行動や思考が意識的な制御のもとにおかれていないことを意味し，効率性は行動や思考がきわめて効率的に行なわれていることを意味する。自動的な行動や思考はこれら4つの基準のいずれかを満たしており，すべてを同時に満たしているとは限らない。本章においても，この概念整理に従い，いずれかの基準で自動的である行動や判断を，無意識や潜在過程といった言葉を用いて取り上げる。

2節　自己報告をめぐる問題

　自己報告に対する懸念は，個人による心的過程の内観がきわめて不正確であることと，評価懸念などの動機的な要因によってゆがめられやすいことにある。本節では，まず，内観によって接近することが困難な心的過程によって社会的な行動や判断が導かれていることを示す代表的な研究を概観する。ここでは，行動の原因についての自己報告，主観的感覚の誤帰属，理由分析による混乱が述べられる。次に，自己報告の限界を乗り越えるために開発された，回答者の意識的なコントロールがされにくい間接的測度について述べる。最後に，これらの自己報告をめぐる問題の核心にある"無意識"がいったい何についての無意識であるのかを見直す。

1．行動の原因についての自己報告

　選択や判断の理由を尋ねられたとき，回答者はもっともらしい説明を行なうことができる。しかし，回答者が偽るつもりなく答えた理由はしばしば実際

にそれらを左右する原因と対応しないことがある。ウィルソンとニスベット（Wilson & Nisbett, 1978）は，人々は自身の行動が刺激から受ける影響について正確に自覚できないことがあることを複数の実験によって示した。たとえば，一般の買い物客を対象とした店頭での実験では，商品の位置が買い物客の商品選択に与える影響とその自覚の関連について検討した。彼らは，買い物客に，4つのテーブルに置かれたストッキングから最も品質のよいものを選択するように求めた。ただし，このとき用意されたストッキングは本当のところすべて同じもので，品質に違いはまったくなかった。その結果，手に取る順番があとになるテーブルに置かれたストッキングほど選ばれる傾向があり，最後に手に取られるストッキングにいたっては40%の買い物客に選択された。しかし，選択理由を尋ねたところ，ほとんどすべての買い物客は，伸縮性などの品質の優劣に基づいて選択を行なったと説明し，商品の位置が自らの選択に影響を与えていたことを自覚できていなかった。

　また，別の実験では，対人印象においても同様に，人々は自分がどんな手がかりを用いて人物の印象を判断しているのか自覚できていないことが示された（Nisbett & Wilson, 1977a）。実験参加者は，大学の講師がインタビューに答えている様子をビデオで見て，その講師の印象を回答した。参加者はビデオを見る前に，その講師の全体的な印象に関する情報を与えられた。半数の参加者は講師が"あたたかい"人物だと紹介され，別の参加者は"冷たい"人物だと紹介された。その結果，同じビデオを視聴したにもかかわらず，あたたかい人物だと紹介を受けた参加者は，冷たい人物だと紹介を受けた参加者より，講師の全体的な印象を肯定的に評価した。また，全体的印象だけでなく，講師の話し方や身体的な特徴についてもより魅力的だと評価した。しかし，実験参加者は，事前の紹介によって講師の印象が変わったとは考えていなかった。講師の話し方や身体的な特徴が魅力的だったと考えており，そうした個々の特徴が魅力的だったために全体的な印象も魅力的に感じられたと回答した。すなわち，実際には紹介文によって全体の印象が導かれ，それが個々の印象を決定していたにもかかわらず，実験参加者は，個々の印象が全体の印象を決定した，と逆方向の因果関係を報告したことになる。実験参加者たちは，自分がターゲット人物の印象をどんな情報に基づいて判断していたのか正確に理解していなかったと

いえる。

　自らの行動や判断がどんなことに左右されているのかや，どのようにそれらを行なっているのかについての不正確な報告は，異性に対する好み（Eastwick & Finkel, 2008）や人物評価（Uhlmann & Cohen, 2005）など他のさまざまなことがらにおいても確認されている。これらの研究は全体として，人々は自らの選択や判断が受けている影響やその影響源を自覚していないこと，また，その理由を実際とは異なる要因に基づいて説明する傾向があることを強力に示している（Nisbett & Wilson, 1977b）。

２．主観的感覚の誤帰属

　私たちは生活の中で，痛みを感じればその原因となるものを除去しようと試み，悲しいことがあればその原因に対処し，見覚えがあればどうして知っているのか知ろうとするだろう。これは，痛みや感情などの主観的感覚が自分の心身についてのなんらかのシグナルとなっており，その原因や意味を査定することを通して外界への適応が行なわれることを意味している。対象と接したときに経験される主観的感覚は，対象を判断する最初の重要な手がかりとなる。しかし，私たちはしばしばそうした感覚の源泉についての自覚を欠き，ある刺激によってもたらされた主観的感覚の源泉を実際とは異なる要因に帰属することがある（Schwarz & Clore, 2007）。誤った要因に原因を帰属することを誤帰属（misattribution）とよぶ。以下，主観的感覚を生理的感覚，情動的感覚，認知的感覚に分け，誤帰属が生じる諸相を見ていく。

(1) 生理的感覚

　喜怒哀楽のような情動を経験するときには，涙や動悸の高まりなど生理的な興奮や緊張がともなう。特定の情動経験と生理的感覚は分かちがたく結びついているようにみえる。しかし，生理的感覚が何によってもたらされているのか本人に自覚できていないことがある。ダットンとアロンの研究（Dutton & Aron, 1974）では，カナダのカピラノ渓谷にて，女性インタビュアーが，男性観光客にインタビューを行なった。インタビューは，吊り橋の上で行なわれた。インタビューのあと，女性インタビュアーはインタビューに興味があれば後日電話をするように，相手の男性に自分の電話番号を伝えた。その結果，インタ

ビューを受けた男性の23名中9名が女性に電話をした。同じ吊り橋の上で，男性のインタビュアーが男性観光客にインタビューをしたときには23名中2名しか連絡しなかったこと，また，同じ女性インタビュアーが吊り橋ではなく揺れない橋の上でインタビューを行なったときには22名中2名しか電話しなかったことを考慮に入れると，ぐらぐら揺れる吊り橋の上で生理的な緊張が高まった状況で女性インタビュアーと会ったことが，その女性への興味を高めたといえる。ダットンらは，吊り橋によってもたらされた生理的な緊張や興奮が，女性に対する興味や興奮に誤帰属されたと説明している。

同様に，運動をして生理的な覚醒が高まったあとでは，自分を攻撃した相手に対してより怒りを感じることが確認されている（Zillmann, Katcher, & Milavsky, 1972）。以上の研究は，個人は自らの生理的な覚醒がどんなことによって引き起こされたか自覚できないことがあり，周囲の状況から自らの生理的反応に影響を与えているようにみえるものに原因を帰属すること，また，その帰属によってその後の感情経験が変化することがあることを示している。

(2) 情動的感覚

感情や情動などの感覚についても誤帰属が生じる。シュワルツとクロア（Schwarz & Clore, 1983）は，個人が関連のない要因によって生じた感情を他のことについての判断の手がかりに利用することがあることを示した。彼らは，どのくらい自分の人生が幸福であるかや人生にどのくらい満足しているかなどを尋ねる電話でのインタビュー調査を実施した。インタビューは，回答者の気分がよいと思われる晴れた日か，気分がよくないと思われる雨の日に行なわれた。その結果，晴れの日にインタビューを受けた回答者は，雨の日にインタビューを受けた回答者よりも，大きな幸福感と満足度を回答した。こうした違いは，回答者が，天気によって生じた気分を手がかりに，幸福感や満足度を判断したために生じたと解釈できる。別の参加者に，幸福感や満足度を質問する前に，天気についての話題をふり，その日の天気について注意を向けたさせたところ，天気が幸福感や満足度に与える影響が消えた。これは，幸福感などの質問を受けているときの自分の気分が，天気に影響を受けている可能性があることに気がついたことで，その影響を取り除いてそれらについて判断したためであると考えられる。

(3) 認知的感覚

"どこかで見たことがある"といった感覚や，何かを思い出そうとしたときに感じる思い出しやすさなどの認知的な感覚（Clore, 1992）についても誤帰属が生じる。たとえば，どこで見たのか記憶がはっきりしないときにも熟知感（familiarity）を感じることがある。このようなとき，実際とは異なることに熟知感の源泉が帰属される可能性がある。ジャコビ他（Jacoby, Kelley, Brown, & Jasechko, 1989）は，人の名前に感じられる熟知感が，誤って人名の有名性に帰属されることがあることを示した。実験参加者は最初に，発音のしやすさを評定するという課題を通して，有名な人と有名でない人の名前に接触した。そして，直後，あるいは翌日に，すでに接触した有名でない人の名前に，有名な人の新しい名前と，有名でない人の新しい名前を加えられたリストを受け取り，それらの名前について有名であるか有名でないか判断した。その結果，翌日に有名性の判断が行なわれたときには，新しい有名でない人の名前とくらべ，接触済みの有名でない名前は有名であると誤回答されやすかった。"見覚えがあるけどどこで見たのかわからない"名前に対して，参加者は"この人は名の知れた人だからどこかで見聞きしたことがあるのかもしれない"と，その源泉を当該の名前の有名性に誤帰属したのだと考えられる。それに対して，直後に有名性の判断が行なわれたとき，そうした違いは生じなかった。"見覚えがあるけどこれはさっき見た名前だな"と熟知感の源泉を正確に先の課題に帰属することができたため，名前の有名性に誤帰属されることがなかったと考えられる。

このような熟知感の誤帰属は，有名性以外の判断でも確認されている。たとえば，事前に接したことがある命題は，そうでない命題と比べて，より正しいと判断される（Arkes, Hackett, & Boehm, 1989; Arkes, Boehm, & Xu, 1991）。また，熟知感だけでなく，情報を検索するときに感じる想起経験などの感覚にも誤帰属が生じる（Schwarz et al., 1991; Wänke, Bohner, & Jurkowitsch, 1997）。

生理的感覚，情動的感覚および認知的感覚に共通して，知覚者はその主観的感覚が何によってもたらされているのかについて自覚が欠けており，自らの感覚をもっともらしく説明できる要因や属性に帰属させる傾向があるといえる。

3．理由分析による混乱

　選択や決定の前に熟慮を重ねたほうがよいとする一種の社会通念は，そうすることでよりよい決定を行なうことができることを前提としている。しかしながら，何がどのように自分の喜びや満足を左右するのかわからなければ，良し悪しや好き嫌いの理由を慎重に分析しても，よりよい選択や決定に到達することはむずかしいだろう。

　ウィルソン他（Wilson et al., 1993）は，好き嫌いの理由を考えることがポスターの評価や選択にもたらす影響を検討した。好き嫌いの理由を慎重に分析するように求められた参加者（分析群）は，分析を求められなかった参加者（統制群）とは異なるタイプのポスターを高く評価し，お気に入りの1枚として持ち帰った。このような選好の変化は，好き嫌いの理由を分析することによって選好が混乱したことを表わしている。実験参加者は，ポスターを持ち帰った数週間後に再び連絡を受け，持ち帰ったポスターにどのくらい満足しているのかについて質問を受けた。その結果，統制群の参加者とくらべ，分析群の参加者はポスターに対する満足感が低かった。この結果は，好き嫌いの理由を分析したことで，分析群の参加者は一時的に自らの選好を混乱させてしまったことを意味している。その後，時間が経過することで一時的な混乱もおさまり，自分が選んだポスターに対して，分析したときほどの魅力を感じられなくなったのだと考えられる。

　他の先行研究からも，好き嫌いの理由を意識的に分析するように求められた参加者は，分析を求められなかった参加者と比べ，一貫性のない好みを示すこと（Nordgren & Dijksterhuis, 2009），専門家による評価とのズレが大きくなること（Wilson & Schooler, 1991），名品とそうでない作品を正確に見分けることができなくなること（Dijkstra, van der Pligt, van Kleef, & Kerstholt, 2012），恋人との関係が悪くなること（Wilson & Kraft, 1993）などが示されている。このような態度や選好の混乱は，理由を意識的に分析するときに心に思い浮かぶ理由が不正確あるいは不完全であること，また，それにもかかわらず，その理由に基づいて自らの態度や選好を判断することによって生じると考えられる。

4．自己報告と間接的測度の乖離

　回答者に自己報告を求める調査手法の問題点として，回答者が自らの反応を意識的にコントロールし，社会的に望ましい回答をすることができることがあげられる。国籍や性別など特定の社会的カテゴリーに属するメンバーへの態度について尋ねられたとき，回答者は心のどこかで否定的な態度を抱いていても，意識的な調整をほどこし，平等主義的な態度を示すことができる。

　社会心理学では近年，こうした回答者による意識的なコントロールが生じにくい間接的測度が開発されてきた。間接的測度は，実験参加者の知識構造やなんらかの認知過程を反映すると想定される認知的課題でのパフォーマンスを通して測定される。ここでは，最も代表的なIAT（Implicit Association Test: 潜在連合テスト; Greenwald, McGhee, & Schwartz, 1998）を取り上げる。

　IATは，概念間の連合の強さを測定することによって，特定の概念が個人の概念ネットワークの中でどのように表象されているのかを調べるテストである（本書第1章，第4章）。連合の強い概念のペアは，連合の弱いペアよりも，同じカテゴリーとして分類しやすいという理論的想定にたち，概念の組み合わせを操作した刺激セットを用意し，テスト参加者にそれらの分類を求める。たとえば，黒人や白人への態度を調べるとしよう。参加者の中で，黒人とネガティブな評価が強く結びつき，白人とポジティブな評価が強く結びついていれば，黒人刺激とネガティブ刺激を同じグループ（A）に分類し，白人刺激とポジティブ刺激を同じグループ（B）に分類する弁別課題は容易に，またすばやく反応できると予想される。それに対して，黒人刺激とポジティブ刺激を同じグループに分類し，白人刺激とネガティブ刺激を同じグループに分類する課題は先の課題より困難になり反応も遅くなると予想される。IATでは，この2つの課題での反応時間の差が大きいほど，黒人（白人）とネガティブ（ポジティブ）な評価が強く連合していると判定される。黒人や白人についてどのような態度を抱いているかを意識的に回答させるのではなく，認知的課題でのパフォーマンスを通して，それを間接的に測定することが最大の特徴である。

　IATなどの間接的測度で測定された内容はしばしば，自己報告で測定された内容と乖離を示すことが確認される。たとえば，グリーンワルドらは自己報

告で黒人について肯定的な態度を示す人であっても，IATでは黒人とネガティブな評価の連合をもつことを示している（Greenwald et al., 1998）。さらに，IATで測定された内容は，自己報告された内容よりも，当人の行動をより正確に予測できることがあることも確認されている（Asendorpf, Banse, & Mücke, 2002; Egloff & Schmukle, 2002）。

　態度，自尊心，性格などさまざまな領域で，自己報告と間接的測度の間で乖離がみられること，また，間接的測度が，自己報告と比べて，関連する行動の予測力に優れる場合があることに基づいて，バナジ（Banaji, 2001）は，人は態度など意識的に接近することができない心的表象をもち，それらが当人にも自覚されることなくさまざまな行動を方向づけている，と主張した。こうした発見や主張は"潜在指標－顕在指標の一貫性（implicit-explicit consistency）"問題として，社会的な行動と判断の背景にある２つの情報処理過程についての大きな関心を呼び起こし，その後，潜在的な情報処理過程に関する数多くの研究を生み出すことにつながった。

5．何について自覚できていないのか

　本節ではこれまで，社会的な行動や判断には，自己報告型の測度では接近することが困難な心的過程がかかわっていることを見てきた。社会的な行動や判断が，本人の自覚できない心的過程によって導かれることの発見は，自由意志や責任のあり方をめぐる人間と社会の関係，そしてこれまでの人間観について再考を迫る，大きな問題を提起したといえる（Chalmers, 1997；下條，1996）。しかし，こうした意識的な自覚の欠如の問題について考えるとき，どんな意味で自覚が欠けているかについて慎重に考える必要がある。自覚の欠如は，行動や態度の背景にある認知過程について自覚が欠けていることを指すのか，あるいは，その認知過程の結果としてもたらされた内容，つまり心的表象について自覚が欠けていることを指すのかについて分けて考えることができる（Bargh, 1994; Gawronski, Hofmann, & Wilbura, 2006）。こうした区分に従うと，本節で取り上げた最初の３つの話題，つまり，行動の原因についての自己報告，主観的感覚の誤帰属，理由分析による混乱については，原因や認知過程についての自覚が欠けていることを表わしており，内容についての自覚が欠けているこ

とを表わしているわけではないことがわかる。一方，最後に取り上げた，IATに代表される間接的測度では，態度や行動の原因ではなく，その内容，認知表象について意識的に接近できるかどうかが問題とされた。IATの手続きを素直に理解してみれば，IATで測定された構成概念は，本人に自覚できないのではなく，当該構成概念に意識的にアクセスさせることなくそれらを測定しているということができる。つまり，"意識できない"というより"意識させない"という表現が適切である。

　IAT研究で初期に報告された研究では，自己報告による直接的測度とIATによる間接的測度の間にはほとんど相関がみられなかった（Greenwald et al., 1998; Rudman, Greenwald, Mellott, & Schwartz, 1999）。しかし，その後，研究の蓄積が進むにつれ，両者の相関が認知的要因や動機的要因に調整され，システマチックに増減することがしだいに明らかになってきた（Hofmann, Gschwendner, & Schmitt, 2005; Nosek, 2005）。この発見は，間接的測度と自己報告の乖離は，人々が自らの心的傾性（disposition；態度や性格などの心的な傾向）について意識的な自覚ができないことを示すという見方に大きな修正を迫るものであると指摘できよう。今や，無意識と潜在過程にかかわる社会心理学的研究は，間接的測度と自己報告がどんな条件で一致するのか，また，どんなプロセスを経て，間接的測度で測定される心的傾性が，意識的に利用されるようになるのかという問題について探求される段階に入ったといえる（Gawronski & Bodenhausen, 2006; Hofmann & Wilson, 2010; Strack & Deutsch, 2004）。次節でこの問題について詳しく見ていこう。

3節　二過程モデルからみた自己報告
──自己報告と間接的測度の統合的な理解

　自らの心的傾性についての自己報告と間接的測度がしばしば食い違うこと，また，自己報告では予測できない行動を間接的測度が予測できることを示す実験的事実は一見，自らも意識することができない心的傾性が自分の中にあることを表わす証拠であるように見えるかもしれない。しかし，自己報告と間接的

測度の相関は，さまざまな認知的・動機的要因によって調整されることが知られる。このことは，間接的測度で測定される心的傾性が，一定の条件がそろえば，自覚できることを示唆している。また，両測度の相関がさまざまな要因で調整されることは，両者は完全に独立して機能しているわけではなく，情報処理システム全体の中で結びついていることも表わしている。本節では，自己報告と間接的測度の関係を，その背景にある情報処理過程と結びつけて詳しく検討していく。最初に，間接的測度と自己報告のそれぞれが異なる種類の心的表象を反映していることを述べる。次に，2つの心的表象が情報処理システム全体の中でどのように結びついているのかについて，自己報告をめぐる問題に目を向けながら検討する。

1．2つの表象：連合的表象と命題的表象

近年，社会心理学におけるさまざまな研究領域で，意識的／統制的／顕在的な情報処理過程と，無意識的／自動的／潜在的な情報処理過程を想定し，対象となる行動や判断が分析されるようになった（Chaiken & Trope, 1999; Gawronski & Payne, 2010）。こうした2つ（以上）の心的過程ないし心的表象を想定して行動や判断を説明する理論は二過程モデル（dual process model）とよばれる。

自己報告と間接的測度の一貫性に関する問題も，2つの異なるタイプの心的表象もしくは心的過程を想定する二過程モデルから説明が試みられている（Gawronski & Bodenhausen, 2006; Hofmann & Wilson, 2010; Strack & Deutsch, 2004）。これらの二過程モデルでは，間接的測度は記憶の中で活性化する表象をあらわすのに対して，自己報告は活性化した表象を言葉や記号などの命題として表現した表象をあらわすととらえられる。特定の刺激や状況が与えられたとき，その入力刺激と連合ネットワーク上で連合した表象が自動的に活性化する。たとえば，記憶や知識の中で形成された，人種的マイノリティに対する否定的な評価は，その人種的マイノリティを表わす概念ノードと否定的な評価ノードとの連合ネットワーク上のリンクとして表現される。黒人など特定の人種的マイノリティの刺激を与えられると，そのノードが活性化すると同時に，そのノードと結びついた否定的な評価ノードも活性化する。ここで自動

的に活性化した表象が間接的測度によって測定されることになる。それに対して，自己報告は，"私は黒人が嫌いだ"といったように，ノード間のリンク関係として表わされる連合的表象を命題として表現したものになる。命題的表象は，活性化した表象を言葉や記号で符号化あるいは加工することでつくり上げられる表象である。すなわち，連合的表象は，その内容が社会的に受け入れられるかどうかや，正しいか正しくないかといった検証とは無関係に自動的に活性化するが，自己報告される命題的表象は，その真偽や妥当性，あるいは他の情報との一貫性などの検証を通して，つくり上げられることになる。

2．自己推論モデル

ホフマンとウィルソンは，2つの異なる形式の表象を想定する立場にたち，自己報告と間接測度の一貫性の問題を統一的に説明する自己推論モデルを提案した（Hofmann & Wilson, 2010：図11-1）。このモデルは，自らの心的傾性についての自己報告と間接的測度が一致する背景に，連合的表象を命題的表象に変換する心的過程があると考えることによって，その一連の過程をより大き

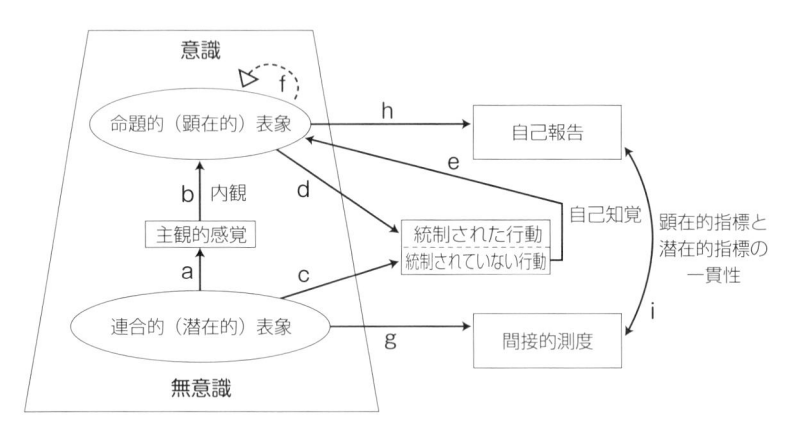

連合的表象が正確に命題的表象に変換されるには，連合的表象と結びついた主観的感覚もしくは外的行動が連合的表象を推論する手がかりとして利用できること（経路aおよび経路c），また，これらの手がかりが検知されることが必要である（経路bおよび経路e）。さらに，顕在的指標と潜在的指標の一貫性（i）は，情報の統合や検証を行う情報処理過程（矢印f）および測定方法（経路gおよびh）からも影響を受ける。(Hofmann & Wilson, 2010, p.207)

図11-1　自己推論モデル（Hofmann & Wilson, 2010）

な情報処理システムの中でとらえている。そうすることによって，顕在指標と潜在指標の一貫性（図11-1 経路 i ）を統合的に説明することが試みられる。

　自己推論モデルでは，自己の心的傾性を知る過程は，連合的表象を命題的表象に変換する過程としてとらえられる。連合的表象は，ヒトの膨大な情報処理を非意識的に実行するモジュール装置でしかないため（Fodor, 1983），その表象に意識的に接近することはできない。しかし，連合的表象は活性化にともない，内的な主観的感覚や外的な行動を引き起こす。これらの感覚や行動を手がかりとして，自己の心的傾性が推論されることになる。以下ではまず，自己の心的傾性が，2つの経路を通して把握されることを述べる。1つは内観を通した経路であり（図11-1 経路 a ×経路 b ），もう1つは行動の観察を通した経路である（図11-1 経路 c ×経路 e ）。次に，命題的表象がつくられる際に行なわれる命題の検証や統合などの心的操作のはたらきについてふれる（図11-1 矢印 f ）。最後に，いくつかの測定上の問題についてふれる（図11-1 経路 g および経路 h ）。以下，詳しく見ていこう。

(1) 内観による自己推論

　連合的表象が活性化すると，その表象と関連した生理的感覚，情動的感覚あるいは認知的感覚などの主観的感覚がもたらされる（図11-1 経路 a ）。これらの感覚は自らの心的傾性を知る手がかりとして役立つ。しかし，私たちの生活はたくさんの刺激に囲まれ，さまざまな表象が絶え間なく活性化しており，すべての主観的感覚が自覚され，心的傾性を知る手がかりとして利用されるわけではない。感覚が弱く曖昧なときや，注意を向けられていないときは，それらの主観的感覚は自覚されることがないまま消えていくことになる。主観的感覚が内観によって利用されるには（図11-1 経路 b ），表象の活性化の強さと，それらに注意が向けられていることが重要になる。

　多くの表象が活性化する中にあって，強く活性化した表象がもたらす主観的感覚は検知されやすい。主観的感覚が検知されれば，間接的測度と自己報告が一致しやすくなる。ノゼック（Nosek, 2005）は，複数の態度について，その重要度や思考頻度などから態度の強さを求め，2つの測定間の一貫性を態度間で比較した。その結果，弱い態度と比べ，強固な態度のほうが間接的測度と自己報告の間に高い一貫性がみられることが確認された。同様な知見は他の研究

からも確認されている（Hofmann, Gschwendner, & Schmitt, 2005; Kapinski, Steinman, & Hilton, 2005）。これらの知見は，強い連合的表象がもたらす内的感覚は検知されやすく，命題的表象をつくり上げる手がかりとして利用されやすいことを示している。

　また，主観的感覚に注意の焦点があたることも，間接的測度と自己報告の一致度を高めることにつながる。ガウロンスキとルベル（Gawronski & LeBel, 2008）は，半数の参加者に，対象についてどのように感じているのか意識的な焦点を向けるように求め（フォーカシング条件），残り半数の参加者には，対象についてどのように感じるのか，その理由を意識的に分析するように求めた（理由分析条件）。その結果，フォーカシング条件で測定された間接的測度と自己報告の間には一定の相関が確認されたのに対して，理由分析条件では両者の相関がほとんどみられなくなった。この結果は，フォーカシングは対象から喚起された主観的感覚に焦点が向けられ，その内容を比較的純粋な形で命題的表象に変換することにつながったことを示している。それに対して，理由分析は，対象から直接的に喚起される感覚とは関連のない感覚や情報に焦点をあてることにつながり，当該対象から喚起される主観的感覚に注意が向けられるのを妨害するはたらきをしたと考えられる。同様に，対象について感情的な焦点を向けさせると，認知的な焦点を向けさせたときよりも，間接的測度と自己報告の間の相関が高まることが確認されている（Smith & Nosek, 2011）。

　なお，2節「2．主観的感覚の誤帰属」の項でみたように，主観的感覚の原因や源泉は実際には関連のない要因や属性に帰属されることがある。このことは，主観的感覚は，何についての感覚であるかについての情報を含んでいないことを意味している。主観的感覚は，それが検知されると同時に，何についての感覚であるか，その原因や源泉が正しく推論されることによって，命題的表象に適切に反映されるといえる。

(2) 行動観察による自己推論

　嫌いな人の顔を見たとき，つい顔をしかめてしまったり，公衆の前でスピーチをするとき，つい落ち着きのない身振り手振りをしてしまったりすることがある。このように，外的な刺激や状況を与えられたときに，人は何かしらの行動をあまり意識せず，外的に表出してしまうことがある。外に現われた行動は，

なんらかの連合的表象を基盤としてもち，自らの心的傾性を知る手がかりとして役立つ（図11-1 経路 c ; Gawronski & LeBel, 2008）。自己知覚理論（Bem, 1972）では，人は，自らの行動を観察することを通して自分自身を知ることができるとされる（図11-1 経路 e）。行動観察を通した自己推論は，主観的感覚のような内的な手がかりが弱く曖昧なときに特に有効であると考えられる。

　非言語行動は連合的表象を色濃く反映する場合がある。たとえば，IATなどの間接的測度によって測定された対人不安やシャイネスは，社会的相互作用中の身振りや手振りといった非言語行動を高い精度で予測する（Asendorpf et al., 2002; Dovidio, Kawakami, & Gaertner, 2002; Egloff & Schmukle, 2002）。それに対して，言語行動（話す内容など）は自己報告によってよりよく予測される（図11-1 経路 d ; Asendorpf et al., 2002; Dovidio et al., 2002）。これは言語行動が意識的によりコントロールされやすいことを意味している。

　ホフマンらは，第三者にある人物の非言語行動が映ったビデオを観察させてその人物についての評価を求めたところ，その評価内容はターゲット人物当人から測定された間接的測度の内容と一致したことを報告している（Hofmann, Gschwendner, & Schmitt, 2009）。これは，第三者にとって観察可能である外的行動には，その人物の心的傾性を表わす情報が含まれていることを意味する。ここからは，自らの非言語行動をビデオなどを通して観察することができるのであれば，自己知覚理論からも予測されるように，人は自らの心的傾性をよりよく知ることができると期待されるだろう。しかしながら，ホフマンらによれば，もともと自分について抱いているイメージと一致しない行動には目を向けないなどのさまざまな原因によって，本人に自らの行動を観察させても，心的傾性を知る試みはうまくいくとは限らないといった問題も報告されている。

(3) 情報の統合と検証過程

　これまで，主観的感覚を内観する，あるいは，自らの行動を観察することを通して，自動的に活性化した連合的表象を命題的表象に変換するプロセスを見てきた。しかしながら，命題的表象にはストレートに特定の連合的表象が映し出されるとは限らない。命題的表象はその内容について加工したり検証したりするなど柔軟な操作を加えることができることに大きな特徴がある（図11-1 経路 f）。命題的表象をつくり上げるとき，さまざまな情報が追加されたり，

その内容が社会的に許容されるか，他の命題と食い違いはないかなどの検証が行なわれる。命題がつくり出されるときに加えられるこうした心的操作は，2つの測度間の一貫性に影響を与えることになる。

ゲイなどの性的マイノリティ同士の結婚についてどのように考えるか自己報告で回答する場面を想像してみよう。この問題について考えたとき即座に否定的な感情が生じるかもしれない。その感覚をベースに，"私は性的マイノリティ同士の結婚には反対である"という命題をつくり，自己報告することもできるかもしれない。しかし，より慎重にこの問題に関連するさまざまな情報を追加し，それらを統合することによって別の命題をつくることもできる。このようにさまざまな情報をベースにつくり上げられる命題は，主観的感覚だけを手がかりにつくり出される命題と異なるものになる可能性がある。こうした予想と一致して，認知的欲求が高い個人ほど，間接的測度と自己報告のズレが大きくなること（Florack, Scarabis, & Bless, 2001），タイムプレッシャーのない場合のほうが，ある場合よりも，両測度間の相関が低下することが確認されている（Koole, Dijksterhuis, & van Knippenberg, 2001）。これらの知見は，意識的な情報の検索や統合が可能になる条件下では，2つの測度の一致度が低下することを示している。

また，命題的表象は，主観的感覚や行動が表象をつくり上げる手がかりとして適切であるかや間違っていないかなどの検証を受けることによっても変化する。こうした検証プロセスは，2つの測度の一致度にも影響することになる。たとえば，偏見や差別的行動をコントロールする動機が高い個人は，そうした動機が低い個人と比べて，被差別集団に対する間接的測度と自己報告が一致しなくなる（Payne, Cheng, Govorun, & Stewart, 2005）。こうした結果は，偏見や差別的行動をコントロールする動機が高い個人が，対象となるグループによって自動的に生じるネガティブな感覚を，適切ではないものとして，命題的表象を形成する手がかりとして使用しなかったことを表わしていると考えられる。

(4) 測定上の問題

自己報告と間接的測度の一貫性を考えるときは信頼性や妥当性の問題についても目を向ける必要がある。どちらの測度も測定方法に固有な要因から影響を受ける（図11-1 経路gおよび経路h）。たとえば，自己報告は，間接的

測度よりも欺きやすいことや（Asendorpf et al., 2002），質問のしかたによって大きく変わることが知られている（Schwarz, 1999）。また，間接的測度についてみれば，テスト－リテストで信頼性が低い場合があることや（Kawakami & Dovidio, 2001），いくつかの間接的測度を1つの潜在変数（latent variable）として表現したとき各間接的測度に大きな測定誤差がみられることなどが報告されている（Cunningham, Preacher, & Banaji, 2001）。また，当然ながら，2つの測度に概念上の対応が欠けていれば，測度間の一貫性は低下する（Gschwendner, Hofmann, & Schmitt, 2008）。測定概念の妥当性と測定方法の信頼性について注意を向けて，自己報告と間接的測度の一貫性を検討しなければならない。

4節　おわりに

　過去四半世紀の間，社会心理学の無意識と潜在過程に関する研究は大きく進展してきた。それらの研究は自己報告をめぐる問題を中心に展開してきたといえる。人々が自身の行動や判断の背景にある心的過程について正確に報告ができないこと，また，自己報告は本人の思考や感情が意図的に隠されてしまうことなどが自己報告の限界として多くの研究によって指摘されてきた（Nisbett & Wilson, 1977b; Greenwald & Banaji, 1995）。

　この間，1つの大きな研究の潮流をつくってきた自動性研究では，刺激が人々の思考や行動を自動的に方向づけたり始動させたりすることを示す豊富な証拠を積み上げてきた（Aarts & Dijksterhuis, 2003; Bargh, Chen, & Burrows, 1996; Dijksterhuis, Aarts, Bargh, & van Knippenberg, 2000）。また，もう1つの潮流となってきたIATなどの間接的測度を用いた研究からも，間接的測度が自己報告と乖離するだけでなく，自己報告では予測できない行動を予測することが示され，それらの知見をもとに，意識的に自覚することのできない心的傾向が本人の行動を方向づけているといった主張がなされてきた（Greenwald et al., 1998; Greenwald, Nosek, & Banaji, 2003）。思考や行動における意識的過程の役割を後退させるこれらの知見は，哲学的ゾンビ（Chalmers, 1997）とし

ての人間に焦点をあて，人間観に大きな変更さえ迫ったといえる。

　しかしながら，本章では，人間は刺激によって自動的に反応する機械仕掛けの存在であるというより，誤りを犯すものの，自身の内的感覚や外的行動を手がかりに，自分とはどんな人間であるかを考え行動する存在であることを見てきたといえる。たしかに，対象と接したときに喚起される反応は自動的に生じるといえるが，それは，そうした反応の背景にある心的傾性を知る手立てがまったくないことを意味しているわけではない（Gawronski et al., 2006; Hofmann & Wilson, 2010）。自己報告は，潜在過程と顕在過程の相互作用を通して生み出される。私たちは，さまざまな社会的な刺激に取り囲まれる中，自らの感覚と行動を手がかりに，自己および自己をとりまく環境を知り，社会生活への適応を試みるのである。

第12章

文化心理学の観点

　海外旅行に出かけたとき，外国人と出会ったとき，私たちはさまざまな側面で日本と外国の違いに気づく。それは単なる物質的な生活様式や社会制度，習慣の違いのみでなく，そこに住む人々の行動や心理傾向の差異であり，さらにその背後にある共有された価値や意味の違いでもあるように感じられる。

　「文化」の問題は，社会心理学における重要なテーマの1つであるにもかかわらず，本格的な研究が始まったのは比較的最近である。本章では社会心理学における文化研究の歴史をたどったうえで，文化研究の課題と問題点を検討することにしたい。

1節　「文化心理学」以前の文化研究

1．「文化とパーソナリティ」に関する文化人類学的研究

　心理学における最も古い文化の研究は，ヴントの「民族心理学」（Wundt, 1900-1920）であろうが，その後，社会心理学がしだいに体系化されてきたにもかかわらず，20世紀後半にいたるまで本格的な研究の進展はみられなかった。その間，特に1930年代から50年代にかけて，「文化とパーソナリティ」とよばれる一連の研究がおもに文化人類学者によって展開された。それらの研究では，ある文化に住む人々の中に共通した行動や思考，感情の特徴を見いだし，それ

を基本的性格またはモーダル・パーソナリティ（最頻性格）とよんだ。この学派の研究では「文化とパーソナリティの異種同型説」が仮定されており，文化が社会化の過程を通して伝えられるゆえに，文化の型と同型のものがパーソナリティに移し替えられると想定されている。実際の研究においては，人類学的な調査やフィールドワークが用いられるほか，日常観察や資料の分析に基づくものも多い。フィールドワークによるものとしては，ミード（Mead, 1935）がニューギニアの3つの部族を対象にして行なった研究が知られている。この研究では社会構造，生産様式，育児・養育態度などの異なる部族を比較し，文化の特徴がそこに暮らす人々の一般的な性格特徴と対応することを示そうとしている。

「文化とパーソナリティ」学派の研究における特徴の1つは，幼児期経験を重視し，フロイトの精神分析の考え方に依拠していることである。これは新フロイト学派が隆盛であったその時代の状況を反映しているともいえるが，その後の文化心理学とは性格を異にする点である。

2．いわゆる「日本人論」

『菊と刀』（Benedict, 1946）は第2次世界大戦中の調査研究に基づき，戦後出版された日本文化論であるが，著者のベネディクトは，前項で述べた「文化とパーソナリティ」研究者の1人である。この著書の中で，西欧のキリスト教圏が「罪の文化」であるのに対して，日本の文化は「恥の文化」であると特徴づけられていることはよく知られている。その後も『タテ社会の人間関係』（中根，1967），『日本人とユダヤ人』（ベンダサン，1970），『「甘え」の構造』（土居，1971）などの日本人論・日本文化論が次々に出版され関心を集めた。戦後から1990年ごろまでに出版された日本文化論は2000点を超すのではないかと推定されている（青木，1990）。これらの日本人論・日本文化論はそれぞれ独自の観点からの分析や考察であり，内容もさまざまであるが，日本社会のしくみ，日本人の人間関係や日本人の行動傾向などに焦点を当て，おもに欧米との違いを論じたものが多い。その中で，日本人は個性が確立しておらず，他者に対して協調的で，自分が所属する集団の規範や意向を重視する傾向が強いという指摘，つまり日本人が集団主義的であるという主張がくり返し論じられている。「日

本人論」の著者には文化人類学者，精神医学者が目立ち，日本の経済発展が目覚ましい時期には，日本型経営との関連で，経済，経営，実業畑の著者による書籍も多くみられた。

2節　個人主義−集団主義

1．文化の次元：ホフステードの研究

　前節で述べた文化人類学的な研究の多くは，比較的限定された地域でのフィールド調査や日常の観察に基づくものであり，多くの日本人論も日常生活の観察や日本の政治・経済・社会活動から得られた資料や情報に基づくものであった。それに対して，以後の心理学的文化研究につながる実証的な調査研究の最初の試みとしては，ホフステード（Hofstede, 1980）の研究をあげることができる。彼は，世界各地の人々を対象にした大規模な質問紙調査の結果をもとに，文化の次元を抽出しようと試みた。

　具体的には，世界各国のIBMで働く従業員を対象に1967 - 68年と1973年の2度にわたって行なわれた調査に基づき，66か国，11万7000通の質問紙調査結果のデータバンクが構築され，これが研究対象となった。なお，この調査はおもに職場および職務についての態度調査として行なわれており，その意味で質問の内容は限定されている。

　サンプルサイズの小さい国を除き，分析は53か国（一部では40か国）のデータに対して行なわれている。職種や性別，年齢などをマッチングさせたうえで行なわれた調査結果を因子分析して，ホフステードは権力格差，不確定性回避，個人主義−集団主義，男性性−女性性という4つの次元を抽出した。

　第1因子の権力格差（power distance）は，社会における平等・不平等と関連する因子で，社員が管理職に反対を表明することを躊躇するか否か，上司が行なう意思決定のスタイルが独裁的か温情主義的か，上司の意思決定のスタイルについて部下が好ましいと思っているもの，などの項目で測定されている。

　不確定性回避（uncertainty avoidance）は，不確実であいまいなものをどの

程度避けるか，どの程度許容できるかに関連する次元である．具体的には，仕事にストレスを感じる程度，たとえ利益をもたらすと思っても会社の規則は破るべきではないという規則志向の項目などから成っている．

個人主義－集団主義（individualism-collectivism）は，それぞれの社会の中で，個人と集団（自分が属している内集団）のどちらが優先されるかを表わす次元で，仕事のうえでの目標に関する項目では，個人の時間や自由が十分あり，やりがいが得られるか（個人主義），または訓練の機会が多く，作業環境や技能の発揮を重視するか（集団主義）などの項目によって測定されている．

男性性－女性性（masculinity-femininity）は，男性的な価値観と考えられる自己主張，競争，業績などと，女性的な価値観と考えられる人間関係，協力，やさしさなどのどちらを重視するかに関連する次元である．項目としては，給与，承認，昇進，やりがいの重視（以上，男性性），上司とのよい関係，協力，居住地・雇用の保障の重視（以上，女性性）などによって測定される．

調査対象となった国々について，上記の4次元それぞれに関するスコアが算出され，それらのスコアをもとにしてクラスター分析が実施された．53か国は12のクラスターに分類されているが，この中で日本は，一国単独で12番目のクラスターを構成している（Hofstede, 2001）．

このように，1967年から1973年にかけて行なわれたIBMの調査結果からホフステードが抽出した次元は4つであり，後に彼は長期志向－短期志向（long- versus short-term orientation）を含めた5次元のモデルを提唱しているが，その中で，後の文化研究において特別に注目を集めたのは，個人主義－集団主義の次元であった．個人主義－集団主義に関する53か国の国別のランキングを見ると，最も個人主義的な国はアメリカ，第2位はオーストラリア，以下，イギリス，カナダ・オランダ…と続き，最下位（53位）つまり最も集団主義的な国はグアテマラ，次いでエクアドル，パナマなどと中南米の国が続く．日本は53か国中22位，中間よりやや個人主義的な側に位置している．

2．個人レベルでの個人主義－集団主義：トリアンディスの研究

以上のように，ホフステードは国単位での個人主義－集団主義の違いを検討し，国別のスコアを算出しているが，同じ国の中にも，個人主義的傾向の強い

人もいれば，集団主義的な人も存在する。つまり1つの国，1つの文化の中にも個人差が存在するのである。このような個人レベルでの違いに注目したのが，トリアンディス（Triandis, 1994）である。

　トリアンディスは集団主義の特徴として，①自分自身よりも内集団の見方，要求，目標を重視すること，②楽しみを求める行動よりも，内集団によって規定された社会的規範や義務を優先すること，③自己と内集団を区別させる信念よりも，内集団の中で共有された信念を重視すること，④内集団の成員との協力を喜んで行なうこと，という4点をあげている（Triandis, 1990）。それに対して，個人主義については，「個人そのものが究極の目的であり，同調の方向へ向けての広範な社会的圧力の重圧にもかかわらず，彼自身の『自己』を実現し，自分自身の判断を涵養すべきであるという信念」（Gould & Kolb, 1964）という辞典の定義を引用している。

　トリアンディスによれば，いかなる国や文化の中に住む人の中にも，集団主義に対応する「他」中心的（allocentric）な要素と，個人主義に対応する「個」中心的（idiocentric）な要素の両方が存在するが，それぞれの文化で人々が遭遇する状況が違うために，個人主義的な人と集団主義的な人の比率は文化によって異なる。しかしそれでもなお，各国・各文化に属する個人の間にはかなりの個人差があり，個人レベルでの傾向を測定することが必要になる。個人主義－集団主義の個人差を測定するための尺度はさまざまなものが考案されている。

　なお，個人主義，集団主義という用語は，ホフステードやトリアンディスが初めて使用したというわけではない。18世紀から19世紀にかけて政治思想家たちがすでにこの用語を用いており，その後も哲学や社会学の領域で使われてきた。ただし，この2つが常に対比されて使われていたわけではなく，政治的な文脈では，個人主義は自由主義（liberalism）と同義的に用いられることが多く，また個人主義に対立する概念は権威主義（authoritarianism），全体主義（totalitarianism），社会主義（socialism）などであった。

3節 文化的自己観

1. 自己観の文化差

1990年代に入って，マーカスと北山（Markus & Kitayama, 1991）は，より心理的な側面から文化の問題を広範に論じた。彼らは，自己をどうとらえるかという「自己観」が文化によって異なることを指摘し，欧米人の間で優勢な「相互独立的自己観（independent view of self）と，東洋人の間で優勢な「相互協調的自己観（interdependent view of self）」を区別した。西洋文化においては，それぞれの個人が分離した独立の存在であることが原則であり，そこに住む人々は，自分自身が自己の内的な思考，感情などによって方向づけられるユニークな存在であり，他者や周囲の集団とは独立しているととらえている。それに対して，日本を含む東洋文化では個人間のつながりが重視され，各個人は分離した存在であるというよりも，互いに緊密に結びついた関係の一部であるとみなされる。そして，東洋人は自分自身を，周囲をとりまく社会的関係の中でとらえ，自己の行動が，他者の思考，感情，行為によって決定されていると感じる。マーカスと北山は2種類の自己観を，図12-1のように図示している。

A．相互独立的自己観   B．相互協調的自己観

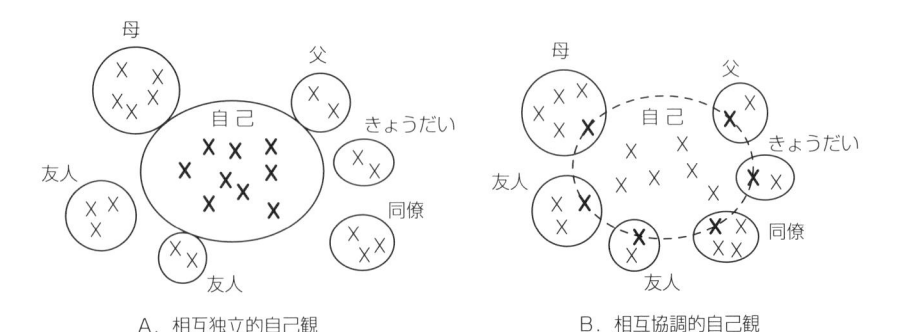

図12-1　自己の概念的表象（Markus & Kitayama, 1991）

2．自己認知・他者認知の文化差

(1) 自己認知・自己記述における文化差

　文化的自己観の違いは自己認知や自己記述，さらには他者認知や原因帰属に関しても差異をもたらすとされてきた。まず自己記述について見ると，たとえば自己について20の自発的記述を求める20答法を用いた研究（Cousins, 1989）では，アメリカ人は性格や能力などの安定的で抽象的な内的特性を多く記述するのに対して，日本人では，所属集団や社会的地位・役割，あるいは特定の状況での行動の記述が多いという結果が得られている。しかし状況を特定した形（「大学で私は…」とか「家で私は…」など）で自己記述を求めたところ，日本人の大学生はアメリカ人よりも性格特性を記述することがむしろ多くなった。これは日本人がさまざまな状況を越えた抽象的な性格特性で自己を記述しないこと，そして日本人の自己定義がアメリカ人よりも状況依存的であることを示すものとされている。ただし，この方法による記述の比較には，英語と日本語の表現法の違いや"I"または"私"という主語の存在による影響などが絡んでおり，この結果から一概に，日本人が自分の安定的で抽象的な内的特性を自己定義に用いることが少ないという結論を導くのは早計である。

(2) 基本的な帰属のエラーと文化

　また原因帰属と文化の関係についての研究もさかんであり，人間の行動が本人の特性と周囲の状況のどちらによって決定されるかという問題について検討が行なわれてきた。他者の行動に対する帰属に関しては，一般に外部の状況要因よりも本人の内的要因（性格，態度，意図など）が重視される傾向が強く，外部から割り当てられた行動や役割を演じただけの場合でも，行為者が行動と対応した性格や態度をもつと推測されてしまうことが多い。これは基本的な帰属のエラーまたは対応バイアスとよばれ，きわめて基本的で普遍的な帰属のバイアスであると信じられてきた（本書第2章）。それに対してマーカスと北山（Markus & Kitayama, 1991）は，インド人とアメリカ人の原因帰属を比較したミラー（Miller, 1984）の研究を引用して，基本的帰属のエラーの普遍性に疑問を投げかけた。この研究は，インド人とアメリカ人の成人および子ども（8，11，15歳）に向社会的行動と逸脱行動の例を思い浮かべさせ，それ

に対する原因と考えられるものをあげるよう求めるという方法をとっているが（Miller, 1984；研究１），その結果，アメリカ人は全般的な性格特性による説明が多いのに対してインド人はその場の状況による説明が多く，またその傾向は年齢にともなって拡大することが示された。

　しかし，基本的な帰属のエラーが注目されるきっかけになった態度の推測の研究，つまりある人が行なったスピーチや書いた文章から，その人の本当の態度を推測するというタイプの研究（たとえば，Jones & Harris, 1967）で用いられる典型的なパラダイムによる実験では，賛否どちらの作文を書くかを教師から割り当てられたような場合でも，その内容と対応した態度が推測されるという基本的な帰属のエラー（対応バイアス）が日本でも同じようにみられる（外山，2001）。つまり行動からその人の態度や性格などを推測するという研究において，同じ実験デザインを用いれば両文化圏で同様な結果が得られることが多く，基本的な帰属のエラーは日本をはじめとするアジア文化圏でも見いだされる。この問題を含め，文化差を予想する仮説に基づいて行なわれた研究でも実験結果は必ずしも一貫しておらず，これは文化研究の１つの問題点となっている（高野・纓坂，1997；高野，2008）。この問題については後に再び述べる。

(3) セルフ・サービング・バイアスの文化差

　社会的認知や原因帰属の分野で比較的一貫した文化差がみられる現象として，セルフ・サービング・バイアスと，それに関連した自己高揚の傾向がある。アメリカを中心とした西欧社会では，自分が成功したときにはその原因を自分の能力や努力などの内的要因に帰するのに対して，自分が失敗したときには，課題のむずかしさや運のような外的な要因のせいにする傾向がある。これは成功したときには自分の功績にすることによって自尊心を高め，失敗したときには，自分以外の原因に帰属することによって自尊心の低下を防ぐという意味で，自分にとって都合のよい帰属，セルフ・サービング・バイアスとよばれる。このバイアスはおもにアメリカ人を対象とした研究において，現実の学業やスポーツの結果だけでなく，実験室での一時的な作業の結果に対する帰属に関してもくり返し見いだされてきた（Bradley, 1978など）。しかし日本人の場合には，このような典型的なセルフ・サービング・バイアスがみられることは少ない。

スポーツで勝利した選手のインタビューでは，指導者や仲間への感謝を述べたり，単に運がよかっただけなどというコメントが多く，結果がよくなかった場合には，実力不足，努力が足りなかったなどと述べることが多い。成功・失敗の帰属に関する23の研究をレビューした北山他（北山・高木・松本，1995）は，日本人の参加者を対象にした研究では，セルフ・サービング・バイアスの徴候は確認されず，むしろ自己に厳しい自己批判バイアスがみられると結論づけている。日本で行なわれた研究，特に実験場面で特定の課題を行なったあとに成績のフィードバックが与えられるような研究の多くでは，結果がよかった場合には，課題や運，調子などの外的要因への帰属が起こり，結果が悪かった場合には，能力や努力の不足などの内的要因に原因が帰せられることが多かった。これはセルフ・サービング・バイアスとは対照的な傾向である。

　このような研究に関しては，参加者の帰属反応がその人の本心を表わしているのではなく，自己呈示上の懸念の結果なのではないかという疑問が提起された。つまり日本社会においては，あまりにも自分に都合のよい帰属を表明すると周囲から好ましくない評価を受ける恐れがあり，それを避けるために本心とは異なった表向きの反応をしているだけなのではないかという解釈である。この解釈を検証するため，匿名性を確保する条件を含む研究が行なわれたが，それによって日本人参加者でもセルフ・サービング・バイアスを見いだした研究もあるものの（Kudo & Numazaki, 2003），匿名性や観察者の有無によって帰属傾向に違いがみられないという研究結果もあり（Kashima & Triandis, 1986；吉田，1991），自己呈示的な懸念のみによって，日本人の帰属傾向を説明することは困難である。

　日本の研究で，セルフ・サービング・バイアスや自己高揚傾向が直接的な形では見いだされにくいことに関しては，自己高揚の形式や表現法が欧米人と異なるのではないかという仮説が提出された。つまり日本人は，直接的な自己高揚を行なう代わりに，自分が属している集団や友人などの親しい他者を高めることによって，あるいは自分と親しい他者との関係が一般の人の人間関係よりも良好であると考えることによって，間接的な自己高揚を行なうというのである（Endo, Heine, & Lehman, 2000など）。

　なお，自分の成功に対しては外的帰属をし，失敗に対しては自分自身の内的

要因に原因を帰属するパターンは自己卑下的帰属とよばれる場合があるが,この表現は必ずしも適切でない。この帰属パターンは謙遜を尊ぶ東洋の伝統的規範に根差しており,規範が内面化され,意図的な努力なしに発現しているものと考えることができる。前にも述べたように,この傾向は人目を気にする自己呈示的な動機による「タテマエ」であるというよりも,むしろ「ホンネ」と化している。しかし,これは日本人の自尊心の低さを反映したものではない。成功しても慢心せず,うまくいかなかったときには率直に反省して失敗から学ぶという自己に厳しい態度には,自己改善,自己向上の動機づけが関与しており,このような帰属をしたからといって,必ずしも自己を卑下し低く評価しているわけではない。アメリカ人が自分の力では改善できない能力を重視するのに対して,日本人が自分でコントロール可能な努力を重視することを示す研究もある(Holloway, Kashiwagi, Hess, & Azuma, 1986)。失敗に際して真摯に反省し,次回に向けてよりよい方法で努力することによって将来の自己の成長をめざすことが可能になる。

4節 認知・思考様式の文化差

1. 中心的対象と周囲の対象への相対的注意

　ものの見方や考え方,つまり知覚,認知,思考は,人間の最も基礎的な心理機能であり,文化や社会的条件の影響を比較的受けにくいと推測されるが,そのような心理機能に関しても文化による差がみられるという研究結果が示されている。ニスベット(Nisbett, 2003)は,西洋人(ヨーロッパ人,アメリカ人)と東洋人(東アジア人)の思考方法,認知様式のさまざまな違いを指摘し,共同研究者とともに広く実証的なデータ収集を行なっている。

　まず注意や知覚のレベルでの差異としては,周囲の枠組みや文脈にどの程度影響されるか,また絶対的な大きさと相対的な大きさのどちらに依拠して判断するかという点で差がみられる。たとえば実験参加者は,図12-2の左側に示される四角形の中の直線を見たあとで,より大きな四角形とより小さな四角

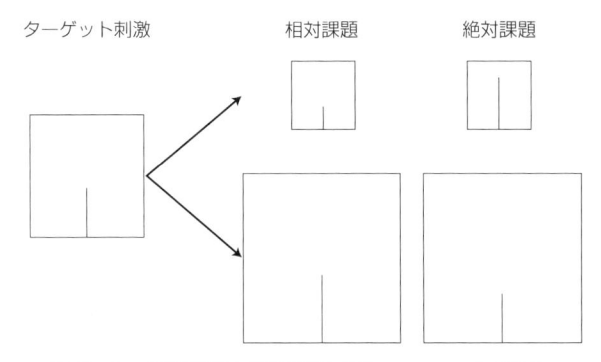

図12-2 　絶対課題と相対課題（Kitayama et al., 2002）

形の中で，それぞれ原図と相対的な関係が等しい線分を引く課題（相対課題），または原図と同じ長さの線分を引く課題（絶対課題）を与えられた。その結果を比較すると，日本人参加者は相対課題のほうが成績がよく，アメリカ人参加者は絶対課題のほうですぐれていた。つまり，日本人は外側の枠に影響を受けやすいのに対して，アメリカ人は対象そのものに注目しやすい傾向を表わしているといえる（Kitayama, Duffy, Kawamura, & Larsen., 2002）。

　また場－依存性を測定するために考案されたロッド・フレーム・テスト（Witkin et al., 1954）でも西洋人と東洋人の違いが見いだされている。このテストでは，四角形のフレームとその中にある棒（ロッド）がそれぞれ独立な角度で傾斜させられるようになっており，参加者は，フレームにとらわれず棒をできるだけ垂直に配置するように求められる。このテストを用いてアメリカ人とアジア人（中国・韓国・日本）の参加者を比較した研究では，アジア人の垂直判断がアメリカ人の場合よりも，フレームの傾斜の影響を受けやすいという結果が得られた（Ji, Peng, & Nisbett, 2000）。

　絵を見たときにその中のどこに注目し，何を記述するかにも差がみられる。西洋人は中心的な人物や事物に集中的に注意を向け，周囲の状況に対する言及は少ないのに対して，東洋人は中心人物以外の人間や周囲の事物も広く記述する傾向がみられる。水中の様子を描いた絵を説明する際に，アメリカ人は中央部で泳いでいる魚への言及がきわめて多いのに対して，日本人はもちろん魚については述べるものの，周囲の貝や海藻などについても言及する割合が多いと

いう傾向が見いだされた（Masuda & Nisbett, 2001）。

2. 分析的思考－包括的思考

　以上のような研究結果を総合すると，この種の認知課題における西洋人と東洋人の違いは，分析的思考（analytical thinking）と包括的思考（holistic thinking）という思考様式の差に由来すると考えられる。分析的思考とはアリストテレスに代表される古代ギリシャ哲学に端を発し，直線的思考を特徴とする。この考え方では，それぞれの物体は安定した性質をもち，その共通性，類似性によってカテゴリーを形成するとされており，新しい事物に遭遇した場合には，それがどのような性質をもつものかを分析し，階層的カテゴリーの中に位置づけることによって，事物を認識，理解しようとする。

　これに対して包括的思考様式は，古代中国文明に起源をもち，儒教，仏教思想の影響を受けているとされる。そこでは，ある事物を理解するためには，当該の事物だけではなく，まわりの状況や他の事物との関係を見る必要があると考える。安定性・恒常性よりも変化流転が重視され，複合的，複層的な因果関係が想定されている。このため，周囲の状況や他の事物，外側の枠組みへの依拠が生じると考えられる。

5節　文化研究の枠組み

1. 文化研究における異なったアプローチ

　社会心理学において文化研究がさかんになった背景には，それまでおもにアメリカを中心に行なわれてきた研究の結果がはたして全世界に通用するのか，という疑問が生じたことがある。この疑問に答えるために，アメリカで行なわれた研究をアジアやヨーロッパで追試する試みがなされたが，それに対してベリー（Berry, 1969）は，アメリカの研究を他の文化で追試するという姿勢そのものが「普遍性の強要」であると指摘した。そして，ベリーは真に普遍的な行動の理論を得るためには，アメリカにおける研究結果を他の文化に無理に当

てはめるのではなく，多くの文化で得られた研究結果から普遍性を引き出すことが重要であると論じた。

これに関連してベリー（Berry, 1969, 1989）は，エティック（etic）とイーミック（emic）という2つのアプローチを区別することの重要性を指摘した。エティックとは，人間の行動や心理における普遍的な側面を追究し，外部の目を通して客観的観察を行なうアプローチ，イーミックとは，個々の文化に固有の側面を内側から検討するアプローチである。人間の行動の普遍性を抽出するためには，個々の文化におけるイーミックな研究と，多数の文化を通じた比較研究の両方が必要であるとされている。

また，特定の文化固有の要素を重視し，それぞれの文化の中で生活する一般の人々がもつ信念や素朴理論から心理学を構築すべきだという「土着心理学（indigenous psychology）」の立場もある。たとえば日本の「甘え」，韓国の「恨」，中国の「面子」など，それぞれ文化特有の鍵概念を中心に記述し，分析する。このような方向のアプローチはきわめて個別特殊的で，一般化をめざさないもののように感じられるが，1つの文化で得られたモデルを他の文化と比較し，他の文化における有用性を検討するという形で，モデルの比較文化的な検証が試みられることもある。

2．普遍性・特殊性をめぐる論点

前節で述べたように，文化研究にはさまざまな立場があるが，そこでの重要な論点は文化間の差異をどのようにとらえるかということにある。つまり，人間の心理プロセスは基本的には同一で普遍的であるが，それぞれの文化的・社会的要因の影響を受けて異なった形で発現するものと考えるか，あるいはすべての人間にあてはまる普遍的な心性の存在を否定するかという点，つまり「心性単一性」を仮定するか否かという問題である。これに関しては研究者間で意見の相違がある。北山（1998）は，人間の心の構造そのものが文化によって多様であるとし，普遍的な心理プロセス，心性単一性を否定する考えを表明している。しかし文化を通じて共通な基盤を仮定しなければ，文化間の比較による検証や考察を行なうこと自体が困難になってしまう。文化研究においては，人類全体に通用する普遍的側面と各文化特有の特殊的側面の双方を考慮に入れる

ことが必要だと考えられるが，そのどちらを重視するかによって研究の方向性は異なったものになる。

3. 個人と文化の相互関係

　北山（1998）は，それ以前の文化研究が文化をある種の独立変数として扱い，そこでの規範や価値観の違いによって人々の心理の相違を説明するという方向の因果関係のみに焦点を当ててきたことを批判し，「文化と心の相互構成」という理論的枠組を提案した。それによると，「人間の心は文化に関与することを通じて形成されるが，それと同時に，文化は，心の社会的，集合的活動により維持・変容されることにより，受け継がれていく」（北山，1998, p.6）。つまり個々の人間の心理が文化の中で形成され，さまざまな文化的要因に影響を受けるだけでなく，逆に人々の心が文化をつくり上げ，維持し，変容させるという双方向の関係が仮定されている。

　この主張は，前節で述べた心性の単一性・普遍性の問題と切り離して考えるならば，意味のある指摘だといえる。「文化」の部分を「社会」に置き換えれば，社会心理学全体に通用する主張となる。個々の人間は受動的に周囲の社会的・文化的環境から影響を受けるだけでなく，能動的に他者，集団，社会にはたらきかけている。また，その作用によって社会や文化という全体的枠組みそのものが形成され，変化していく。その動的な相互関係，相互作用を解明することが，社会心理学および文化心理学の課題であるということができる。

6節　文化研究の問題点と今後の課題

　文化心理学は1990年代ごろから，進化心理学（本書第13章）とならんで社会心理学の新しい研究動向として注目され，活発に研究が行なわれるようになった。しかし文化研究に対してはいくつかの批判が提起され，問題点が指摘されている。以下では，それらのいくつかを取り上げ，これらの問題点を克服するために，今後の文化研究はどのような方向に進むべきかについて考えてみたい。

1．単純な二分法に対する批判

　初期の文化研究では個人主義 − 集団主義の次元が重視され，世界各国がこの次元で二分されるような論調が多くみられた。しかし，個人主義文化圏，集団主義文化圏に分類される国々の間にもさまざまな側面で差異があり，それを無視して大ざっぱに二分することには問題がある。またそのおおまかな二分法に基づいて行動傾向や心理特性に関する予測を行なっても，予測が支持されないことが多い。この問題点は，「個人主義対集団主義」だけでなく，「相互独立的自己観対相互協調的自己観」の二分法に対しても同様にあてはまる。

　現実には，同じ文化圏に属するとされる各国の間に差があるだけでなく，同じ国の中でさえも文化的に均一とは限らず，地方による違いが顕著な場合も多い。アメリカ南部の白人男性に特有な，名誉を重んじ，他者から侮辱された場合には暴力も辞さないという独特の文化的傾向については，ニスベットらの研究によって知られている（Nisbett & Cohen, 1996）。日本国内でも，農業，漁業などの生産活動と関連づけた地域差の検討も始まっており，文化への社会生態学的アプローチの中で生業形態の影響が論じられている（竹村・結城，2014を参照）。

　理論構成の初期にはわかりやすい二分法が有効かもしれないが，研究のより進展した段階では，それぞれの国や地域の特徴を適切に把握することが必要になる。今後の文化研究では，さまざまな要因を考慮したデータの収集と，より精緻な理論的枠組みの構築が必要だと考えられる。

2．文化差の強調と実証的研究結果の非一貫性

　文化研究では文化差を検出し，それを説明することに力点がおかれるため，文化間の差異が強調され，あたかもすべての心理過程について対照的な傾向があるかのような論調がみられる場合もある。しかし現実には各文化を通じて共通にみられる心理現象や行動傾向も多く，実証的な研究では，文化心理学からの予測に沿った結果が得られない場合も少なくない。高野・櫻坂（1997）は，「日本人は集団主義，アメリカ人は個人主義」という通説が，実証的研究の結果によって支持されているかどうかを検討した。質問紙研究および同調行動や協調

行動に関する実験的研究をレビューした結果,「妥当性が高いと思われる9つの実証的比較研究の中では,通説を支持しているものは皆無であった」(高野・纓坂,1997,p.319)と述べている。日米の間に明確な差を見いだしていない研究が多く,通説とは逆に,日本人のほうが個人主義的であるという結果を示した研究もあった。さらに高野(2008)は,日米の差に関する通説の成立とその維持が,認知バイアスによって説明されうると論じている。

この問題に関しては,5節の2でも述べたように,人間の行動傾向や心理過程の中で,文化的な要因によって大きく左右される部分とされない部分,生後の文化的環境の影響を受けやすい部分と受けにくい部分が存在することに注意しなければならない。文化の違いにかかわらず広く確認される心理現象と,各文化に固有な要素を区別することが必要であり,両者の差を精査することによって,心理過程そのものに対してもよりよい理解が得られると期待される。

3. 文化差の起源に関する考察

従来の文化心理学では一般に,現時点でどのような文化差が存在するかについて実証し論議することに重点がおかれており,なぜそのような文化差が生じたのかについての説明が十分なされているとはいいがたい。

これに対しては近年,人間をとりまく環境の影響を重視する社会生態学的アプローチの立場から,生業形態・社会制度,社会関係などの社会的環境の影響を検討する取り組みが始まっており,また気候や地形などの自然環境やそれに関連した伝染病等のリスクの影響も研究されている(竹村・結城,2014を参照)。そこでは「環境への適応」という観点が1つのポイントとなっており,さまざまな自然環境,社会環境において適応的に生き延びるのに適した心理的・行動的傾向が各文化の中で発達し,受け継がれていくと考えられている。これは社会行動に関する進化論的な説明と対応したものといえる(本書第13章を参照)。

また山岸(2014)は,国家間のレベルで比較すると,一般的信頼(知り合いではない他者一般に対する信頼)の程度が,集団主義社会とされている日本よりも個人主義社会であるアメリカにおいて高い水準を示すという予想外の結果を見いだし,それをマクロ変数としての秩序原理や社会制度によって説明している。これはいわば経済的なシステムとそれに付随する集団内での人間関係の

特徴によって，マクロな文化的特質を説明しようとする試みと考えることができる。

　文化差を説明する際には，以上のような方向だけでなく，歴史的，思想史的な要因や宗教の役割なども考慮する必要があるだろう。一般に，心理学的な説明においては歴史的要因が軽んじられる傾向があるが，文化の問題，特に文化の起源を考える場合には，歴史的，思想史的な側面は無視できない。

4．文化変容の問題

　近年のグローバル化の進展によって，世界各国の生活様式は均一化される傾向にあり，各地の独特な伝統的文化は消滅し始めている。農業が中心であった社会が工業化して経済のシステムや生活様式が変化したり，他国からの情報や思想の流入によって，人々のものの見方や考え方が影響を受けたりする事例は世界各国でみられる。身近な例としては，第2次世界大戦後の日本における物心両面での著しい変化を思い起こすことができ，その後も日本人の価値観や行動様式は大きく変動しつつある。このような状況の中で，伝統的な文化を前提とした予測は妥当性を欠き，実証的な比較研究によって覆されることも多い。

　しかし，グローバル化や物質的・社会的な生活環境の大きな変動にもかかわらず，変化しない文化的要素もまたたしかに存在し，何百年にもわたって変わらず受け継がれている風習や習慣もある。文化の諸側面のうちで，何が変化しやすく何が変わらないのか，そしてどのような要因の作用によってどのような変化がもたらされるのかを検討することは，きわめて重要な今後の課題である。

　文化心理学は歴史が浅いこともあって，理論化の方向や研究の枠組みに関してもいまだにさまざまな議論があるが，事象の注意深い検討と理論の精緻化によって，文化研究はさらに発展することが期待される。

第13章

進化心理学の観点

　進化論とは生物学で学ぶ理論のはずなのに，なぜ心理学の教科書に「進化」という言葉が出てくるのだろうか。不思議に思われるかもしれない。しかし，考えてみればヒトも哺乳類という動物であり，動物の行動を理解するために進化論が役に立つのであれば，ヒトの行動を理解するためにも進化論は役に立つはずではないだろうか。そう言われればそうかもしれないが，実際にはどのように役に立つのか。この章では，進化論的な観点をもつことが社会心理学という学問をどのように豊かにするかを考える。

1節　はじめに

1．進化論的観点：動物行動学の場合

　動物行動学の教科書であるオルコックの "Animal Behavior" は，進化論的観点からはにわかには説明がむずかしい現象（進化論的パズル）をいくつも取り上げ，それらに対する進化論的な説明を示している（Alcock, 2013）。その1つとして，ハインリッチが観察した冬場のワタリガラスの採餌時の奇妙な行動が取り上げられている（Heinrich, 1989）。
　ハインリッチは，雪の中にヘラジカの死骸を見つけたワタリガラス（以下，カラス）が大声をあげて仲間を呼び寄せている様子を観察した。進化論的な観

点からみなければ，これは単に心温まる動物の利他性に関する逸話となるかもしれない。しかし，ヘラジカの死骸を独り占めすれば，餌の少ない冬期を乗り切る栄養源となるかもしれないにもかかわらず，なぜわざわざ仲間を呼び寄せて分け合うのだろうか。独り占めするほうが適応的（生存・繁殖に有利）であると考えられるので，これは心温まるお話というより進化論的パズルである。

　このパズルに対する1つの進化論的説明は，カラスが呼び寄せている仲間は血のつながった親戚であるという仮説である。血縁同士は同じ遺伝子を共有している確率が高いので，血縁他者を助けることは自分自身の遺伝子のコピーを助けていることになる。これは血縁淘汰（kin selection）とよばれる利他行動に対する説明原理の1つである（Hamilton, 1964）。しかし，死骸に群がるカラスの数はこのカラスの通常の家族の数をはるかに上回っていたし，ワタリガラスのきょうだいたちはいったん巣立つと餌の共有などできないほど散り散りに別れる習性があった。したがって，血縁淘汰はこのパズルの答えとは考えにくい。これに対して，たとえ血はつながっていなくても，同じワタリガラス同士なのだから，冬場の餌を分け合うことは"種の保存"という目的に適っていると考えた読者もあるかもしれない。残念ながら，種の保存に役立つ行動が進化するという考え方は現代の進化論では否定されている（Williams, 1966）。なぜなら，種の保存を優先して他個体の福利厚生を気にかけるお人好しのカラスは，そういうことをしない利己的なカラスに種内の競争で負けてしまうからである。つまり，お人好しの遺伝子は世代を経るにつれて淘汰され，そのうちになくなってしまうと考えられるのである。

　他にはどのような説明があるだろうか。観察の結果，無傷なヘラジカの死骸は頑丈な毛皮に守られていてカラスには肉を食べることができないようだった。そこでハインリッヒは，カラスが呼んでいるのはじつはコヨーテなどの腐肉食をする動物で，彼らがヘラジカの頑丈な毛皮を切り裂いてくれるのを待っているのかもしれないと考えた。ところが，カラスたちはすでに肉が露出した死骸を見つけたときにも大声を出した。次にハインリッヒは，大声を出すのは毒見してくれる仲間を呼んでいるのかもしれないとも考えた。ところが，カラスたちは毒見も済んで，自分自身も食べ始めたあとにも仲間を呼び寄せていた。

　このパズルに対する進化論的な答えは，自分たちの縄張りで死骸を見つけた

つがいのカラスはけっして仲間を呼ばないという観察に基づき導かれた。じつは仲間を呼んでいたのは，独身で自身の縄張りをもたない若いカラスであった。彼らは単独ではつがいのカラスに立ち向かうことができず，追い払われてしまう。そこで，同じような独身の若いカラスを呼び集めて，縄張りの持ち主であるつがいのカラスに立ち向かっていたのである。一羽の独身カラスなら追い払うことができるつがいも，たくさんのカラスが集まってくると追い払うことをあきらめて一緒に食べるしかない。そのため，あたかも全員で仲よくヘラジカを分け合っているように見えたわけである。

　ここで注目すべきは，ハインリッヒは一貫して進化論的パズルを進化論的な枠組みの中で解決しようと試みて，最終的にそれに成功しているという点である。

2．これまでの人間行動の説明

　それでは，人間の行動についてはどうだろうか。従来の社会心理学（もしくは心理学一般）では，人間の行動は必ずしも進化論的観点から解釈されてきたわけではない。たとえば，多くの狩猟採集民は，狩りで大きな獲物がとれるとコミュニティ全体で分配する平等主義的な慣習をもっている。カラスと同じ進化論的パズルであるが，社会心理学では，ヒトの平等主義は必ずしもパズルとして受け取られてこなかった。不思議な現象として検討されるのではなく，ヒトは平等原理に対する選好をもっており，分配場面で用いる傾向があるという"事実"として受け入れられていた（Messick, 1995；大坪・亀田・木村, 1996）。

　他の例をあげよう。不確実状況下での意思決定を扱う研究領域は，ヒューリスティックとバイアスというキーワードでくくられることが多い（本書第3章）。これは，簡便な決定方略であるヒューリスティックを用いる結果，人々の決定が合理的な決定からの系統だった隔たり（バイアス）を示すという問題のとらえ方を反映している（Tversky & Kahneman, 1974）。言い換えれば，ヒトという種は不確実な状況で適切な意思決定ができないということである。しかし，自然環境は天気の変動や捕食者の襲来など不確実性に満ちている。そして，ヒトという種は，赤道直下から極地の近くまで地球上のあらゆる環境に広がった種である。このような種が不確実性下で適切な意思決定ができないと

いうのは，むしろ進化論的パズルといってもよいだろう。

　それでは，社会心理学者はこのような進化論的パズルを上記のハインリッチのような態度で解決しようとしただろうか。答えはノーである。これらの知見が広く知られるようになったときに社会心理学者が行なったのは，ヒトを認知的倹約家（cognitive miser）とみなしてヒトの非合理的な行動のリストを作成することであった（Fiske & Taylor, 1991）。それはそれで重要な知見の蓄積をもたらしたが，進化論的観点は欠けていた。

　この章では，まず心理学に進化論的観点を取り入れた進化心理学とはどのような分野であるのかを確認する。そして，その後，進化論的観点をとることが社会心理学に対してどのようなインパクトをもつのかを考えてみたい。

2節　進化心理学

1．メタ理論としての進化論

　進化心理学とはどのような研究領域だろうか。簡単にいえば，人間行動を進化論的な観点から説明しようとする（ハインリッチと同じ態度で人間行動の研究に臨む）学問分野である。進化心理学にとっての進化論は，個々の人間行動を説明する理論・仮説を導く際の指針となるメタ理論（個々の理論よりも上位に位置する理論）である（北村・大坪，2012の図3-1も参照）。つまり，進化心理学の理論・仮説は進化論と矛盾しないものになっているということである。上記のカラスの例では，カラスは餌を見つけると興奮してついつい叫んでしまう，餌を共有することに喜びを見いだすなどといった説明は最初から検討対象となっていない。このことからわかるように，進化論的な立場をとるということは，観察した行動の説明に一定の制約を設けることである。一見，わざわざ不自由なことをしているように見えるかもしれない。しかし，そうすることで，心理学の知見を進化論に依拠して発展している他の生命科学の知見と矛盾しないように説明することができるのである。

2. 究極要因と至近要因

　しかし，ヒトに特有の現象まで他の生命科学と同じように説明しなければならないのだろうか。あるいは，そもそもそんなことができるのだろうか。たとえば，ヒトの男性はウェストのくびれた女性（つまりヒップに対するウェストの比率であるウエスト・ヒップ比（Waist-to-Hip Ratio: WTR）の小さい女性）に魅力を感じるが（Shingh, 1993），これはヒトの男性に特有の心理傾向である（そもそも他の霊長類でメスのウェストはくびれていたりはしない）。また，ヒトの成人男性は若い女性を配偶相手として好むが，チンパンジーのオスは年上のメスを好む傾向がある（Muller, Thompson, & Wrangham, 2006）。このように，ヒトに特有の傾向に対して，他の動物と共通の説明を行なおうとすることはそもそも無理があるのではないだろうか。

　このような疑問をもたれたとしたら，それは2つのレベルの異なる説明が明確に区別されていないためである。1つの説明は，至近要因（proximate cause）についての説明である。これは，ある行動が生起するメカニズムのことであり，この例では潜在的配偶相手のどのような手がかりに反応し，どのような生理的・主観的変化が生じ，配偶行動を促進・抑制するかといったことである。このレベルで説明するのであれば，ヒトの男性は他の霊長類とは異なる風変わりなメカニズムで配偶相手を選んでいるということになる。

　その一方，そのような手がかりに反応することの適応的な機能を問うこともできる。そして，この「そもそもなぜそのような心理傾向がヒトに備わっているのか（進化したのか）」という問いに対する答えを，その心理傾向の究極要因（ultimate cause）についての説明という。ウェストのくびれた女性に魅力を感じることには，何か適応的な意味があるのだろうか。じつは，ヒトの成人女性の場合，余剰の脂肪は胸部と臀部に蓄積するため，栄養状態がよく妊娠可能な女性は腰まわりに比較して相対的にヒップが大きくなる。このため，ウェストのくびれた女性に魅力を感じる男性は，結果的に繁殖力の高い女性を配偶相手に選んでいることになる。繁殖力の高い女性を配偶相手に選ぶ男性のほうが，繁殖力の低い女性を配偶相手に選びがちな男性よりも次世代に多くの遺伝子を残すことはすぐにわかる。また，究極要因のレベルで考えると，チンパン

ジーが年上のメスを選ぶことも同じように説明できる。複雄複雌の配偶システムをもち，オスがほとんど育児に協力しないチンパンジーでは，子育て経験の豊富な年上のメスと子どもを残すほうが繁殖成功度の上昇につながるのである（子育て経験の足りない若いメスとの間に子どもが生まれても，うまく育たないかもしれない）。

3．領域固有性

　究極要因に基づいて人間行動を理解しようとすると，程度の差こそあれ，心のはたらきに領域固有性を仮定することになる。たとえば，ウィルソン(Wilson, 1978) は，『人間の本性について』という著作の中で，従来の社会心理学がヒトの攻撃性をあたかも1つのものであるかのように扱ってきたことを指摘し，攻撃性を複数の領域（たとえば，地位競争，配偶者をめぐる競争，捕食のための攻撃，捕食者への防衛的反撃）に分けて考える必要があることを指摘している。

　そのころの社会心理学では，攻撃につながる怒りを1つのエネルギーのようなものとみなして，枕を叩くなどの無害な攻撃で発散することにより社会的に問題のある攻撃行動を軽減することができるという仮説（攻撃のカタルシス仮説）が実際に検討されていた。攻撃の領域固有性とそれぞれの領域での機能を考えれば，この議論のおかしさは自明である。たとえば，恋のライバルに対する攻撃を枕に対する攻撃に置き換えることができるような男性がいたとしたら，この男性が次世代に遺伝子を残す確率はむしろ低くなるだろう。社会心理学の実験研究も，攻撃のカタルシス仮説が間違っていること（そして，疑似的攻撃にはむしろターゲットに対する攻撃性を高める効果があること）を示している (Bushman, Baumeister, & Stack, 1999; Geen & Quanty, 1977)。

4．行動＝人×状況

　進化論的観点から生み出される仮説は，じつは社会心理学の伝統的な考え方と近い部分もある。社会心理学では，人々の行動は状況によって規定されるところが大きいと考え，行動を行為者だけでなく，行為者と状況の相互作用により決定されるものと考える。上記のハインリッヒの研究で，最終的なブレークスルーを導いたのは，同じカラスでも夫婦でいるものは大声で鳴いて他のカ

ラスを呼んだりしないという観察であった。ある行動が適応的な性質であれば，まさにそれが役に立つ状況で観察されるはずである。進化心理学では，この考え方に基づき，ある行動傾向が何のために進化したのかを考えていくことになる。したがって，状況要因が人々の行動の規定因として重要であるとする社会心理学とは，基本的な発想を共有している（Neuberg, Kenrick, & Schaller, 2010）。

また，どのような心理メカニズムも実際の「適応的な行動」と結びつかなければ適応的ではありえない。そのため，進化心理学にとっての最終的な従属変数は行動とならざるをえない。ニューバーグ他（Neuberg et al., 2010）は，このような適応的な心理プロセスをアフォーダンス管理システム（affordance management system）とよんでいる。環境に存在する適応上重要な手がかりが知覚されると，その適応上の意味（たとえば，生存の脅威，配偶のチャンス等）に応じて適切な行動のアフォーダンス（認知，感情等）が生じ，実際の行動につながるという考え方である。これは，状況要因（この場合は環境に存在する手がかり）が行動を規定するという従来の社会心理学の考え方と一貫している。異なる点は，どのような手がかりに人間の心が反応するようになっているかに関して，進化心理学は進化論と矛盾しない説明を心がける点である。

5．反証可能性

しかし，先に述べたように進化論は進化心理学においてメタ理論として（つまり，正しいものとして）受け入れられている。そして，その進化論と矛盾しない説明を心がけるとしたら，進化心理学の仮説は反証不可能なのではないだろうか。正しい理論から導かれた仮説が間違っているということなどあるのだろうか。これは進化心理学に対するよくある誤解の1つである（Confer et al., 2010）。ハインリッチは，進化論に矛盾しない一連の仮説をたててカラスの行動を説明しようとしたが，縄張りをもつ夫婦に対する対抗策であるとする仮説以外，どれも観察結果に基づき棄却されたことを思い出してほしい。進化論と矛盾しない説明が，必ずしも経験的に正しいわけではないのである。

進化心理学の中にも実証データに照らして棄却された仮説が存在する。よく引用される例として，男性の同性愛を血縁への利他行動として説明する仮説が

ある。この説明によれば，男性の同性愛が存在することの進化論的な理由（究極要因）は，自己の繁殖を放棄し血縁の繁殖成功度を上昇させることで，結果的に自分自身の遺伝子のコピーを次世代により多く残すことができるというものである。突飛な説明に聞こえるかもしれないが，必ずしもそうではない。たとえば，鳥類などでは，親鳥の巣にヘルパーとして残り弟妹の世話を手伝う戦略が実際に存在する。しかし，この仮説は実証データに基づき棄却されている。ハインリッチのそれぞれの仮説がカラスの食物の共有について特定の予測をしたように（たとえば，血縁仮説は集まっているカラスが親戚同士であることを予測した），この仮説によれば同性愛の男性は異性愛の男性よりも自分の兄弟姉妹の子どもたち（つまり，甥っ子や姪っ子）により利他的にふるまう（間接的な子育てへの貢献をする）ことが予測される。ところが，調査結果は同性愛の男性が異性愛の男性よりも親族に利他的にふるまったりしないことを示していた（Bobrow & Bailey, 2001）。この事実は，血縁への利他行動仮説の予測に反しているから，同性愛が血縁に対する利他行動であるという仮説は反証されたことになる。ちなみに，現時点で，同性愛（特に生涯を通じて同性にしか興味をもたない排他的な同性愛）に対する進化論的に妥当な説明は存在しない（Confer et al., 2010）。

6．究極要因の説明の妥当性

　究極要因の説明からの予測の正しさが確認されたとしても，その妥当性に対して根強い反論が存在する。たとえば，ウェスト・ヒップ比の小さい女性に多くの男性が魅力を感じることの進化論的な説明は，小さいウェスト・ヒップ比が繁殖力の手がかりになるというものだった。しかし，ウェストのくびれた女性に魅力を感じる男性は相手の繁殖力のことなど考えていないのだから，その説明は間違っているといった類の反論がある。しかし，これは進化心理学の説明を誤解している。

　人々の行動が適応的であるのは，究極要因を理解して，意識的に適応度を最大化しようとするからではない。図13-1に示すように，男性は女性の小さいウエスト・ヒップ比やふっくらした唇などに魅力を感じる。しかし，男性が魅力を感じるこのような女性の特徴は女性ホルモンの影響を受けるもので，女性

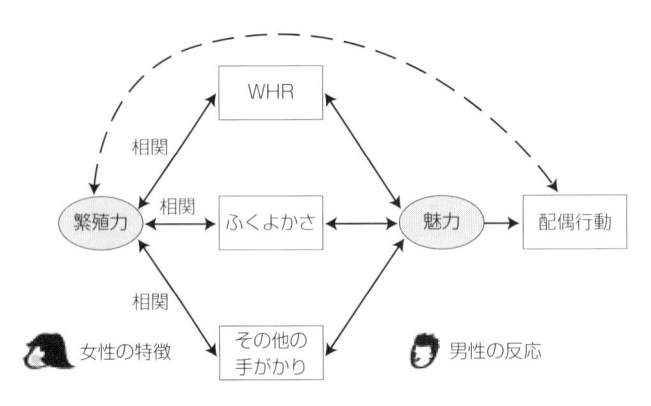

図13-1 究極要因による行動の説明

の繁殖力の高さと相関している。男性は女性の繁殖力の高さそのものに反応する必要はないし，そもそも繁殖力の高さなど知りようがない。しかし，繁殖力と相関している複数の手がかりを用いることで，意識せずとも男性の配偶行動はあたかも女性の繁殖力の高さに反応しているかのようなパターンを示すのである（図13-1の破線部分）。

　同じような批判が血縁淘汰の理論に対して，人類学者のサーリンズによりなされたことがある（Sahlins, 1976）。血縁淘汰の理論は，人々が血縁度（共通祖先を通じて同じ遺伝子を共有している程度）が高い相手に対して利他行動をとりやすいことを予測する。サーリンズは狩猟採集民が血縁度という概念をもたないことを指摘し，血縁度に応じて人々が行動することは不可能であると論じた（サーリンズに言わせれば，カラスの行動が血縁淘汰理論で説明できないことは火を見るより明らかであっただろう）。しかし，図13-1で見たのと同じように，人々は直接血縁度を意識している必要はない。顔の類似度や幼少期をともに過ごした経験など血縁関係と相関する手がかりに応じて，相手に親近感を覚え，利他的にふるまえばよいからである。そして，その結果は血縁淘汰理論の予測に適ったものになるのである（北村・大坪，2012の図3-2も参照）。ドーキンス（Dawkins, 1979）は，サーリンズの批判に対して，血縁淘汰理論が血縁度の意識的な理解を必要としないのは，幾何学的に複雑な巣をつくるクモがその数学的な構造を理解している必要がないのと同じであると応じた。

7．まとめ：進化心理学とは

　進化心理学とは，進化論をメタ理論としてヒトの行動を統合的に理解しようとする分野である。そのため，ヒトの行動傾向の適応上の機能（究極要因）についての仮説をたて，その妥当性を検討する。究極要因についての説明は，適応に関連した領域に固有のものであるため，従来の社会心理学が想定していたよりも狭い範囲を扱うことがある（攻撃行動一般の進化論的説明はなく，地位競争など適応上の問題に応じて攻撃行動を切り分けることになる）。このようにして生み出された究極要因の説明を検証する際，実際に検討するのは，想定される適応上の機能を実現するための心理メカニズム（至近要因）が本当にヒトに備わっているかどうかということである。これは，ある状況（適応に関連した手がかりが存在する状況）ではその行動が生起するのに，別の状況（適応上の手がかりが存在しない状況）ではそれが生起しないことを確認するという形式をとる。状況が行動を規定するというこの考え方は，伝統的な社会心理学の考え方と親和性をもつ。このように，究極要因についての仮説は，具体的な至近要因レベルの予測を生み出すので，それらの予測を検証することにより進化心理学の仮説は反証可能である。また，人々の行動は直接的には至近要因により規定されるため，人々が究極要因（たとえば，繁殖成功度を高める）を意識していないことは，究極要因の説明が間違っていることを意味しない。

3節　社会心理学にとっての進化論的観点

　進化論的観点をもつことで，社会心理学はどのような影響を受けるだろうか。ここでは，進化論的観点が社会心理学にもたらすメリットを3つに分け，具体的な研究事例をつなぐ形で説明する。ここでは，説明を明確にするためにあえて3つに分けるが，3つのメリットは相互に深く関連しあったものである。

1. 新たな問題設定：HowからWhyへ

(1) ヒューリスティックとバイアス

先に述べたように，社会心理学の多くの研究は，人々の社会的判断，推論が多くの系統性のある誤りをはらんでいることを示していた（Tversky & Kahneman, 1974）。従来の社会心理学では，このことは事実として受け入れられ，どのような意思決定方略（ヒューリスティック）によりどのような誤りが生じるのかをつぶさに検討してきた。ここでは，"どのような（how）"という言葉に示されるように，現象の記述が中心であった。そして，このような研究関心は，ヒトの意思決定方略について豊富な知見をもたらした。たとえば，人々はある社会的カテゴリー（たとえば，大工という職業）について判断するときに，典型的な大工がどのような人であるかに影響を受けやすい（代表性ヒューリスティック）。しかし，実際の大工は多様な人々の集まりであり，必ずしも典型的な大工と似た人たちばかりではない。また，ある事象の頻度（たとえば，rで始まる英単語がどれくらいたくさんあるか）を判断する際に，すぐに思いつくものはたくさんあると判断しがちである（利用可能性ヒューリスティック）。しかし，すぐには思いつかなくても実際にはたくさん存在するものもある（たとえば，rが3番目にくる英単語）。このような場合，思いつきやすさだけを基準にどちらがたくさんあるかの判断をすれば間違いをおかすことになる。

(2) ヒューリスティックはなぜあるのか？

Howの問いに基づく研究がこのような豊かな知見をもたらしたとしたら，それでよいのではないか。もちろん，howの問いに基づく研究の意義を否定はしない。しかし，このような知識が蓄積されればされるほど，今度は，なぜ人々はそのような決定方略を使うようになっているのか不思議にはならないだろうか。たとえば，利用可能性ヒューリスティックが用いられるのはなぜだろうか。利用可能性の高い情報がどのように脳で処理されるかが関係しているかもしれない。しかし，それではなぜ脳はそのようにはたらくようになっているのだろうか。このように，なぜ（why）の問いは無限にさかのぼることができるように思われる。しかし，このwhyの問いにそれ以上さかのぼることのできない答えを提供することができる。それが，究極要因の説明である。このようなヒュ

ーリスティックをもっているのは,「それが適応上かくかくしかじかの利益をもたらしたからだ」という説明である。

先にも述べたように,もし人々の意思決定が間違いだらけということになれば,これは進化論的パズルである。そうであれば,なおさら,なぜヒトがそのようなヒューリスティックを用いるのかに興味がわく。このような観点から,ヒューリスティックの研究をとらえなおしたのが,ドイツのマックスプランク研究所のギゲレンツァの研究グループである。ギゲレンツァらのグループは,じつは人々が使うヒューリスティック(すばやく簡便な決定方略)は,人々が生活する環境(生態学的環境)で多くの場合は適切な判断を導くことを明らかにした(Gigerenzer, Todd, & the ABC Research Group, 1999)。ヒトが不確実状況下で非合理性を示すという進化論的パズルは,ヒューリスティックが間違いを生む状況(日常生活ではまれな状況)に心理学者が注意を向けすぎていたことに起因していたのである。心理学実験室を離れたより日常的な場面では,むしろこれらのヒューリスティックは,私たちを正しい判断に導くことのほうが多いのである。つまり,これらのヒューリスティックを用いることは適応的だということである。

(3) なぜ間違えるのか

しかし,この説明だけでは人々が日常的におかすすべての判断の誤りを説明できるわけではない。ここに,火災報知器のアナロジーで語られるもう1つの進化論的な説明がある(Nessee & Williams, 1994)。火災報知器は,火事の手がかりに敏感に反応するようにすればするほど,実際は火事ではないのに(たとえば,ただの煙草の煙に反応して)けたたましい音をたてる。これをフォールス・アラームという。フォールス・アラームを避けるために感度を落とせば,本当の火事のときにも反応しないかもしれない。ここにはトレードオフがあり,一方の間違いを減らせば,他方の間違いがどうしても増えてしまう。そうであれば,より致命的な間違いをしないように報知器の感度を設定せざるをえない。

ヘーゼルトンとバス(Haselton & Buss, 2000)は,同じ考え方がヒトの社会的判断の間違いにもあてはまると考え,エラー管理理論(error management theory)を提唱した。たとえば,女性にとって,自分との関係にコミットせず,一夜だけの関係を求めている相手との間に子どもができてしまうのは致命的な

エラーである。それを避けるためには，相手の男性が自分との関係にコミットしている程度を慎重に吟味する必要がある。そのため，女性は相手（男性）のコミットメントの程度を実際より低く見積もる傾向がある。反対に，男性にとっては，よく知らぬ女性とであっても一夜限りの関係をもつことができれば，自分はその後何もしなくても子どもがどこかで育つ（繁殖成功度が上昇する）かもしない。そのため，そのような機会を逃すほうが適応上大きな損失となるので，女性が自分に関心をもっている程度を実際以上に高く見積もる傾向がある。

ギゲレンツァらの研究グループは，ある種のヒューリスティックはヒトの意思決定をむしろ合理的なものにしていることを示した。しかし，ヒトの社会的判断や意思決定には実際に間違いやすいものが存在する。エラー管理理論によれば，ある種の間違いをおかしやすいことは，その逆の間違いをおかしにくくするという意味で適応的なのである。

2．進化論的パズル

(1) 利他行動・協力行動

進化論的観点をとることで，これまであたりまえだったことが謎に見えてくることがある。本章の最初に紹介したオルコックの動物行動学の教科書 *"Animal Behavior"* では，第10版から進化論的パズルの代表である利他行動・協力行動が教科書の冒頭で扱われるようになった。利他行動の説明は，それほど進化論の理解にとって中心的な問題なのである。従来の社会心理学では，どのような状況で援助行動が生じやすいのか，あるいは生じにくいのかをおもな研究対象としてきた（本書第6章）。しかし，そもそも利他行動（援助行動）の存在自体が謎であるという立場をとれば，調べる内容もおのずと変わってくるのではないだろうか。

進化論の文脈では，利他行動は，ある個体が自分自身の適応度を下げて，別の個体の適応度を上昇させることと定義される。たとえば，あなたが自分自身の資源を他人に分け与えるとすれば，その行為によりあなた自身はコストを被り（適応度を下げ），他人に利益を授けている（適応度を上げている）。単純に考えると，なぜこのような行動が進化可能なのか不思議である。血縁関

係での利他行動であれば，先に紹介した血縁淘汰の理論で説明される。しかし血縁関係にない他者に対する利他行動はどのように説明されるのだろうか。これに対する代表的な答えはトリヴァースによって提唱された互恵的利他主義（reciprocal altruism）という考え方である（Trivers, 1971）。簡単にいえば，これはお互いさまの原理である。お互いに助け合うほうが助け合わないより得になるのであれば，お互いに助け合う傾向が進化するというものである。

　互恵的利他主義により相互協力が維持されるためには，お互いに相手から搾取されないようにしなければならない。言い換えれば，利益は受け取るがお返しはしないような相手とつきあうことは避けなければならない。どうすればよいだろうか。進化論的な観点から行なわれた研究によれば，特定の相手とくり返しつきあう場合，最初は協力的に接して，それ以降は前回の相手の出かたに合わせる応報戦略が有効である（Axelrod, 1984）。こうすることで，相互協力が達成可能な相手とは協力関係を維持することができるし，搾取的な相手にはすぐに協力をやめることで過度に搾取されずにすむからである（本書第7章）。

　トリヴァースによれば，互恵的利他主義の考え方は，ヒトにおける友人関係の進化も説明する。それでは，人々は友人関係で応報戦略を使っているのであろうか。多くの心理学実験の結果は，この予測に否定的である（北村・大坪，2012の第5章）。応報戦略を用いるためには，友人が自分に対して協力してくれた頻度・程度を正確に把握している必要がある。ところが，人々はそのような友人との"援助のやりとり"の履歴に無頓着なのである（Hruschka, 2010; Silk, 2003）。厳密な意味での応報戦略が友人関係のやりとりを説明しないとしたら，どのように人々は友人からの搾取を避けつつ，相互に有益な二者関係を維持できているのだろうか。これは，進化論的観点をもたなければ出てこない問題意識である。また，大規模な集団における協力行動（たとえば，コミュニティ全体での助け合い）はヒトという種の特徴であると考えられている。しかし，集団場面では応報戦略は有効でないこともわかっている。そのため，進化生物学を中心に大規模な集団での協力行動の進化的起源がさかんに議論されている（Gintis, 2000; Nowak & Sigmund, 2005）。ここでも，進化論的観点がなければ，その存在自体が不思議であるという発想は出てこないだろう（協力の進化に関心をもたれた読者へは，大槻，2014を薦める）。

(2) 人種に基づくカテゴリー化

逆に，実証研究により進化論的パズルが実際には存在しないことが明らかになったこともある。クルツバン他（Kurzban, Tooby, & Cosmides, 2001）は，集団間関係の研究において，人々は他者を性別・年齢・人種という3つの基本的な次元で自動的に分類するという考え方があることに疑問を抱いた。私たちの祖先は小さなコミュニティをつくり狩猟採集の生活を営んでいた。その中で，性別と年齢は，相手との配偶可能性，地位関係などを知る重要な手がかりであっただろう。しかし，人種はどうだろうか。狩猟採集民の移動範囲は限られており，自分とは異なる人種に出会うことなどほとんどなかったはずである。そのため，人種を基準に他者をカテゴリー化するような淘汰圧があったとは考えにくい。もし，人々が性別や年齢と同じように人種をカテゴリー化の基準として使っているとしたら，これは進化論的パズルである。

クルツバンらは，これを実験的に検証した。実験参加者に，さまざまな顔写真とともにその人物の発言と称する文章を見せた。このとき，発言内容から，それぞれの人物が2つの集団のうち一方に所属していることがわかるようになっていた。その後，抜き打ちでどの人物がどの発言をしたかについての記憶テストを行なった。もし，参加者が人種により他者をカテゴリー化するのであれば，同一人種内での記憶違い（ある黒人の発言を別の黒人の発言と間違えること）が生じやすいはずである。また，性別がカテゴリー化に用いられるのであれば，同一性別内での記憶違いも生じやすいはずである。実際，参加者はそのような間違いを頻繁にした。それでは，本当に人種も性別も同じようにカテゴリー化に用いられているのだろうか。

次にクルツバンらは，2つのグループの人たちの服の色を分けることで（チームのユニフォームを分けることで），写真人物の所属集団についての視覚的な手がかりを与えた。その結果，参加者は異なるチームの黒人同士の発言を混同するよりも，人種に関係なく同じチームのメンバーの発言を混同するようになった。つまり，集団を分ける視覚的な手がかりを与えることにより，人種はカテゴリー化には用いられなくなったと考えられる。その一方，服の色という手がかりを与えても，同性同士の発言の混同はチームメイト同士の発言の混同と同程度に観察された。つまり，視覚的手がかりを与えても参加者は性別をカ

テゴリー化の基準として使い続けたことを意味している。

クルツバンらの実験結果は，人種が性別や年齢と同じ意味で基本的なカテゴリー化の基準であるとする考え（進化論的パズル）は，そもそも間違っていたことを示している。私たちの祖先にとっての外集団とは，自分たちと似た外見の近隣の人々だっただろう。そのため，異なる装飾品などによりアイデンティティを主張していたと考えられる。したがって，人種以外の視覚的手がかりがカテゴリー化に強く影響することは，進化論的に考えるとむしろ理に適っている。

3．リバース・エンジニアリング

進化心理学の優れた点として，リバース・エンジニアリングによる仮説の生成力があげられる（Pinker, 1997）。リバース・エンジニアリングとは，究極要因の理論が想定する機能から，その機能を実現するためにはどのようなデザイン（心のはたらき方のしくみ）が必要かを推論することである。これは，おもに実証研究の知見からボトムアップに理論を構築する従来の社会心理学には利用できなかった仮説生成法である。

たとえば，私たちはどのようにしたら幸せになれるのか知っているだろうか。答えはイエスであるように思われる。私たちは幸せになるためには，何をして何を手に入れればよいかを知っていると思っている。ところが，実際には，私たちは感情予測（affective forecasting）が苦手であり，何をすれば自分が幸せになれるのかが本当のところはよくわかっていない（Gilbert, 2006）。

進化心理学者のネトル（Nettle, 2005）は，進化論的な観点からなぜ人々が幸せになれないのかについてリバース・エンジニアリング的な分析を行なっている。ネトルは，まず自然淘汰が適応度の相対的な違いにかかることに注目した。つまり，何をどれだけ手に入れれば適応的かという不変の基準はなく，常に周囲の人との比較によって自分が適応的かどうかが変化してしまうのである。たとえば，社会的地位を手に入れることができれば幸せであるとしても，誰しもが地位を求めて競争しているので，どこまで到達してもなかなかこれで十分ということにはならない（同期より一足先に係長に昇進したとしても，次に係長同士の競争が待っている）。自然淘汰が適応度の相対的な違いにかかること

を考えると，人々が現状に完全に満足することはないはずである。

競争に勝っても幸せになれないのならば，そもそも競争すること自体が不毛なことに感じられる。それにもかかわらず，適応度競争をしない個体は早晩淘汰されてしまうので，自然淘汰はヒトに不毛な競争に参加する傾向を進化させたはずである。たとえば，ある地位を手に入れるまでは，「あの地位につければ自分は幸せになれる」という期待を抱いて，それに向かってまい進する個体のほうが，最初から競争に参加しないであきらめてしまう個体よりも適応的なのである。このように考えると，自然淘汰は，何かを達成すれば幸せになれると信じて競争し続け，達成するやそれに満足できなくなるように，そして何度それを経験してもそのことが学習できないように心をデザインしたと予測できる。

4．まとめ

進化論的観点は，社会心理学に対して少なくとも3つの意味で有益である。第1に，従来howの疑問だけを扱っていた社会心理学に，whyの問いという新たな問題設定が可能であることを示してくれる。第2に，従来の社会心理学が事実として受け入れていただけだったことが，じつは事実として受け入れるには不思議な現象（進化論的パズル）であることを教えてくれる。第3に，リバース・エンジニアリングにより，適応上の機能からさかのぼって，それを実現するための心のはたらき方について具体的な予測をすることが可能になる。

4節　おわりに

本章では，進化心理学という分野の特徴を概観し，進化論的観点をとることが社会心理学にとってどのような意味をもつのかを考えてきた。進化論は，私たちが人間の社会行動を理解する際に検討する仮説の範囲を制限するものである。しかし，この制約のもとで考えるからこそ見えてくるパズルがある。また，この制約があるからこそ，ヒトの心のはたらきはこうなっていなければならないという予測ができることもある。なにより，この制約に従うからこそ，進化

心理学は他の生命科学と同じ土俵にあがることができるのである。

　ここでは扱いきれなかったが，進化論的な人間行動の研究は他の生命科学の諸領域の研究の進展を受けてさらなる広がりをみせている。たとえば，社会心理学では人と状況の相互作用を考える際に，実験室で操作可能な"短期的"状況の影響を考える傾向がある。しかし，より長期的な状況要因（たとえば，幼少期の社会環境や親との関係）が行動や性格に長期的な影響を与えることも考えられる。従来の心理学では，これは生物学的影響とは対極にある環境の影響と考えられてきた。しかし，生物学では，初期の環境の違いにより異なる表現型を発達させる可塑性の進化は広く知られている。たとえば，ある種の淡水の巻貝では，周辺にいる捕食者（ザリガニや魚など）に応じて，捕食されにくいように貝殻の形が変化することが知られている。このような環境に対応した表現型の可塑性は進化論の射程に入っている。近年，表現型の可塑性の理論をはじめとした動物の個体差の進化を説明する理論をヒトにも適用した発達研究，個人差研究がさかんになってきている（Buss, 2009; Nettle, 2007）。同様に，ヒトの行動の地域差（つまり文化差）を進化論の枠組みで扱おうとする考え方も広く受け入れられ始めている（Richerson & Boyd, 2005）。進化論的な観点は，一見，厳しい制約にみえるかもしれないが，実際には分野を超えた新たな研究の地平を社会心理学に提供するものである。

引用文献

■1章
Alicke, M. D., Klotz, M. L., Breitenbecher, D. L., & Yurak, T. J. (1995). Personal contact, individuation, and the better-than-average effect. *Journal of Personality and Social Psychology*, **68**, 804-825.
Andersen, S. M., & Chen, S. (2002). The relational self: An interpersonal social-cognitive theory. *Psychological Review*, **109**, 619-645.
Bargh, J. A., Gollwitzer, P. M., Lee-Chai, A., Barndollar, K., & Trötschel, R. (2001). The automated will: Nonconscious activation and pursuit of behavioral goals. *Journal of Personality and Social Psychology*, **81**, 1014-1027.
Baumeister, R. F., Bratslavsky, E., Muraven, M., & Tice, D. M. (1998). Ego depletion: is the active self a limited resource? *Journal of Personality and Social Psychology*, **74**, 1252-1265.
Baumeister, R. F., Bushman, B. J., & Campbell, W. K. (2000). Self-Esteem, Narcissism, and Aggression: Does violence result from low self-esteem or from threatened egotism? *Current Directions in Psychological Science*, **9**, 26-29.
Carver, C. S., & Scheier, M. F. (1982). Control theory: A useful conceptual framework for personality-social, clinical, and health psychology. *Psychological Bulletin*, **92**, 111-135.
Collins, R. L. (1996). For better or worse: The impact of upward social comparison on self-evaluations. *Psychological Bulletin*, **119**, 51-69.
Crocker, J., & Wolfe, C. T. (2001). Contingencies of self-worth. *Psychological Review*, **108**, 593-623.
Duval, S., & Wicklund, R. A. (1972). *A theory of objective self-awareness*. Oxford, England: Academic Press.
Fishbach, A., Friedman, R. S., & Kruglanski, A. W. (2003). Leading us not into temptation: Momentary allurements elicit overriding goal activation. *Journal of Personality and Social Psychology*, **84**, 296-309.
Greenberg, J., Pyszczynski, T., & Solomon, S. (1986). The causes and consequences of a need for self-esteem: A terror management theory. *Public Self and Private Self* (pp. 189-212). New York: Springer.
Greenwald, A. G., McGhee, D. E., & Schwartz, J. L. K. (1998). Measuring individual differences in implicit cognition: The implicit association test. *Journal of Personality and Social Psychology*, **74**, 1464-1480.
Higgins, E. T. (1997). Beyond pleasure and pain. *The American Psychologist*, **52**, 1280-1300.
Jordan, C. H., Spencer, S. J., Zanna, M. P., Hoshino-Browne, E., & Correll, J. (2003). Secure and defensive high self-esteem. *Journal of Personality and Social Psychology*, **85**, 969-978.
Kitayama, S., & Karasawa, M. (1997). Implicit self-esteem in Japan: Name letters and birthday numbers. *Personality and Social Psychology Bulletin*, **23**, 736-742.
Leary, M. R., & Baumeister, R. F. (2000). The nature and function of self-esteem: Sociometer theory. *Advances in experimental social psychology*, **32**, 1-62.

Markus, H. (1977). Self-schemata and processing information about the self. *Journal of Personality and Social Psychology*, **35**, 63-78.

Markus, H., & Kunda, Z. (1986). Stability and malleability of the self-concept. *Journal of Personality and Social Psychology*, **51**, 858-866.

Markus, H., & Nurius, P. (1986). Possible selves. *American Psychologist*, **41**, 954-969.

Nuttin, J. M. (1985). Narcissism beyond Gestalt and awareness: The name letter effect. *European Journal of Social Psychology*, **15**, 353-361.

Ross, L., Greene, D., & House, P. (1977). The "false consensus effect": An egocentric bias in social perception and attribution processes. *Journal of Experimental Social Psychology*, **13**, 279-301.

Sommer, K. L., & Baumeister, R. F. (2002). Self-evaluation, persistence, and performance following implicit rejection: The role of trait self-esteem. *Personality and Social Psychology Bulletin*, **28**, 926-938.

Steele, C. M. (1988). The psychology of self-affirmation: Sustaining the integrity of the self. *Advances in Experimental Social Psychology*, **21**, 261-302.

Svenson, O. (1981). Are we all less risky and more skillful than our fellow drivers? *Acta Psychologica*, **47**, 143-148.

Swann Jr, W. B. (1983). Self-verification: Bringing social reality into harmony with the self. *Social Psychological Perspectives on the Self*, **2**, 33-66.

Taylor, S. E., & Brown, J. D. (1988). Illusion and well-being: A social psychological perspective on mental health. *Psychological Bulletin*, **103**, 193-210.

Tesser, A. (1988). Toward a self-evaluation maintenance model of social behavior. *Advances in Experimental Social Psychology*, **21**, 181-227.

Trope, Y. (1982). Self-assessment and task performance. *Journal of Experimental Social Psychology*, **18**, 201-215.

■2章

Allport, G. W. (1954). *The nature of prejudice*. Boston, MA: Addison-Wesley. 原谷達夫・野村昭(訳)(1968). 偏見の心理学　培風館

Asch, S. E. (1946). Forming impressions of personality. *Journal of Abnormal and Social Psychology*, **41**, 258-290.

Bargh, J. A. (1994). The four horsemen of automaticity: Awareness, intention, efficiency, and control in social cognition. In R. S. Wyer & T. K. Srull (Eds.), *Handbook of social cognition* (Vol. 1, pp. 1-40). NJ: Erlbaum.

Bodenhausen, G. V., Kramer, G. P., & Süesser, K. (1994). Happiness and stereotypic thinking in social judgment. *Journal of Personality and Social Psychology*, **66**, 621-632.

Brewer, M. B. (1988). A dual process model of impression formation. In T. S. Srull & R. S. Wyer (Eds.), *Advances in social cognition* (Vol. 1, pp. 1-36). NJ: Lawrence Erlbaum Associates.

Bruner, J. S., & Tagiuri, R. (1954). The perception of people. In G. Lindzey (Ed.), *Handbook of social psychology* (Vol. 2, pp. 634-654). MA: Addison-Wesley.

Cantor, N., & Mischel, W. (1977). Traits as prototypes: Effects on recognition memory. *Journal of Personality and Social Psychology*, **35**, 38-48.

Collins, A. M., & Loftus, E. F. (1975). A spreading activation theory of semantic processing.

Psychological Review, **82**, 407-428.
Devine, P. G. (1989). Stereotypes and prejudice: Their automatic and controlled components. *Journal of Personality and Social Psychology*, **56**, 5-18.
Fein, S., & Spencer, S. J. (1997) Prejudice as self-image maintenance: Affirming the self thorough derogating others. *Journal of Personality and Social Psychology*, **73**, 31-44.
Fiske, S. T., Cuddy, A. J. C., Glick, P., & Xu, J. (2002). A model of (often mixed) stereotype content: Competence and warmth respectively follow from perceived status and competition. *Journal of Personality and Social Psychology*, **82**, 878-902.
Fiske, S. T., & Neuberg, S. L. (1990). A continuum model of impression formation, from category-based to individuating processes: Influence of information and motivation on attention and interpretation. In M. P. Zanna (Ed.), *Advances in experimental social psychology* (Vol. 23, pp.1-74).
Gerard, H. B., & Hoyt, M. F. (1974). Distinctiveness of social categorization and attitude toward ingroup members. *Journal of Personality and Social Psychology*, **29**, 836-842.
Gilbert, D. T., & Malone, P. S. (1995). The correspondence bias. *Psychological Bulletin*, **117**, 21-38.
Gilbert, D. T., Pelham, B. W., & Krull, D. S. (1988). On cognitive business: When person perceivers meet person perceived. *Journal of Personality and Social Psychology*, **54**, 733-740.
Heider, F. (1958). *The psychology of interpersonal relations*. NY: Wiley.
Higgins, E. T., Rholes, W. S., & Jones, C. R. (1977). Category accessibility and impression formation. *Journal of Experimental Social Psychology*, **73**, 141-154.
Hodges, B. H. (1974). Effect of valence on relative weighting in impression formation. *Journal of Personality and Social Psychology*, **30**, 378-381.
Jones, E. E., & Davis, K. E. (1965). From acts to dispositions: The attribution process in person perception. In L. Berkowitz (Ed.), *Advances in experimental social psychology* (Vol. 2, pp.219-266). NY: Academic Press.
Kawakami, K., Dion, K. L., & Dovidio, J. F. (1998). Racial prejudice and stereotype activation. *Personality and Social Psychology Bulletin*, **24**, 407-416.
Kelley, H. H. (1971). Attribution in social interaction. In E. E. Jones, D. E. Kanouse, H. H. Kelley, R. E. Nisbett, S. Valins & B. Weiner (Eds.), *Attribution: Perceiving the causes of behavior* (pp. 95-120). NJ: General Learning Press.
Lieberman, M. D., Gaunt, R., Gilbert, D. T., & Trope, Y. (2002). Reflection and reflexion: A social cognitive neuroscience approach to attributional inference. In M. Zanna (Ed.), *Advances in experimental social psychology* (Vol. 34, pp.199-249). CA: Academic Press.
Linville, P. W., Fischer, G. W., & Salovey, P. (1989). Perceived distributions of the characteristics of ingroup and outgroup members: Empirical evidence and a computer simulation. *Journal of Personality and Social Psychology*, **57**, 165-188
Macrae, C. N., Milne, A. B., & Bodenhausen, G. V. (1994). Stereotypes as energy-saving devices: A peek inside the cognitive toolbox. *Journal of Personality and Social Psychology*, **66**, 37-47.
Malle, B. F. (1999). How people explain behavior: A new theoretical framework. *Personality and Social Psychology Review*, **3**, 23-48.
Malle, B. F. (2001). Folk Explanations of Intentional Action. In F. Malle, L. J. Moses & D. A. Baldwin (Eds.), *Intentions and intentionality: Foundations of social cognition* (pp. 264-286). MA: MIT Press.

Malle, B. F. (2005). Folk theory of mind: Conceptual foundations of human social cognition. In R. Hassin, J. S. Uleman & J. A. Bargh (Eds.), *The new unconscious* (pp. 225-255). NY: Oxford University Press.

Park, B., & Rothbart, M. (1982). Perception of out-group homogeneity and levels of social categorization: Memory for the subordinate attributes of in-group and out-group members. *Journal of Personality and Social Psychology*, **42**, 1051-1068.

Plant, E. A., & Devine, P. G. (1998). Internal and external motivation to respond without prejudice. *Journal of Personality and Social Psychology*, **75**, 811-832.

Reeder, G. D., Vonk, R., Ronk, M. J., Ham, J., & Lawrence, M. (2004). Dispositional attribution: Multiple inferences about motive-related traits. *Journal of Personality and Social Psychology*, **86**, 530-544.

Ross, L. D., Amabile, T. M., & Steinmetz, I. L. (1977). Social roles, social control, and biases in social-perception processes. *Journal of Personality and Social Psychology*, **35**, 485-494.

坂元　章(1995)．血液型ステレオタイプによる選択的な情報使用―女子大学生に対する2つの実験　実験社会心理学研究, **35**, 35-48.

Tajfel, H., Billig, M., Bundy, R. P., & Flament, C. (1971). Social categorization and intergroup behaviour. *European Journal of Social Psychology*, **1**, 149-178.

Tajfel, H., & Wilkes, A. L. (1963). Classification and quantitative judgement. *British Journal of Psychology*, **54**, 101-114.

Todorov, A., & Uleman, J. S. (2002). Spontaneous trait inferences are bound to actors' faces: Evidence from a false recognition paradigm. *Journal of Personality and Social Psychology*, **39**, 549-562.

Trope, Y., & Gaunt, R. (2000). Processing alternative explanations of behavior: Correction or integration? *Journal of Personality and Social Psychology*, **79**, 344-354.

Weber, R., & Crocker, J. (1983).Cognitive processes in the revision of stereotypic beliefs. *Journal of Personality and Social Psychology*, **45**, 961-977.

Winter, L., & Uleman, J. S. (1984). When are social judgments made? Evidence for the spontaneousness of trait inferences. *Journal of Personality and Social Psychology*, **47**, 237-252.

■3章

Ackerman, J. M., Nocera, C. C., & Bargh, J. A. (2010). Incidental haptic sensations influence social judgments and decisions. *Science*, **328**, 1712-1715.

Ambady, N., & Rosenthal, R. (1993). Half a minute: Predicting teacher evaluations from thin slices of nonverbal behavior and physical attractiveness. *Journal of Personality and Social Psychology*, **64**, 431-441.

Andersen, S. M., & Chen, S. (2002). The relational self: An interpersonal social-cognitive theory. *Psychological Review*, **109**, 619-645.

Andersen, S. M., Glassman, N. S., Chen, S., & Cole, S. W. (1995). Transference in social perception: The role of chronic accessibility in significant-other representations. *Journal of Personality and Social Psychology*, **69**, 41-57.

Andersen, S. M., Reznik, I., & Manzella, L. M. (1996). Eliciting transient affect, motivation, and expectancies in transference: Significant-other representations and the self in social relations. *Journal of Personality and Social Psychology*, **71**, 1108-1129.

Aron, A., Aron, E. N., Tudor, M., & Nelson, G. (1991). Close relationships as including other in the self. *Journal of Personality and Social Psychology*, 60, 241-253.
Baldwin, M. W. (1992). Relational schemas and the processing of information. *Psychological Bulletin*, 112, 461-484.
Baldwin, M. W., Carrell, S. E., & Lopez, D. F. (1990). Priming relationship schemas: My advisor and the Pope are watching me from the back of my mind. *Journal of Experimental Social Psychology*, 26, 435-454.
Baldwin, M. W., & Holmes, J. G. (1987). Salient private audiences and awareness of the self. *Journal of Personality and Social Psychology*, 52, 1087-1098.
Baldwin, M. W., & Sinclair, L. (1996). Self-esteem and "if . . . then"contingencies of interpersonal acceptance. *Journal of Personality and Social Psychology*, 71, 1130-1141.
Bargh, J. A. (1994). The four horsemen of automaticity: Awareness, intention, efficiency, and control in social cognition. In R. S. Wyer, Jr. & T. K. Srull (Eds.), *Handbook of Social Cognition* (2nd ed., pp. 1-40). Hillsdale, NJ: Erlbaum.
Bargh, J. A., Chen, M., & Burrows, L. (1996). Automaticity of social behavior: Direct effects of trait construct and stereotype activation on action. *Journal of Personality and Social Psychology*, 71, 230-244.
Bodenhausen, G. V., Kramer, G. P., & Süsser, K. (1994). Happiness and stereotypic thinking in social judgment. *Journal of Personality and Social Psychology*, 66, 621-632.
Bower, G. H. (1981). Mood and memory. *American Psychologist*, 36, 129-148.
Brewer, M. B. (1988). A dual process model of impression formation. In R. S. Wyer, Jr. & T. K. Srull (Eds.), *Advances in social cognition* (Vol. 1, pp. 1-36). Hillsdale, NJ: Erlbaum.
Bruner, J. S. (1957). On perceptual readiness. *Psychological Review*, 64, 123-152.
Carney, D. R., Cuddy, A. J., & Yap, A. J. (2010). Power posing brief nonverbal displays affect neuroendocrine levels and risk tolerance. *Psychological Science*, 21, 1363-1368.
Chaiken, S. (1980). Heuristic versus systematic information processing and the use of source versus message cues in persuasion. *Journal of Personality and Social Psychology*, 39, 752-766.
Chaiken, S., & Trope, Y. (Eds.) (1999). *Dual-process theories in social psychology*. New York: Guilford Press.
Chen, S., Boucher, H. C., & Tapias, M. P. (2006). The relational self revealed: Integrative conceptualization and implications for interpersonal life. *Psychological Bulletin*, 132, 151-179.
Collins, A. M., & Loftus, E. F. (1975). A spreading-activation theory of semantic processing. *Psychological Review*, 82, 407-428.
Collins, A. M., & Quillian, M. R. (1969). Retrieval time from semantic memory. *Journal of Verbal learning and Verbal Behavior*, 8, 240-247.
Darwin, C. R. (1872). *The expression of the emotions in man and animals*. New York: AMS Press.
Devine, P. G. (1989). Stereotypes and prejudice: Their automatic and controlled components. *Journal of Personality and Social Psychology*, 56, 5-18.
Dijksterhuis, A. (2004). Think different: The merits of unconscious thought in preference development and decision making. *Journal of Personality and Social Psychology*, 87, 586-598.
Dijksterhuis, A., & Nordgren, L. F. (2006). A theory of unconscious thought. *Perspectives on*

Psychological Science, 1, 95-109.
Ekman, P., Levenson, R. W., & Friesen, W. V. (1983). Autonomic nervous system activity distinguishes among emotions. *Science*, 221, 1208-1210.
Epley, N., & Gilovich, T. (2006). The anchoring-and-adjustment heuristic why the adjustments are insufficient. *Psychological Science*, 17, 311-318.
Epstein, S. (1991). Cognitive-experiential self-theory: An integrative theory of personality. In R. Curtis (Ed.), *The relational self: Convergences in psychoanalysis and social psychology* (pp. 111-137). New York: Guilford Press.
Evans, J. S. B., & Stanovich, K. E. (2013). Dual-process theories of higher cognition advancing the debate. *Perspectives on Psychological Science*, 8, 223-241.
Fazio, R. H., Chen, J. M., McDonel, E. C., & Sherman, S. J. (1982). Attitude accessibility, attitude-behavior consistency, and the strength of the object-evaluation association. *Journal of Experimental Social Psychology*, 18, 339-357.
Fein, S., Hilton, J. L., & Miller, D. T. (1990). Suspicion of ulterior motivation and correspondence bias. *Journal of Personality and Social Psychology*, 58, 753-764.
Fitzsimons, G. M., & Bargh, J. A. (2003). Thinking of you: Nonconscious pursuit of interpersonal goals associated with relationship partners. *Journal of Personality and Social Psychology*, 84, 148-164.
Gawronski, B., & Bodenhausen, G. V. (2006). Associative and propositional processes in evaluation: An integrative review of implicit and explicit attitude change. *Psychological Bulletin*, 132, 692-731.
Gigerenzer, G., & Gaissmaier, W. (2011). Heuristic decision making. *Annual Review of Psychology*, 62, 451-482.
Gigerenzer, G., & Hoffrage, U. (1995). How to improve bayesian reasoning without instruction: Frequency formats. *Psychological Review*, 102, 684-704.
Gigerenzer, G., Todd, P. M., & the ABC Research Group (1999). *Simple heuristics that make us smart*. New York: Oxford University Press.
Gladwell, M. (2005). *Bink: The power of thinking without thinking*. New York: Little Brown.
Glassman, N. S., & Andersen, S. M. (1999). Activating transference without consciousness: Using significant-other representations to go beyond what is subliminally given. *Journal of Personality and Social Psychology*, 77, 1146-1162.
Goldstein, D. G., & Gigerenzer, G. (2002). Models of ecological rationality: The recognition heuristic. *Psychological Review*, 109, 75-90.
Hammond, K. R. (1980). The integration of research in judgment and decision theory (No. CRJP-226). Colorado University at Boulder Center for Research on Judgement and Policy.
Higgins, E. T. (1987). Self-discrepancy: A theory relating self and affect. *Psychological Review*, 94, 319-340.
Higgins, E. T. (1996). Knowledge activation: Accessibility, applicability, and salience. In E. T. Higgins & A. W. Kruglanski (Eds.), *Social psychology: Handbook of basic principles* (pp. 133-168). New York: Guilford Press.
Higgins, E. T., & Eitam, B. (2014). Priming… shmiming: It's about knowing when and why stimulated memory representations become active. *Social Cognition*, 32, 225-242.
Higgins, E. T., & King, G. (1981). Accessibility of social constructs: Information processing

consequences of individual and contextual variability. In N. Cantor & J. Kihlstrom (Eds.), *Personality, cognition, and social interaction* (pp. 69-121). Hillsdale, NJ: Erlbaum.

Higgins, E. T., Rholes, W. S., & Jones, C. R. (1977). Category accessibility and impression formation. *Journal of Experimental Social Psychology*, **13**, 141-154.

Hinkley, K., & Andersen, S. M. (1996). The working self-concept in transference: Significant-other activation and self change. *Journal of Personality and Social Psychology*, **71**, 1279-1295.

Hoyer, W. D., & Brown, S. P. (1990). Effects of brand awareness on choice for a common, repeat-purchase product. *Journal of Consumer Research*, **17**, 141-148.

Johnson-Laird, P. N. (1982). Ninth Bartlett memorial lecture. Thinking as a skill. *The Quarterly Journal of Experimental Psychology*, **34**, 1-29.

Kahneman, D. (2011). *Thinking, fast and slow.* 村井章子(訳)(2012). ファスト&スロー——あなたの意思はどのように決まるか？（上・下） 早川書房

Kahneman, D., & Tversky, A. (1973). On the psychology of prediction. *Psychological Review*, **80**, 237-251.

工藤恵理子(2012). 社会的認知 大山　正(監修)・岡　隆(編著) 心理学研究法5　社会 (pp. 23-43) 誠信書房

Laird, J. D. (1974). Self-attribution of emotion: The effects of expressive behavior on the quality of emotional experience. *Journal of Personality and Social Psychology*, **29**, 475-486.

Lieberman, M. D. (2007). Social cognitive neuroscience: A review of core processes. *Annual Review of Psychology*, **58**, 259-289.

Lieberman, M. D., Gaunt, R., Gilbert, D. T., & Trope, Y. (2002). Reflexion and reflection: A social cognitive neuroscience approach to attributional inference. *Advances in Experimental Social Psychology*, **34**, 199-249.

Lombardi, W. J., Higgins, E. T., & Bargh, J. A. (1987). The role of consciousness in priming effects on categorization assimilation versus contrast as a function of awareness of the priming task. *Personality and Social Psychology Bulletin*, **13**, 411-429.

Macdonald, E. K., & Sharp, B. M. (2000). Brand awareness effects on consumer decision making for a common, repeat purchase product: A replication. *Journal of Business Research*, **48**, 5-15.

Meyer, D. E., & Schvaneveldt, R. W. (1971). Facilitation in recognizing pairs of words: Evidence of a dependence between retrieval operations. *Journal of Experimental Psychology*, **90**, 227-234.

Moskowitz, G. B., Gollwitzer, P. M., Wasel, W., & Schaal, B. (1999). Preconscious control of stereotype activation through chronic egalitarian goals. *Journal of Personality and Social Psychology*, **77**, 167-184.

Mussweiler, T., & Strack, F. (2000). The use of category and exemplar knowledge in the solution of anchoring tasks. *Journal of Personality and Social Psychology*, **78**, 1038-1052.

Neely, J. H. (1977). Semantic priming and retrieval from lexical memory: Roles of inhibitionless spreading activation and limited-capacity attention. *Journal of Experimental Psychology: General*, **106**, 226-254

Newman, L. S., & Uleman, J. S. (1990). Assimilation and contrast effects in spontaneous trait inference. *Personality and Social Psychology Bulletin*, **16**, 224-240.

Nieuwenstein, M. R., Wierenga, T., Morey, R. D., Wicherts, J. M., Blom, T. N., Wagenmakers,

E. J., & van Rijn, H. (2015). On making the right choice: A meta-analysis and large-scale replication attempt of the unconscious thought advantage. *Judgment and Decision Making*, 10, 1-17.

大江朋子 (2009). 自動的処理と統制的処理の基本特性　日本社会心理学会 (編)　社会心理学事典 (pp. 52-53)　丸善出版

Petty, R. E., & Cacioppo, J. T. (1986). The elaboration likelihood model of persuasion. *Advances in Experimental Social Psychology*, 19, 123-205.

Pratkanis, A. R. (1989). The cognitive representation of attitudes. In A. R. Pratkanis, S. J. Breckler & A. G. Greenwald (Eds.), *Attitude structure and function* (pp. 71-98). Mahwah, NJ: Lawrence Erlbaum Associates.

Schneider, I. K., Eerland, A., van Harreveld, F., Rotteveel, M., van der Pligt, J., Van der Stoep, N., & Zwaan, R. A. (2013). One way and the other the bidirectional relationship between ambivalence and body movement. *Psychological Science*, 24, 319-325.

Schneider, W., & Shiffrin, R. M. (1977). Controlled and automatic human information processing: I. Detection, search, and attention. *Psychological Review*, 84, 1-66.

Schubert, T. W. (2005). Your highness: Vertical positions as perceptual symbols of power. *Journal of Personality and Social Psychology*, 89, 1-21.

Schul, Y., Mayo, R., & Burnstein, E. (2004). Encoding under trust and distrust: The spontaneous activation of incongruent cognitions. *Journal of Personality and Social Psychology*, 86, 668-679.

Shah, J. (2003a). Automatic for the people: How epresentations of significant others implicitly affect goal pursuit. *Journal of Personality and Social Psychology*, 84, 661-681.

Shah, J. (2003b). The motivational looking glass: How significant others implicitly affect goal appraisals. *Journal of Personality and Social Psychology*, 85, 424-439.

Shastri, L., & Ajjanagadde, V. (1993). From simple associations to systematic reasoning: A connectionist representation of rules, variables and dynamic bindings using temporal synchrony. *Behavioral and Brain Sciences*, 16, 417-451.

Sherman, G. D., & Clore, G. L. (2009). The color of sin white and black are perceptual symbols of moral purity and pollution. *Psychological Science*, 20, 1019-1025.

Sherman, J. W., Gawronski, B., & Trope, Y. (Eds.). (2014). *Dual-process theories of the social mind*. New York: Guilford Press.

Stanovich, K. E., & West, R. F. (2000). Advancing the rationality debate. *Behavioral and Brain Sciences*, 23, 701-717.

Strack, F., Martin, L. L., & Stepper, S. (1988). Inhibiting and facilitating conditions of the human smile: A nonobtrusive test of the facial feedback hypothesis. *Journal of Personality and Social Psychology*, 54, 768-777.

Strack, F., Schwarz, N., Bless, H., Kübler, A., & Wänke, M. (1993). Awareness of the influence as a determinant of assimilation versus contrast. *European Journal of Social Psychology*, 23, 53-62.

Tiedens, L. Z., & Linton, S. (2001). Judgment under emotional certainty and uncertainty: The effects of specific emotions on information processing. *Journal of Personality and Social Psychology*, 81, 973-988.

Trope, Y. (1986). Identification and inferential processes in dispositional attribution.

Psychological Review, 93, 239-257.
Tversky, A., & Kahneman, D. (1973). Availability: A heuristic for judging frequency and probability. *Cognitive Psychology*, 5, 207-232.
Tversky, A., & Kahneman, D. (1974). Judgment under uncertainty: Heuristics and biases. *Science*, 185, 1124-1131.
Wegner, D. M., & Bargh, J. A. (1998). Control and automaticity in social life. In D. T. Gilbert, S. T. Fiske & G. Lindzey (Eds.), *Handbook of social psychology* (4th ed., Vol. 1, pp. 446-496). Boston: McGraw-Hill.
Wegner, D. M., & Gold, D. B. (1995). Fanning old flames: Emotional and cognitive effects of suppressing thoughts of a past relationship. *Journal of Personality and Social Psychology*, 68, 782-792.
Wells, G. L., & Petty, R. E. (1980). The effects of overhead movements on persuasion: Compatibility and incompatibility of responses. *Basic and Applied Social Psychology*, 1, 219-230.
Williams, L. E., & Bargh, J. A. (2008). Experiencing physical warmth promotes interpersonal warmth. *Science*, 322, 606-607.
Yap, A. J., Wazlawek, A. S., Lucas, B. J., Cuddy, A. J., & Carney, D. R. (2013). The ergonomics of dishonesty the effect of incidental posture on stealing, cheating, and traffic violations. *Psychological Science*, 24, 2281-2289.

■4章

Ajzen, I. (1991). The theory of planned behavior. *Organizational Behavior and Human Decision Processes*, 50, 179-211.
Allport, G. W. (1935). Attitudes. In C. Murchison (Ed.), *Handbook of social psychology* (pp. 798-844). Worcester, MA: Clark University Press.
Barden, J., & Petty, R. E. (2008). The mere perception of elaboration creates attitude certainty: Exploring the thoughtfulness heuristic. *Journal of Personality and Social Psychology*, 95, 489-509.
Brehm, J. W. (1956). Postdecision changes in the desirability of alternatives. *Journal of Abnormal and Social Psychology*, 52, 384-389.
Briñol, P., & Petty, R. E. (2003). Overt head movements and persuasion: A self-validation analysis. *Journal of Personality and Social Psychology*, 84, 1123-1139.
Briñol, P., Petty, R. E., & Wagner, B. C. (2012). Embodied validation: Our body can change and also validate our thoughts. In P. Briñol & K. G. DeMarree (Eds.), *Social metacognition* (pp. 219-240). New York: Psychology Press.
Cacioppo, J. T., Marshall-Goodell, B. S., Tassinary, L. G., & Petty, R. E. (1992). Rudimentary determinants of attitudes: Classical conditioning is more effective when prior knowledge about attitude stimulus is low than high. *Journal of Experimental Social Psychology*, 28, 207-233.
Chaiken, S., Liberman, A., & Eagly, A. H. (1989). Heuristic and systematic information processing within and beyond the persuasion context. In J. S. Ulman & J. A. Bargh (Eds.), *Unintended thought* (pp. 212-252). New York: Guilford Press.
Clark, J. K., Wegener, D. T., & Fabrigar, L. R. (2008). Attitude ambivalence and message-based

persuasion: Motivated processing of proattitudinal information and avoidance of counter attitudinal information. *Personality and Social Psychology Bulletin*, 34, 565-577.
Dasgupta, N., McGhee, D. E., Greenwald, A. G., & Banaji, M. R. (2000). Automatic preference for White Americans: Eliminating the familiarity explanation. *Journal of Experimental Social Psychology*, 36, 316-328.
Dickerson, C. A. Thibodeau, R., Aronson, E., & Miller, D. (1992). Using Cognitive dissonance to encourage water conservation. *Journal of Applied Social Psychology*, 22, 841-854.
Dovidio, J. F., Kawakami, K., Johnson, C., Johnson, B., & Howard, A. (1997). On the nature of prejudice: Automatic and controlled processes. *Journal of Experimental Social Psychology*, 33, 510-540.
Eagly, A. H., & Chaiken, S. (1993). *The psychology of attitudes*. Orlando, FL: Harcourt Brace.
Fazio, R. H. (1995). Attitudes as object-evaluation associations: Determinants, consequences, and correlates of attitude accessibility. In R. E. Petty & J. A. Krosnick (Eds.), *Attitudes strength: Antecedents and consequences* (pp. 247-282). Hillsdale, NJ: Erlbaum.
Fazio, R. H., Sanbonmatsu, D. M., Powell, M. C., & Kardes, F. R. (1986). On the automatic activation of attitudes. *Journal of Personality and Social Psychology*, 50, 229-238.
深田博己(2002). 説得研究の基礎知識 深田博己(編著)説得心理学ハンドブック―説得コミュニケーション研究の最前線(pp. 2-44) 北大路書房
Greenwald, A. G., McGhee, D., & Schwartz, J. (1998). Measuring individual differences in implicit cognition: The implicit association test. *Journal of Personality and Social Psychology*, 74, 1464-1480.
Higgins, E. T., & Rholes, W. S. (1978). "Saying is believing": Effects of message modification on memory and liking for the person described. *Journal of Experimental Social Psychology*, 14, 363-378.
Holbrook, A. L., Berent, M. K., Krosnick, J. A., Visser, P. S., & Boninger, D. S. (2005). Attitude importance and the accumulation of attitude-relevant knowledge in memory. *Journal of Personality and Social Psychology*, 88, 749-769.
今井芳昭(2006). 説得のモデルと理論 今井芳昭(著) 依頼と説得の心理学―人は他者にどう影響を与えるか(pp. 197-244) サイエンス社
今城周造(2005). 説得への抵抗と心理的リアクタンス―自由の文脈・決定・選択肢モデル 心理学評論, 48, 44-56.
伊藤君男(2002). 説得におけるヒューリスティック処理とシステマティック処理の加算効果―説得者の信憑性・論拠の質・話題への関与の効果 実験社会心理学研究, 41, 137-146.
Jostmann, N. B., Lakens, D., & Schubert, T. W. (2009). Weight as an embodiment of importance. *Psychological Science*, 20, 1169-1174.
Judd, C. M., & Kulik, J. A. (1980). Schematic effects of social attitudes on information processing and recall. *Journal of Personality and Social Psychology*, 38, 569-578.
Katz, D. (1960). The functional approach to the study of attitudes. *Public Opinion Quarterly*, 24, 163-204.
Krosnick, J. A., & Petty, R. E. (1995). Attitude strength: An overview. In R. E. Petty & J. A. Krosnick (Eds.), *Attitudes strength: Antecedents and consequences* (pp. 1-24). Hillsdale, NJ: Erlbaum.
Lord, C. G., Ross, L., & Lepper, M. R. (1979). Biased assimilation and attitude polarization: The

effects of prior theories on subsequently considered evidence. *Journal of Personality and Social Psychology*, 37, 2098-2109.

Maio, G. R., & Haddock, G. (2009). *The Psychology of attitudes and attitude change*. London: Sage Publications.

McGuire, W. J. (1964). Inducing resistance to persuasion: Some contemporary approaches. In L. Berkowitz (Ed.), *Advances in experimental social psychology* (Vol. 1. pp. 191-229). San Diego, CA: Academic Press.

Petty, R. E., Briñol, P., Tormala, Z. L. (2002). Thought confidence as a determinant of persuasion: The self-validation hypothesis. *Journal of Personality and Social Psychology*, 82, 722-741.

Petty, R. E., Briñol, P., Tormala, Z. L., & Wegener, D. T. (2007). The role of metacognition in social judgment. In A. W. Kruglanski & E. T. Higgins (Eds.), *Social psychology: Handbook of basic principles* (2nd ed., pp. 254-284). New York: Guilford Press.

Petty, R. E., & Cacioppo, J. T. (1986). The elaboration likelihood model of persuasion. In L. Berkowitz (Ed.), *Advances in experimental social psychology* (Vol. 19, pp. 123-205). New York: Academic Press.

Strack, F., & Deutsch, R. (2004). Reflective and impulsive determinants of social behavior. *Personality and Social Psychology Review*, 8, 220-247.

Wells, G. L., & Petty, R. E. (1980). The effects of overt head movements on persuasion: Compatibility and incompatibility of responses. *Basic and Applied Social Psychology*, 1, 219-230.

■5章

Adams, S. (1965). Inequity in social exchange. *Advances in experimental social psychology*, 2, 267-299.

Altman, I. (1974). The communication of interpersonal attitudes: An ecological approach. In T. L. Huston (Ed.), *Foundations of interpersonal attraction*. New York: Academic Press.

Altman, I., & Taylor, D. A. (1973). *Social penetration: The development of interpersonal relationships*. New York: Holt, Rinehart & Winston.

Anderson, N. H. (1968). Likableness ratings of 555 personality-trait words. *Journal of Personality and Social Psychology*, 9, 272-279.

Aron, A., Aron, E. N., Tudor, M., & Nelson, G. (1991). Close relationships as including other in self. *Journal of Personality and Social Psychology*, 60, 241-253.

Aronson, E., & Linder, D. (1965). Gain and loss of esteem as determinants of interpersonal attractiveness. *Journal of Experimental Social Psychology*, 1, 156-171.

Berg, J. H., & Clark, M. S. (1986). Differences in social exchange between intimate and other relationships: Gradually evolving or quickly apparent? In V. J. Derlega & B. A. Winstead (Eds.), *Friendship and social interaction*. Springer-Verlag.

Berscheid, E., & Walster, E. (1978). *Interpersonal attraction* (2nd ed.). Reading, Mass.: Addison-Wesley.

Bradbury, T. N., & Fincham, F. D. (1990). Attributions in marriage: Review and critique. *Psychological Bulletin*, 107, 3-33.

Byrne, D., & Nelson, D. (1965). Attraction as a linear function of proportion of positive reinforcements. *Journal of Personality and Social Psychology*, 1, 659-663.

Clark, M. S., & Mills, J. (1979). Interpersonal attraction in exchange and communal relationships. *Journal of Personality and Social Psychology*, **37**, 12-24.

Collins, N. L., & Miller, L. C. (1994). Self-disclosure and liking: A meta-analytic review. *Psychological Bulletin*, **116**, 457-475.

Crohan, S. E. (1992). Marital happiness and spousal consensus on beliefs about marital conflict: A longitudinal investigation. *Journal of Social and Personal Relationships*, **9**, 89-102.

Dion, K. K. (1972). Physical attractiveness and evaluation of children's transgressions. *Journal of Personality and Social Psychology*, **24**, 207-213.

Dion, K. E., Berscheid, E., & Walster, E. (1972). What is beautiful is good. *Journal of Personality and Social Psychology*, **24**, 285-290.

Dutton, D. G., & Aron, A. P. (1974). Some evidence for heightened sexual attraction under conditions of high anxiety. *Journal of Personality and Social Psychology*, **30**, 510-517.

Festinger, L. (1957). *A theory of cognitive dissonance*. Evanston Ill: Row Peterson.

Festinger, L., Schachter, S., & Back, K. (1950). *Social pressures in informal groups: A study of human factors in housing*. New York: Harper.

Griffitt, W. (1970). Environmental effects on interpersonal affective behavior: Ambient effective temperature and attraction, *Journal of Personality and Social Psychology*, **15**, 240-244.

Heider, F. (1958). *The psychology of interpersonal relations*. New York: Wiley.

Hill, C. T., Rubin, Z., & Peplau, L. A. (1976). Break-ups before marriage: The end of 103 affairs. *Journal of Social Issues*, **32**, 147-168.

Homans, G. C. (1961). *Social behavior: Its elementary forms*. New York: Harcourt, Brace, and World.

Jecker, J., & Landy, D. (1969). Liking a person as a function of doing him a favour. *Human Relations*, **22**, 371-378.

Kelley, H. H. (1979). *Personal relationships: Their structure and processes*. New Jersey: Lawrence Erlbaum.

Levinger, G., & Snoek, J. D. (1972). *Attraction in relationship: A new look at interpersonal attraction*. New York: General Learning Press.

Lott, B. E., & Lott, A. J. (1960). The formation of positive attitudes toward group members. *Journal of Abnormal Social Psychology*, **61**, 297-300.

Newcomb, T. M. (1960). The varieties of interpersonal attraction. In D. Cartwright & A. Zander (Eds.), *Group dynamics: Research and theory* (2nd ed.). Evanston Ill: Row Peterson.

Newcomb, T. M. (1961). *The acquaintance process*. New York: Holt, Rinehart, and Winston.

Oskamp, S. (1977). *Attitudes and opinions*. Englewood Cliffs, NJ: Prentice-Hall.

Reis, H. T., & Shaver, P. (1988). Intimacy as an interpersonal process. In S. W. Duck (Ed.), *Handbook of personal relationships* (pp. 367-389). Chichester, England: Wiley.

Rusbult, C. E. (1980). Commitment and satisfaction in romantic associations: A test of the investment model. *Journal of Experimental Social Psychology*, **16**, 172-186.

Rusbult, C. E., Johnson, D. S., & Morrow, G. D. (1986). Impact of couple patterns of problem solving on distress and nondistress in dating relationships. *Journal of Personality and Social Psychology*, **50**, 744-753.

Rusbult, C. E., Zembrodlt, I. M., & Gunn, L. K. (1982). Exit, voice, loyalty, and neglect: Responses to dissatisfaction in romantic involvements. *Journal of Personality and Social*

Psychology, 43, 1230-1242.
Segal, M. W. (1974). Alphabet and attraction: An unobtrusive measure of the effect of propinquity in a field setting. *Journal of Personality and Social Psychology*, 30, 654-657.
Sigall, J., & Landy, D. (1973). Radiating beauty: Effects of having a physically attractive partner on person perception. *Journal of Personality and Social Psychology*, 28, 218-224.
Simpson, J. A. (1987). The dissolution of romantic relationships: Factors involved in relationship stability and emotional distress. *Journal of Personality and Social Psychology*, 53, 683-692.
Thibaut, J. W., & Kelley, H. H. (1959). *The social psychology of groups*. New York: Wiley.
Walster, E. (1965). The effect of self-esteem on romantic liking. *Journal of Experimental Social Psychology*, 1, 184-197.
Walster, E., Aronson, V., Abrahams, D., & Rottmann, L. (1966). Importance of physical attractiveness in dating behavior, *Journal of Personality and Social Psychology*, 4, 508-516.
Walster, E., Berscheid. E., & Walster, G. W. (1976). New directions in equity research. *Journal of Personality and Social Psychology*, 25, 151-176.
Zajonc, R. B. (1968). The attitudinal effects of mere exposure. *Journal of Personality and Social Psychology*, 9, 1-27.

■6章

Amato, P. R., & Pearce, P. (1983). A cognitively-based taxonomy of helping. In M. Smithson, P. R. Amato & P. Pearce (Eds.), *Dimensions of helping behaviour*. Pergamon Press.
Bandura, A. (1973). *Aggression: Asocial learning analysis*. Engelwood Cliffs, NJ: Prentice-Hall.
Bandura, A., Ross, D., & Ross, S. (1963). Imitation of film-mediated aggressive models. *Journal of Abnormal and Social Psychology*, 67, 601-607.
Baron, R. (1997). The sweet smell of ... helping: Effects of pleasant ambient fragrance on prosocial behavior in shopping malls. *Personality and Social Psychology Bulletin*, 23, 498-503.
Bar-Tal, D. (1976). *Prosocial behavior: Theory and research*. Hemisphere Publishing Corporation.
Batson, C. D., Duncan, B. D., Ackerman, P., Buckley, T., & Birch, K. (1981). Is emphathic emotion a source of altruistic motivation? *Journal of Personality and Social Psychology*, 40, 290-302.
Berkowitz, L. (1998). Affective aggression: the role of stress, pain, and negative affect. In R. G. Geen & E. Donnerstein (Eds.), *Human aggression: Theories, research, and implications for social policy*. San Diego, CA: Academic Press.
Bierhoff, H. W. (2008). Prosocial behavior. In M. Hewstone, W. Stroebe & K. Jonas (Eds.), *Introduction to social psychology: A European Perspective* (4th ed.). Blackwell publishing.
Darley, J. M., & Batson, C. D. (1973). "From Jerusalem to Jericho": A study of situational and dispositional variables in helping behavior. *Journal of Personality and Social Psychology*, 27, 100-108.
Darley, J. M., & Latané, B. (1968). Bystander intervention in emergencies: Diffusion of responsibility. *Journal of Personality and Social Psychology*, 8, 377-383.
Dollard, J., Doob, L., Miller, N. E., Mowrer, O. H., & Sears, R. R. (1939). *Frustration and aggression*. New Haven: Yale University Press. 宇津木 保（訳）(1959). 欲求不満と暴力 誠信書房

引用文献

Eisenberg, N. (1986). *Altruistic emotion, cognition and behavior*. Hillsdale, NJ: Erlbaum.
Ferguson, T. J., & Rule, B. G. (1983). An attributional perspective on anger and aggression. In R. G. Geen & E. Donnerstein (Eds.), *Aggression: Theoretical and empirical reviews: Vol.1. Theoretical and methodological issues*. New York: Academic Press.
Freud, S. (1933). *Warum Krieg? Gesammelte Werke*. Bd.XIV. London: Imago Publishing.　土井正徳・吉田正己(訳)(1955)．何故の戦争か　フロイド選集8　宗教論―幻想の未来　日本教文社
Graf, R. C., & Riddell, L. C. (1972). Helping behavior as a function of interpersonal perception. *Journal of Social Psychology*, 86, 227-231.
箱井英寿・髙木　修(1987)．援助規範意識の性別．年代．および．世代間の比較　社会心理学研究, 3, 39-47.
Howard, W., & Crono, W. D. (1974). Effect of sex, conversation, location, and size of the observer group on bystander intervention in a high risk situation. *Sociometry*, 37, 491-507.
Huesmann, L. R., Moise-Titus, J., Podolski, C., & Eron, L. D. (2003). Longitudinal relations between children's exposure to TV violence and aggressive and violent behavior in young adulthood: 1977-1992. *Developmental Psychology*, 39, 201-221.
加藤義明・松井　豊(1981)．集合住宅住民の心理特性―居住環境と援助行動・援助の規範意識について　総合都市研究, 12, 133-143.
Latané, B., & Darley, J. M. (1968). Group inhibition of bystander intervention in emergencies. *Journal of Personality and Social Psychology*, 10, 215-221.
Latané, B., & Darley, J. M. (1970). *The unresponsive by stander: Why doesn't he help?* Meredith Corporation.
Latané, B., & Darley, J. (1975). *Help in a crisis: Bystander response to an emergency*. Morriston NJ: General Learning Press.
Lorenz, K. (1963). *Das sogenannte Bose: Zur Naturgeschichite der Aggression*. Wien: Dr. G. Borotha-Schoeler Verlag.　日高敏隆・久保和彦(訳)(1970)．攻撃―悪の自然誌　みすず書房
Manning, R., Levine, M., & Collins, A. (2007). The Kitty Genovese murder and the social psychology of helping. *American Psychologist*, 62, 555-562.
Mathews, K. E. Jr., & Canon, L. K. (1975). Environmental noise level as a determinant of helping behavior. *Journal of Personality and Social Psychology*, 32, 571-577.
松井　豊(1981)．援助行動の構造分析　心理学研究, 52, 226-232.
松井　豊(1989)．援助行動の意思決定に関する研究　東京都立大学博士論文
松井　豊(1991)．コミュニティの人間関係(2)：援助行動の地域差　加藤義明(編)　住みごこちの心理学　日本評論社
松井　豊・堀　洋道(1976)．援助に及ぼす状況的要因の影響(1)　日本社会心理学会第17回大会発表論文集, 173-175.
Mehrabian, A., & Epstein, N. (1972). A measure of emotional empathy. *Journal of Personality*, 40, 525-543.
Milgram, S. (1970). The experience of living in cities. *Science*, 167, 1461-1468.
中村陽吉(1982)．援助行動の抑制要因―大都市と地方都市との比較を中心として　東京女子大学附属比較文化研究所紀要, 43, 65-77.
中村陽吉(1987)．援助行動とは　中村陽吉・髙木　修(共編著)　他者を助ける行動の心理学

光生館
大渕憲一(1993).　人を傷つける心—攻撃性の社会心理学　セレクション社会心理学9　サイエンス社
大渕憲一(2000).　攻撃と暴力—なぜ人は傷つけるのか　丸善ライブラリー 324.
Patterson, G. R., Littman, R. A., & Bricker, W. (1967). Assertive behavior in children: A step toward a theory of aggression. *Monographs of the Society for Research in Child Development*, 32.
Piliavin, J. A., Dovidio, J., Gaertner, S., & Clark, R. D. (1981). *Emergency Intervention*. New York: Academic Press.
Piliavin, J. A., Dovidio, J. F., Gaertner, S. L., & Clark, R. D. (1982). Responsive bystanders: The process of intervention. In V. J. Derlega & J. Grzelak (Eds.), *Cooperation and helping behavior: Theories and research*. New York: Academic Press.
Piliavin, J. A., & Piliavin, I. M. (1972). The effects of blood on reactions to a victim. *Journal of Personality and Social Psychology*, 44, 113-126.
妹尾香織・高木　修(2003).　援助行動経験が援助者自身に与える効果—地域で活動するボランティアに見られる援助成果　社会心理学研究, 18(2), 106-118.
妹尾香織・高木　修(2011).　援助・被援助行動の好循環を規定する要因—援助成果志向性が果たす機能の検討　関西大学社会学部紀要, 42(2), 117-130.
清水　裕(1994).　失敗経験と援助行動意図との関係について—低下した自尊感情回復のための認知された援助の道具性　実験社会心理学研究, 34, 21-32.
清水　裕・田中純夫・田中奈緒子・馬場誉史亞・大川　力(2002).　非行少年の自我構造に関する研究V—向社会的行動の構造と関連要因　犯罪心理学研究, 40, 48-49.
高木　修(1982).　順社会的行動のクラスターと行動特性　年報社会心理学, 23, 135-156.
高木　修(1983).　順社会的行動の動機と構造　年報社会心理学, 24, 187-207.
高木　修(1997).　援助行動の生起過程に関するモデルの提案　関西大学社会学部紀要, 29, 1-21.
竹村和久・高木　修(1988).　順社会的行動の意思決定モデルの検討　実験社会心理学研究, 27, 171-180.
Tedeschi, J. T. (1983). Social influence theory and aggression. In R. G. Geen & E. Donnerstein (Eds.), *Aggression: Theoretical and empirical reviews: Vol. 1. Theoretical and methodological issues*. New York: Academic Press.
統計数理研究所(2014).　日本人の国民性調査　http://www.ism.ac.jp/kokuminsei/
湯川進太郎(2004).　ストレスと攻撃　ストレス科学, 19, 24-31.
湯川進太郎(2005).　バイオレンス—攻撃と怒りの臨床社会心理学　北大路書房
Zimbardo, P. G. (1970). The human choice: Individuation, reason, and order versus deindiscviduation, impulse, and chaos. In W. J. Arnold & D. Levine (Eds.), *Nebraska symposium on motivation*. University of Nebraska Press.

■7章

相川　充・矢田さゆり・吉野優香(2013).　感謝を数えることが主観的ウェルビーイングに及ぼす効果についての介入実験　東京学芸大学紀要総合教育科学系, 64, 125-138.
Algoe, S. B., Gable, S. L., & Maisel, N. C. (2010). It's the little things: Everyday gratitude as a booster shot for romantic relationships. *Personal Relationships*, 17, 217-233

引用文献

Algoe, S. B., Haidt, J., & Gable, S. L. (2008). Beyond reciprocity: Gratitude and relationships in every life. *Emotion*, 8, 425-429.

浅野良輔・吉田俊和(2011). 関係効力性が二つの愛着機能に及ぼす影響―恋愛関係と友人関係の検討 心理学研究, 82, 175-182.

Axelrod, R. (1984). *The evolution of cooperation.* Basic Books. 松田裕之(訳)(1998). つきあい方の科学―バクテリアから国際関係まで ミネルヴァ書房

Clark, M. S., & Mills, J. R. (1979). Interpersonal attraction in exchange and communal relationships. *Journal of Personality and Social Psychology*, 37, 12-24.

Clark, M. S., & Mills, J. R. (2011). A theory of communal (and exchange) relationships. In P. A. M. Van Lange, A. W. Kruglanski & E. T. Higgins (Eds.), *The handbook of theories of psychology* (Vol. 2, pp. 232-250). London: Sage.

大坊郁夫・奥田秀宇(編)(1996). 親密な対人関係の科学 誠信書房

de Quervain, D. J.-F., Fischbacher, U., Treyer, V., Schellhammer, M., Schnyder, U., Buck, A., & Fehr, E. (2004). The neural basis of altruistic punishment. *Science*, 305, 1254-1258.

Emmons, R. E., & McCullough, M. E. (2003). Counting blessings versus burdens: An experimental investigation of gratitude and subjective well-being in daily life. *Journal of Personality and Social Psychology*, 84, 377-389.

Fehr, E., & Fischbacher, U. (2004). Third-party punishment and social norm. *Evolution and Human Behavior*, 25, 63-87.

Fehr, E. & Gächter, S. (2002). Altruistic punishment in humans. *Nature*, 415, 137-140.

Frank, R. H. (1988). *Passions within reason: The strategic role of the emotions.* Norton. 山岸俊夫(監訳)(1995). オデッセウスの鎖―適応プログラムとしての感情 サイエンス社

Hatfield, E., & Rapson, R. L. (2011). Equity theory in close relationships. In P. A. M. Van Lange, A. W. Kruglanski & E. T. Higgins (Eds.), *The handbook of theories of psychology* (Vol. 2, pp. 200-217). London: Sage.

伊藤忠弘(2014). 感謝を感じる経験と感謝される経験における感情 学習院大学文学部研究年報, 61, 99-117.

神 信人・田中寿夫(2009). 信頼が報われる条件 心理学研究, 80, 123-130.

加藤 司・谷口弘一(2009). 許し尺度の作成の試み 教育心理学研究, 57, 158-167.

北村英哉・大坪庸介(2012). 進化と感情から解き明かす社会心理学 有斐閣

蔵永 瞳・樋口匡貴(2013). 感謝生起状況における状況評価と感情体験が対人行動に及ぼす影響 心理学研究, 84, 376-385.

松田昌史・山岸俊男(2001). 信頼と協力―依存度選択型囚人のジレンマを用いた実験研究 心理学研究, 72, 413-421.

McCullough, M. E., Emmons, R. A., & Tsang, J.-A. (2002). The grateful disposition: A conceptual and empirical topography. *Journal of Personality and Social Psychology*, 82, 112-127.

水野雅樹(2004). 心理学における「信頼」概念についての展望 東京大学大学院教育学研究科紀要, 43, 185-195.

岡田 章(2014). ゲーム理論・入門 新版―人間社会の理解のために 有斐閣

清水裕士・大坊郁夫(2008). 恋愛関係における相互作用構造の研究―階層的データ分析による間主観性の分析 心理学研究, 78, 373-382.

白木優馬・五十嵐祐(2014). 感謝特性尺度邦訳版の信頼性および妥当性の検討 対人社会心理学研究, 14, 27-33.

相馬敏彦・深澤優子・浦　光博 (2004).「愛とは堪え忍ぶこと」の陥穽―親密な関係における協調・非協調志向性が暴力被害の抑制に及ぼす影響　日本グループダイナミックス学会第51回大会, 74-75.
相馬敏彦・浦　光博 (2009).　親密な関係における特別観が当事者たちの協調的・非協調志向性に及ぼす影響　実験社会心理学研究, **49**, 1-16.
Wood, A. M., Maltby, J., Stewart, N., Linley, P. A., & Joseph, S. (2008). A social-cognitive model of trait and state levels of gratitude. *Emotion*, **8**, 281-290.
山田一成・北村英哉・結城雅樹 (2007).　よくわかる社会心理学　ミネルヴァ書房
山岸俊男 (1998).　信頼の構造―こころと社会の進化ゲーム　東京大学出版会
山岸俊男 (2000).　社会的ジレンマ―「環境破壊」から「いじめ」まで　PHP研究所

■8章

Aronson, E. (1995). *The social animal* (7th ed.). San Francisco: Freeman.
Ash, S. E. (1951). Effects of group pressure upon the modification and distortion of judgments. In H. Guetzkow (Ed.), *Groups, leadership, and men*. Pittsburgh, Pa.: Carnegie Press.
Asch, S. E. (1955). Opinions and social pressure. *Scientific American*, **193**, 31-35.
Baybeck, B., & Huckfeldt, R.(2002) Urban contexts, spatially dispersed networks, and the diffusion of political information. *Political Geography*, **21**, 195-220.
Chartrand, T. L., & Bargh, J. A. (1999). The chameleon effect: The perception-behavior link and social interaction. *Journal of Personality and Social Psychology*, **76**, 893-910.
Cialdini, R. B., & Goldstein, N. J. (2004). Social influence: Compliance and conformity. *Annual Review of Psychology*, **55**, 591-621.
Deutsch, M., & Gerard, H. B. (1955). A study of normative and informational social influence upon individual judgment. *Journal of Abnormal and Social Psychology*, **51**, 629-636.
Epley, N., & Gilovich, T. (1999). Just going along: Nonconscious priming and conformity to social pressure. *Journal of Experimental Social Psychology*, **35**, 578-589.
Gerard, H. B., Wilhelmy, R. A., & Conolley, E. S. (1968). Conformity and group size. *Journal of Personality and Social Psychology*, **8**, 79-82.
池田謙一 (1993).　社会のイメージの心理学―ぼくらのリアリティはどう形成されるか　サイエンス社
Latané, B. (1981). The psychology of social impact. *American Psychologist*, **36**, 343-365.
Latané, B. (1996) Dynamic social impact: The creation of culture by communication. *Journal of Communication*, **46**, 13-25.
Latané, B., Liu, J. H., Nowak, A., Bonevento, M., & Zheng, L.(1995). Distance matters: Physical space and social impact. *Personality and Social Psychology Bulletin*, **21**, 795-805.
Maass, A., & Clark, R. D. III (1984). Hidden impact of minorities: Fifteen years of minority influence research. *Psychological Bulletin*, **95**, 428-450.
Maass, A., & Clark, R. D. III (1986). Conversion theory and simultaneous majority/minority influence: Cn reactance offer an alternative explanation? *European Journal of Social Psychology*, **16**, 305-309.
Milgram, S. (1963). Behavioral study of obedience. *Journal of Abnormal and Social Psychology*, **67**, 371-378.
Milgram, S. (1974). *Obedience to authority: An experimental view*. New York: Harper & Row.　岸

田　秀(訳)(1995). 服従の心理　改訂新装版　河出書房新社
Moscovici, S. (1976). *Social influence and social change*. London: Academic Press.
Moscovici, S., Lage, E., & Naffrechoux, M. (1969). Influence of a consistent minority on the responses of a majority in a color perception task. *Sociometry*, **32**, 365-379.
永田良昭(2003)．人の社会性とは何か——社会心理学からの接近　ミネルヴァ書房
Nemeth, C. (1979). The role of an active minority in intergroup relations. In W. G. Austin & S. Worchel (Eds.), *The social psychology of intergroup relations*. Monterey, CA: Brooks/Cole.
Nemeth, C. J. (1986). Differential contributions of majority and minority influence. *Psychological Review*, **93**, 23-32.
Nowak, A., Szamrej, J., & Latané, B. (1990) From private attitude to public opinion: A dynamic theory of social impact. *Psychological Review*, **97**, 362-376.
Nowak, A., & Vallacher, R. R. (1998). *Dynamical social psychology*. New York: Guilford.
Pendry, L., & Carrick, R. (2001). Doing what the mob do: Priming effects on conformity. *European Journal of Social Psychology*, **31**, 83-92.
Sherif, M. (1935). A study of some social factors in perception, *Archives of Psychology*, **27**, 1-60.
Triandis, H. C. (1989). The self and social behavior in differing cultural contexts. *Psychological Review*, **96**, 506-520.
Wood, W., Lundgren, S., Ouellette, J. A., Busceme, S., & Blackstone, T. (1994). Minority influence: A meta-analytic review of social influence processes. *Psychological Bulletin*, **115**, 323-345.

■9章

Allport, G. W. (1954). *The nature of prejudice*. Massachusetts: Addison-Wesley.　原谷達夫・野村　昭(訳)(1968)．偏見の心理　培風館
Campbell, D. T. (1958). Common fate, similarity, and other indices of the status of aggregates of persons as social entities. *Behavioral Science*, **3**, 14-25.
Cartwright, D., & Zander, A, (1968). *Group dynamics* (3rd ed.). New York: Harper & Row.
Cialdini, R. B., Borden, R. J., Thorne, A., Walker, M. R., Freeman, S., & Sloan, L. R. (1976). Basking in reflected glory: Three (football) field studies. *Journal of Personality and Social Psychology*, **34**, 366-375.
Deschamps, J. C., & Brown, R. (1983). Superordinate goals and intergroup conflict. *British Journal of Social Psychology*, **22**, 189-195.
Fiedler, F. E. (1967). Personality and situational determinants of leadership effectiveness. In D. Cartwright & A. Zander (Eds.), *Group dynamics* (3rd ed., pp. 362-380). New York: Harper & Row.
Grieve, P. G., & Hogg, M. A. (1999). Subjective uncertainty and intergroup discrimination in the minimal group situation. *Personality and Social Psychology Bulletin*, **25**, 926-940.
Harrison, D. A., & Klein, K. J. (2007). What's the difference? Diversity constructs as separation, variety, or disparity in organizations. *Academy of Management Review,* **32**, 1199-1228.
Hogg, M. A., Shermanb, D. K., Dierselhuisa, J., Maitnerb, A. T., & Moffitt, G. (2007). Uncertainty, entitativity, and group identification. *Journal of Experimental Social Psychology*, **43**, 135-142.
Homans, G. C. (1950). *The human group*. New York: Harcourt, Brace and World.

Indik, B. P. (1965). Organization size and member participation: Some empirical tests of alternative explanations. *Human Relations.* 18, 339-350.
Janis, I. L. (1971). Groupthink. *Psychology Today*, 5, 43-46, 74-76.
Jordan, C. H., Spencer, S. J., Zanna, M. P., Hoshino-Browne, E., & Correll, J. (2003). Secure and defensive high self-esteem. *Journal of Personality and Social Psychology*, 85, 969-978.
Judge, T. A., Bono, J. E., Ilies, R., & Gerhardt, M. W. (2002). Personality and leadership: A qualitative and quantitative review. *Journal of Applied Psychology*, 87, 765-780.
Lewin, K. (1951). *Field theory in social science.* New York: Harper and Brothers.
Matheson, H., Mathes, S., & Murray, M. (1995). Group cohesion of female intercollegiate coacting and interacting team across a competitive season. *International Journal of Sport Psychology.* 27, 37-49.
McLeod, P. L., Lobel, S. A., & Cox, T. H. (1996). Ethnic diversity and creativity in small groups. *Small Group Research*, 27, 248-264.
三隅二不二(1978). リーダーシップ行動の科学　有斐閣
Moscovici, S., & Zavalloni, M. (1969). The group as a polarizer of attitudes. *Journal of Personality and Social Psychology*, 12, 125-135.
Pelled, L. H., Eisenhardt, K. M., & Xin, K. R. (1999). Exploring the black box: An analysis of work group diversity, conflict and performance. *Administrative Science Quarterly*, 44, 1-28.
Shaw, M. E. (1964). Communication networks. *Advances in Experimental Social Psychology*, 1, 111-147.
Sherif, M., Harvey, O. J., White, B. J., Hood, W. R., & Sherif, C. (1961). *Intergroup conflict and cooperation: The Robbers' Cave experiment.* Norman: University of Oklahoma.
Sherif, M., & Sherif, C. W. (1969). *Social psychology.* New York: Harper & Row.
Smith, M. (1945). Social situation, social behavior, social group. *Psychological Review*, 52, 224-229.
Stasser, G., & Stewart, D. (1992). Discovery of hidden profiles by decision-making groups: Solving a problem versus making a judgment. *Journal of Personality and Social Psychology*, 63, 426-434.
Stoner, J. A. (1968). Risky and cautious shifts in group decisions: The influence of widely held values. *Journal of Experimental Social Psychology*, 4, 442-459.
Tajfel, H., Billig, M. G., Bundy, R. P., & Flament, C. L. (1971). Social categorization and intergroup behavior. *European Journal of Social Psychology*, 1, 149-178.
Turner, J. C. (1982). Towards a cognitive redefinition of the social group. In H. Tajfel (Ed.), *Social identity and intergroup relations.* New York: Cambridge University Press.
Whyte, W. F. (1949). The social structure of the restaurant. *American Journal of Sociology*, 54, 302-310.
Williams, J. M., & Widmeyer, W. N. (1991). The cohesion-performance outcome relationship in a coacting sport. *Journal of Sport and Exercise Psychology*, 13, 364-371.
米山尚伸・石井眞治(1999). いじめと規範意識に関する研究―内集団びいき・外集団差別を規定する規範意識及び規範意識顕在性場面の効果　いじめ防止教育実践研究, 4, 25-31.

■10章
荒川　歩(2004). 顔文字をいつ使用するかについての語りとその質的分析　同志社心理, 51,

17-26.
Argyle, M. (1988). *Bodily communication* (2nd. ed.). New York: Methuen & Co.
Bargh, J. A., Fitzsimons, G. M., & McKenna, K. Y. A. (2003). The self, online. In S. J. Spencer, S. Fein, M. P. Zanna & J. M. Olson (Eds.), *Motivated social perception: The Ontario symposium* (Vol. 9, pp. 195-213). Mahwah, NJ: Lawrence Erlbaum Associates.
Brown, P., & Levinson, S. C. (1987). *Politeness: Some universals in language usage.* Cambridge: Cambridge University Press
Clark, H. H., & Carlson, T. B. (1981). Context for comprehension. In J. Long & A. Baddeley (Eds.), *Attention and performance IX* (pp. 313-330). Hillsdale, NJ: Lawrence Erlbaum Associates.
大坊郁夫(1998). しぐさのコミュニケーション―人は親しみをどう伝えあうか　サイエンス社
Ekman, P., & Friesen, W. V. (1969). The repertoire of nonverbal behavior: Categories, origins, usage, and coding. *Semiotica,* **1**, 49-98.
Ekman, P., & Friesen, W. V. (1975). *Unmasking the face.* Englewood Cliffs, NJ: Prentice-Hall.　工藤　力(訳編)(1987).　表情分析入門―表情に隠された意味をさぐる　誠信書房
深田博己(1998).　インターパーソナルコミュニケーション―対人コミュニケーションの心理学　北大路書房
Grice, H. P. (1975). Logic and conversation. In P. Cole & J. L. Morgan (Eds.), *Syntax and semantics. vol.3; Speech acts* (pp. 41-58). New York: Academic Press.
Hall, E. T. (1966). *The hidden dimension.* New York: Doubleday Company.　日高敏隆・佐藤信行(訳)(1970).　かくれた次元　みすず書房
池田謙一(2000).　コミュニケーション　小林良彰(編)　社会科学の理論とモデル　5巻　東京大学出版会
川浦康至・三浦麻子・森尾博昭(2009).　日本のインターネット心理学研究の歴史　三浦麻子・森尾博昭・川浦康至(編著)　インターネット心理学のフロンティア(pp. 1-18)　誠信書房
Krauss, R. M., & Fussell, S. R. (1996). Social psychological models of interpersonal communication. In E. T. Higgins & A. W. Kruglanski (Eds.), *Social psychology: Handbook of basic principles* (4th. ed., pp. 655-701). New York: Guilford Press.
Mehrabian, A., & Ferris, S. R. (1967). Inference of attitudes from nonverbal communication in two channels. *Journal of Consulting Psychology,* **31**, 248-252.
Mehrabian, A., & Wiener, M. (1967). Decoding of inconsistent communications. *Journal of Personality and Social Psychology,* **6**, 109-114.
三浦麻子(2011).　CMCにおけるミス・コミュニケーション　岡本真一郎(編)　ミス・コミュニケーション(pp. 83-101)　ナカニシヤ出版
Morris, D. (1977). *Manwatching.* London: Jonathan Cape.　藤田　統(訳)(1991).　マンウォッチング　上・下　小学館
岡本真一郎(2010).　ことばの社会心理学　第4版　ナカニシヤ出版
岡本真一郎(2013).　言語の社会心理学　中央公論新社
Richmond, V. P., & McCroskey, J. C. (2004). *Nonverbal behavior in interpersonal relations* (5th ed.). Boston: Pearson Education.　山下耕二(編訳)(2006).　非言語行動の心理学―対人関係とコミュニケーション理解のために　北大路書房
佐藤　拓(2013).　嘘と非言語的・言語的行動　村井潤一郎(編)　嘘の心理学(pp. 29-41)　ナ

カニシヤ出版.
Semin, G. R., & Fiedler, K (1988). The cognitive functions of linguistic categories in describing persons: Social cognition and language. *Journal of Personality and Social Psychology*, **54**, 558-568.
Sommer, R. (1969). *Personal space: The behavioral basis of design*. Englewood Cliffs, NJ: Prentice-Hall. 穐山貞登(訳)(1972). 人間の空間―デザインの行動的研究 鹿島出版会
総務省(2014). 平成26年版情報通信白書 総務省
Sperber, D., & Wilson, D. (1995). *Relevance: Communication and cognition* (2nd ed.). Oxford: Blackwell. 内田聖二・中逵俊明・宋 南先・田中圭子(訳)(1999). 関連性理論―伝達と認知 第2版 研究社
菅 さやか・唐沢 穣(2006). 人物の属性表現にみられる社会的ステレオタイプの影響 社会心理学研究, **22**, 180-188.
Wigboldus, D. H. J., Semin, G. R., & Spears, R. (2000). How do we communicate stereotypes? Linguistic bases and inferential consequences. *Journal of Personality and Social Psychology*, **78**, 5-18.

■11章

Aarts, H., & Dijksterhuis, A. (2003). The silence of the library: Environment, situational norm, and social behavior. *Journal of Personality and Social Psychology*, **84**, 18-28.
Arkes, H. R., Boehm, L. E., & Xu, G. (1991). Determinants of judged validity. *Journal of Experimental Social Psychology*, **27**, 576-605.
Arkes, H. R., Hackett, C., & Boehm, L. E. (1989). The generality of the relation between familiarity and judged validity. *Journal of Behavioral Decision Making*, **2**, 81-94.
Asendorpf, J. B., Banse, R., & Mücke, D. (2002). Double dissociation between explicit and implicit personality self-concept: The case of shy behavior. *Journal of Personality and Social Psychology*, **83**, 380-393.
Banaji, M. R. (2001). Implicit attitudes can be measured. In H. L. Roediger, J. S. Nairne, I. Neath & A. Surprenant (Eds.), *The nature of remembering: Essays in remembering Robert G. Crowder* (pp. 117-150). Washington, DC: American Psychological Association.
Banaji, M. R. & Greenwald, A. G. (2013). *Blindspot: Hidden biases of good people*. Delacorte Press. 北村英哉・小林知博(訳)(2015). 心の中のブラインド・スポット―善良な人々に潜む非意識のバイアス 北大路書房
Bargh, J. A. (1994). The four horsemen of automaticity: Awareness, efficiency, intention, and control in social cognition. In J. R. S. Wyer & T. K. Srull (Eds.), *Handbook of social cognition* (2nd ed., pp. 1-40). Hillsdale, NJ: Lawrence Erlbaum.
Bargh, J. A. (1997). The automaticity of everyday life. In J. R. S. Wyer (Ed.), *Advances in social cognition* (Vol. 10, pp. 1-61). Mahwah, NJ: Lawrence Erlbaum Associates.
Bargh, J. A., Chen, M., & Burrows, L. (1996). The automaticity of social behavior: Direct effects of trait concept and stereotype activation on action. *Journal of Personality and Social Psychology*, **71**, 230-244.
Bem, D. J. (1972). Self-Perception Theory. In L. Berkowitz (Ed.), *Advances in Experimental Social, Psychology* (Vol. 6, pp.1-62). New York: Academic Press.
Chaiken, S., & Trope, Y. (1999). *Dual-process models in social psychology*. New York: Guilford

Press.
Chalmers, D. J. (1997). *The conscious mind: In search of a fundamental theory*. Oxford University Press.
Clore, G. L. (1992). Cognitive phenomenology: Feelings and the construction of judgment. In L. L. Martin & A. Tesser (Eds.), *The construction of social judgment* (pp. 133-164). Hillsdale, NJ: Lawrence Erlbaum Associates.
Cunningham, W. A., Preacher, K. J., & Banaji, M. R. (2001). Implicit attitude measurement: Consistency, stability, and convergent validity. *Psychological Science*, **12**, 163-170.
Dijksterhuis, A., Aarts, H., Bargh, J. A., & van Knippenberg, A. (2000). Past contact, stereotype strength, and automatic behavior. *Journal of Experimental Social Psychology*, **36**, 531-544.
Dijkstra, K. A., van der Pligt, J., van Kleef, G. A., & Kerstholt, J. H. (2012). Deliberation versus intuition: Global versus local processing in judgment and choice. *Journal of Experimental Social Psychology*, **48**, 1156-1161.
Dovidio, J. F., Kawakami, K., & Gaertner, S. L. (2002). Implicit and explicit prejudice and interracial interaction. *Journal of Personality and Social Psychology*, **82**, 62-68.
Dutton, D. G., & Aron, A. P. (1974). Some evidence for heightened sexual attraction under conditions of high anxiety. *Journal of Personality and Social Psychology*, **30**, 510-517.
Eastwick, O. W., & Finkel, E. J. (2008). Sex differences in mate preferences revisited: Do people know what they initially desire in a romantic partner? *Journal of Personality and Social Psychology*, **94**, 245-264.
Egloff, B., & Schmukle, S. C. (2002). Predictive validity of an implicit association test for assessing anxiety. *Journal of Personality and Social Psychology*, **83**, 1441-1455.
Florack, A., Scarabis, M., & Bless, H. (2001). When do associations matter? The use of automatic associations toward ethnic groups in person judgments. *Journal of Experimental Social Psychology*, **37**, 518-524
Fodor, J. A. (1983). *The modularity of mind: An essay on faculty psychology*. Cambridge, MA: MIT Press.
Gawronski, B., & Bodenhausen, G. (2006). Associative and propositional processes in evaluation: An integrative review of implicit and explicit attitude change. *Psychological Bulletin*, **132**, 692-731.
Gawronski, B., Hofmann, W., & Wilbura, C. J. (2006). Are "implicit" attitudes unconscious? *Consciousness and Cognition*, **15**, 485-499.
Gawronski, B., & LeBel, E. P. (2008). Understanding patterns of attitude change: When implicit measures show change, but explicit measures do not. *Journal of Experimental Social Psychology*, **44**, 1355-1361.
Gawronski, B., & Payne, B. K. (Eds.). (2010). *Handbook of implicit social cognition: Measurement, theory, and applications*. New York: Guilford Press.
Greenwald, A. G., & Banaji, M. R. (1995). Implicit social cognition: Attitudes, self-esteem, and stereotypes. *Psychological Review*, **102**, 4-27.
Greenwald, A. G., McGhee, D. E., & Schwartz, J. L. K. (1998). Measuring individual differences in implicit cognition: The Implicit Association Test. *Journal of Personality and Social Psychology*, **74**, 1464-1480.
Greenwald, A. G., Nosek, B. A., & Banaji, M. R. (2003). Understanding and using the Implicit

Association Test I: An improved scoring algorithm. *Journal of Personality and Social Psychology*, **85**, 197-216.

Gschwendner, T., Hofmann, W., & Schmitt, M. (2008). Convergent and predictive validity of implicit and explicit anxiety measures as a function of specificity similarity and content similarity. *European Journal of Psychological Assessment*, **24**, 254-262.

Hofmann, W., Gschwendner, T., & Schmitt, M. (2005). On implicit-explicit consistency: The moderating role of individual differences in awareness and adjustment. *European Journal of Personality*, **19**, 25-49.

Hofmann, W., Gschwendner, T., & Schmitt, M. (2009). The road to the unconscious self not taken: Discrepancies between self- and observer-inferences about implicit dispositions from nonverbal behavioural cues. *European Journal of Personality*, **23**, 343-366.

Hofmann, W., & Wilson, T. D. (2010). Consciousness, introspection, and the adaptive unconsciousness. In B. Gawronski & B. K. Payne (Eds.), *Handbook of implicit social cognition: Measurement, theory, and applications* (pp. 197-215). New York: Guilford Press.

Jacoby, L. L., Kelley, C., Brown, J., & Jasechko, J. (1989). Becoming famous overnight: Limits on the ability to avoid unconscious influences of the past. *Journal of Personality and Social Psychology*, **56**, 326-338.

Kapinski, A., Steinman, R. B., & Hilton, J. B. (2005). Attitude importance as a moderator of the relationship between implicit and explicit attitude measures. *Personality and Social Psychology Bulletin*, **31**, 949-962.

Kawakami, K., & Dovidio, J. F. (2001). The reliability of implicit stereotyping. *Personality and Social Psychology Bulletin*, **27**, 212-225.

Koole, S. L., Dijksterhuis, A., & van Knippenberg, A. (2001). What's in a name: Implicit self-esteem and the automatic self. *Journal of Personality and Social Psychology*, **80**, 669-685.

Kutner, B., Wilkins, C., & Rechtman, Y. P. (1952). Verbal attitudes and overt behavior involving racial prejudice. *Journal of Abnormal and Social Psychology*, **47**, 649-652.

Nisbett, R. E., & Wilson, T. D. (1977a). The halo effect: Evidence for unconscious alteration of judgments. *Journal of Personality and Social Psychology*, **35**, 250-256.

Nisbett, R. E., & Wilson, T. D. (1977b). Telling more than we can know: Verbal reports on mental processes. *Psychological Review*, **8**, 231-259.

Nordgren, L. F., & Dijksterhuis, A. (2009). The devil in the deliberation: Thinking too much reduces preference consistency. *Journal of Consumer Research*, **36**, 39-46.

Nosek, B. A. (2005). Moderators of the relationship between implicit and explicit evaluation. *Journal of Experimental Psychology: General*, **134**, 565-584.

Payne, B. K., Cheng, C., M., Govorun, O., & Stewart, B. D., (2005). An inkblot for attitudes: Affect misattribution as implicit measurement. *Journal of Personality and Social Psychology*, **89**, 277-293.

Rudman, L. A., Greenwald, A. G., Mellott, D. S., & Schwartz, J. L. K. (1999). Measuring the automatic components of prejudice: Flexibility and generality of the Implicit Association Test. *Social Cognition*, **17**, 437-465.

Schwarz, N. (1999). Self-reports: How the questions shape the answers. *American Psychologist*, **54**, 93-105.

Schwarz, N., Bless, H., Strack, F., Klumpp, G., Rittenauer-Schatka, H., & Simons, A. (1991). Ease of retrieval as information: Another look at the availability heuristic. *Journal of Personality and Social Psychology*, **61**, 195-202.

Schwarz, N., & Clore, G. L. (1983). Mood, misattribution, and judgments of well-being: Informative and directive functions of affective states. *Journal of Personality and Social Psychology*, **45**, 513-523.

Schwarz, N., & Clore, G. L. (2007). Feelings and phenomenal experiences. In A. Kruglanski & E. T. Higgins (Eds.), *Social psychology: Handbook of basic principles* (2nd ed., pp. 385-407). New York: Guilford.

下條信輔(1996). サブリミナル・マインド　中央公論社

Smith, C. T., & Nosek, B. A. (2011). Affective focus increases the concordance between implicit and explicit attitudes. *Social Cognition*, **42**, 300-313.

Strack, F., & Deutsch, R. (2004). Reflective and impulsive determinants of social behavior. *Personality and Social Psychology Review*, **8**, 220-247.

Uhlmann, E. L., & Cohen, G. L. (2005). Redefining merit to justify discrimination. *Psychological Science*, **16**, 474-480.

Wänke, M., Bohner, G., & Jurkowitsch, A. (1997). There are many reasons to drive a BMW—Surely you know one: Ease of argument generation influences brand attitudes? *Journal of Consumer Research*, **24**, 70-77.

Wilson, T. D., & Kraft, D. (1993). Why do I love thee? Effects of repeated introspections about a dating relationship on attitudes toward the relationship. *Personality and Social Psychology Bulletin*, **19**, 409-418.

Wilson, T. D., Lisle, D., Schooler, J. W., Hodges, S. D., Klaaren, K. J., & LaFleur, S. J. (1993). Introspecting about reasons can reduce post-choice satisfaction. *Personality and Social Psychology Bulletin*, **19**, 331-339.

Wilson, T. D., & Nisbett, R. E. (1978). The accuracy of verbal reports about the effects of stimuli on evaluations and behavior. *Social Psychology*, **41**, 118-131.

Wilson, T. D., & Schooler, J. W. (1991). Thinking too much: Introspection can reduce the quality of preferences and decisions. *Journal of Personality and Social Psychology*, **60**, 181-192.

Zillmann, D., Katcher A. H., & Milavsky, B. (1972). Excitation transfer from physical exercise to subsequent aggressive behavior. *Journal of Experimental Social Psychology*, **8**, 247-259.

■12章

青木　保(1990).「日本文化論」の変容―戦後日本の文化とアイデンティティー　中央公論社

ベンダサン, イザヤ(1970).　日本人とユダヤ人　山本書店

Benedict, R. (1946). *The chrysanthemum and the sword: Patterns of Japanese culture*. Boston: Houghton Mifflin.　長谷川松治(訳)(1947). 菊と刀―日本文化の型　社会思想社

Berry, J. (1969). On cross-cultural comparability. *International Journal of Psychology*, **4**,119-128.

Berry, J. (1989). Imposed etics-emics-derived etics: The operationalization of a compelling idea. *International Journal of Psychology*, **24**, 721-735.

Bradley, G. W. (1978). Self-serving biases in the attribution process: A reexamination of the fact or fiction question. *Journal of Personality and Social Psychology*, **36**, 56-71.

Cousins, S. (1989). Culture and self-perception in Japan and the United States. *Journal of*

Personality and Social Psychology, 56, 124-131.
土居健郎(1971). 甘えの構造 弘文堂
Endo, Y., Heine, S. J., & Lehman, D. R. (2000). Culture and positive illusions in close relationships: How my relationships are better than yours. *Personality and Social Psychology Bulletin*, 26, 1571-1586.
Gould, J., & Kolb, W. L. (1964). *A dictionary of social sciences*. Tavistock Publications.
Hofstede, G. (1980). *Culture's consequences: International differences in work-related values*. Beverly Hills, CA: Sage.
Hofstede, G. (2001). *Culture's consequences: Comparing values, behaviors, institutions, and organizations across nations* (2nd ed.). Thousand Oaks, CA: Sage.
Holloway, S. D., Kashiwagi, K., Hess, R. D., & Azuma, H. (1986). Causal attributions by Japanese and American mothers and children about performance in mathematics. *International Journal of Psychology*, 21, 269-286.
Ji, L., Peng, K., & Nisbett, R. E. (2000). Culture, control, and perception of relationships in the environment. *Journal of Personality and Social Psychology*, 78, 943-955.
Jones, E. E., & Harris, V. A. (1967). The attribution of attitudes. *Journal of Experimental Social Psychology*, 3, 1-24.
Kashima, Y., & Triandis, H. C. (1986). The self-serving bias in attributions as a coping strategy: A cross-cultural study. *Journal of Cross-Cultural Psychology*, 17, 83-97.
北山 忍(1998). 自己と感情―文化心理学による問いかけ 日本認知心理学会(編) 認知科学モノグラフ9 共立出版
Kitayama, S., Duffy, S., Kawamura, T., & Larsen, J. T. (2002). Perceiving an object in its context in different cultures: A cultural look at the New Look. *Psychological Science*, 14, 201-206.
北山 忍・高木浩人・松本寿弥(1995). 成功と失敗の帰因―日本的自己の文化心理学 心理学評論, 38, 247-280.
Kudo, E., & Numazaki, M. (2003). Explicit and direct self-serving bias in Japan: Reexamination of self-serving bias for success and failure. *Journal of Cross-Cultural Psychology*, 34, 511-521.
Markus, R. H., & Kitayama, S. (1991). Culture and the self: Implications for cognition, emotion, and motivation. *Psychological Review*, 98, 224-253.
Masuda, T., & Nisbett, R. E. (2001). Attending holistically vs. analytically: Comparing the context sensitivity of Japanese and Americans. *Journal of Personality and Social Psychology*, 81, 922-934.
Mead, M. (1935). *Sex and temperament in three primitive societies*. London: G. Routledge.
Miller, J. G. (1984). Culture and the development of everyday social explanation. *Journal of Personality and Social Psychology*, 46, 961-978.
中根千枝(1967). タテ社会の人間関係―単一社会の理論 講談社
Nisbett, R. E. (2003). *The geography of thought*. New York: Free Press. 村本由紀子(訳)(2004). 木を見る西洋人、森を見る東洋人 ダイヤモンド社
Nisbett, R. E., & Cohen, D. (1996). *Culture of honor: The psychology of violence in the south*. West View Press. 石井敬子・結城雅樹(訳)(2009) 名誉と暴力―アメリカ南部の文化と心理 北大路書房
高野陽太郎(2008). 「集団主義」という錯覚―日本人論の思い違いとその由来 新曜社
高野陽太郎・櫻坂英子(1997). "日本人の集団主義"と"アメリカ人の個人主義"―通説の再検

討　心理学研究, **68**, 312-327.
竹村幸祐・結城雅樹 (2014). 　文化への社会生態学的アプローチ　西條辰義・山岸俊男 (編)　文化を実験する―社会行動の文化・制度的基盤 (pp. 91-140)　勁草書房
外山みどり (2001). 　社会的認知の普遍性と特殊性―態度帰属における対応バイアスを例として　対人社会心理学研究, **1**, 17-24.
Triandis, H. C. (1990). Cross-cultural studies of individualism and collectivism. In J. J. Berman (Ed.), *Nebraska symposium on motivation, 1989* (pp. 41-133). Lincoln, NB: Nebraska University Press.
Triandis, H. C. (1994). *Culture and social behavior.* New York: McGraw-Hill.
Witkin, H. S., Lewin, H. B., Herzman, M., Machover, K., Meissner, P. B., & Karp, S. A. (1954). *Personality through perception.* New York: Harper.
Wundt, W. (1900-20). *Völkerpsychologie.* (Vol. 10).　桑田芳蔵 (1924). 　ヴントの民族心理学　改造社
山岸俊男 (2014). 　文化におけるマイクロとマクロ　西條辰義・山岸俊男 (編)　文化を実験する―社会行動の文化・制度的基盤 (pp. 167-912)　勁草書房
吉田俊和 (1991). 　観察者の存在が原因帰属および課題遂行に及ぼす効果　実験社会心理学研究, **31**, 104-109.

■13章

Alcock, J. (2013). *Animal behavior* (10th ed.). Sunderland, MA: Sinauer Associates.
Axelrod, R. (1984). *The evolution of cooperation.* New York: Basic Books.　松田裕之 (訳) (1998). 　つきあい方の科学―バクテリアから国際関係まで　ミネルヴァ書房
Bobrow, D., & Bailey, J. M. (2001). Is male homosexuality maintained via kin selection? *Evolution and Human Behavior,* **22**, 361-368.
Bushman, B. J., Baumeister, R. F., & Stack, A. D. (1999). Catharsis, aggression, and persuasive influence: Self-fulfilling or self-defeating prophecies? *Journal of Personality and Social Psychology,* **76**, 367-376.
Buss, D. M. (2009). How can evolutionary psychology successfully explain personality and individual differences? *Perspectives on Psychological Science,* **4**, 359-366.
Confer, J. C., Easton, J. A., Fleischman, D. S., Goetz, C. D., Lewis, D. M. G., Perilloux, C., & Buss, D. M. (2010). Evolutionary psychology: Controversies, questions, prospects, and limitations. *American Psychologist,* **65**, 110-126.
Dawkins, R. (1979). Twelve misunderstandings of kin selection. *Zeitschrift für Tierpsychologie,* **51**, 184-200.
Fiske, S. T., & Taylor, S. E. (1991). *Social cognition* (2nd ed.). New York: McGraw-Hill.
Geen, R. G., & Quanty, M. B. (1977). The catharsis of aggression: An evaluation of a hypothesis. In L. Berkowitz (Ed.), *Advances in experimental social psychology* (Vol. 10, pp. 1-37). New York: Academic Press.
Gigerenzer, G., Todd, P. M., & the ABC Research Group. (1999). *Simple heuristics that make us smart.* New York: Oxford University Press.
Gilbert, D. (2006). *Stumbling on happiness.* New York: Knopf.　熊谷淳子 (2007). 　幸せはいつもちょっと先にある　早川書房
Gintis, H. (2000). Strong reciprocity and human sociality. *Journal of Theoretical Biology,* **206**,

169-179.
Hamilton, W. D. (1964). The genetical evolution of social behaviour. I & II. *Journal of Theoretical Biology*, 7, 1-52.
Haselton, M. G., & Buss, D. M. (2000). Error management theory: A new perspective on biases in cross-sex mind reading. *Journal of Personality and Social Psychology*, 78, 81-91.
Heinrich, B. (1989). *Ravens in winter*. New York: Simon & Schuster. 渡辺政隆(訳)(1995). ワタリガラスの謎 どうぶつ社
Hruschka, D. J. (2010). *Friendship: Development, ecology, and evolution of a relationship*. Berkeley, CA: University of California Press.
北村英哉・大坪庸介(2012). 進化と感情から解き明かす社会心理学 有斐閣
Kurzban, R., Tooby, J., & Cosmides, L. (2001). Can race be erased? Coalitional computation and social categorization. *Proceedings of the National Academy of Sciences USA*, 98, 15387-15392.
Messick, D. M. (1995). Equality, fairness, and social conflict. *Social Justice Research*, 8, 153-173.
Muller, M. N., Thompson, M. E., & Wrangham, R. W. (2006). Male chimpanzees prefer mating with old females. *Current Biology*, 16, 2234-2238.
Nessee, R. M., & Williams, G. C. (1994). *Why we get sick: The new science of Darwinian medicine*. New York: Times Book. 長谷川眞理子・長谷川寿一・青木千里(訳)(2001). 病気はなぜあるのか 新曜社
Nettle, D. (2005). *Happiness: The science behind your smile*. Oxford, UK: Oxford University Press. 山岡万里子(訳)(2007). 目からウロコの幸福学 オープンナレッジ
Nettle, D. (2007). *Personality: What makes you the way you are*. Oxford, UK: Oxford University Press. 竹内和世(訳)(2009). パーソナリティを科学する―特性5因子であなたがわかる 白揚社
Neuberg, S. L., Kenrick, D. T., & Schaller, M. (2010). Evolutionary social psychology. In S. T. Fiske, D. T. Gilbert & G. Lindzey (Eds.), *Handbook of social psychology* (5th ed., pp. 761-196). Hoboken, NJ: Wiley.
Nowak, M. A., & Sigmund, K. (2005). Evolution of indirect reciprocity. *Nature*, 437, 1291-1298.
大坪庸介・亀田達也・木村優希(1996). 公正感が社会的効率を阻害するとき―パレート原理の妥当性 心理学研究, 67, 367-374.
大槻 久(2014). 協力と罰の生物学 岩波書店
Pinker, S. (1997). *How the mind works*. New York: Norton. 椋田直子(訳)(2003). 心の仕組み 上・下 NHK出版
Richerson, P. J., & Boyd, R. (2005). *Not by genes alone: How culture transformed human evolution*. Chicago, IL: University of Chicago Press.
Sahlins, M. (1976). *The use and abuse of biology: An anthropological critique of sociobiology*. Ann Arbor, MI: University of Michigan Press.
Silk, J. B. (2003). Cooperation without counting: The puzzle of friendship. In P. Hammerstein (Ed.), *Genetic and cultural evolution of cooperation* (pp. 37-54). Cambridge, MA: MIT Press.
Singh, D. (1993). Adaptive significance of female physical attractiveness: Role of waist-to-hip ratio. *Journal of Personality and Social Psychology*, 65, 293-307.
Trivers, R. L. (1971). The evolution of reciprocal altruism. *Quarterly Review of Biology*, 46, 35-57.
Tversky, A., & Kahneman, D. (1974). Judgment under uncertainty: Heuristics and biases. *Science*, 185, 1124-1131.

Williams, G. C. (1966). *Adaptation and natural selection: A critique of some current evolutionary thought*. Princeton, NJ: Princeton University Press.
Wilson, E. O. (1978). *On human nature*. Cambridge, MA: Harvard University Press. 岸　由二（訳）(1980). 人間の本性について　思索社

人名索引

●あ
アクセルロッド（Axelrod, R.） 100, 111
浅野良輔 112
アダムス（Adams, J. S.） 105
アッシュ（Asch, S. E.） 27, 114
アマト（Amato, P. R.） 84
アロンソン（Aronson, E.） 119

池田謙一 117, 142

ウィルソン（Wilson, D.） 146
ウィルソン（Wilson, T. D.） 163, 167, 172
ウィルソン（Wilson, E. O.） 201
ウィンター（Winter, L.） 30
ウォルスター（Walster, E.） 106
浦 光博 103

エクマン（Ekman, P.） 150, 151
エプレイ（Epley, N.） 123

櫻坂英子 193
オルコック（Alcock, J.） 196
オルポート（Allport, G. W.） 53, 138

●か
ガウロンスキ（Gawronski, B.） 174
ガウント（Gaunt, R.） 33
カシオッポ（Cacioppo, J. T.） 58
カッツ（Katz, D.） 54

ギゲレンツァ（Gigerenzer, G.） 207
北山 忍 184, 187, 191
ギルバート（Gilbert, D. T.） 32
ギロビッチ（Gilovich, T.） 123

クラーク（Clark, M. S.） 107
グライス（Grice, H. P.） 145
クライン（Klein, K. J.） 132

グリーンワルド（Greenwald, A. G.） 56, 168
クルツバン（Kurzban, R.） 210
クロア（Clore, G. L.） 165

ケリー（Kelley, H. H.） 25, 106

●さ
サーリンズ（Sahlins, M.） 204
ザヴァロニ（Zavalloni, M.） 128
坂元 章 22

清水裕二 112
ジェラード（Gerard, H. B.） 123
シェリフ（Sherif, M.） 116, 135
ジャコビ（Jacoby, L. L.） 166
ジャニス（Janis, I. L.） 129
シュワルツ（Schwarz, N.） 165
ジョーンズ（Jones, E. E.） 24
ジンバルド（Zimbardo, P. G.） 93

スペルベル（Sperber, D.） 146
スペンサー（Spencer, S. J.） 22
スミス（Smith, M.） 126

妹尾香織 89
セミン（Semin, G. R.） 148

相馬敏彦 103

●た
ダーリー（Darley, J.） 82, 88
ダイクステルハウス（Dijksterhuis, A.） 47
大坊郁夫 112
高木 修 85, 89
高野陽太郎 193

243

人名索引

タジフェル（Tajfel, H.）　137
ダットン（Dutton, D. G.）　164

チェイケン（Chaiken, S.）　59
チャートランド（Chartrand, T. L.）　124

デイビス（Davis, K. E.）　24
ティボー（Thibaut, J. W.）　106
テデスキ（Tedeschi, J. T.）　92
デバイン（Devine, P. G.）　29
デュシャンプ（Deschamps, J. C.）　139

トリアンディス（Triandis, H. C.）　183
トリヴァース（Trivers, R. L.）　209
トローペ（Trope, Y.）　33

● な

永田良昭　124
中村陽吉　80

ニスベット（Nisbett, R. E.）　163, 188
ニューバーグ（Neuberg, S. L.）　32, 202

ネトル（Nettle, D.）　211
ネメス（Nemeth, C. J.）　118

ノゼック（Nosek, B. A.）　173
ノバック（Nowak, A.）　124

● は

バーコウィッツ（Berkowitz, L.）　91
バージ（Bargh, J. A.）　28, 37, 124, 158, 162
バータル（Bar-Tal, D.）　88
ハイダー（Heider, F.）　23
ハインリッチ（Heinrich, B.）　196
バス（Buss, D. M.）　207
パターソン（Patterson, G. R.）　93
バトソン（Batson, C. D.）　86
バナジ（Banaji, M. R.）　169
ハリソン（Harrison, D. A.）　132
バロン（Baron, R.）　86
バンデューラ（Bandura, A.）　92

ピアース（Pearce, P.）　84
ビエルホフ（Bierhoff, H. W.）　80
ヒギンズ（Higgins, E. T.）　28
ヒュースマン（Huesmann, L. R.）　94
ピリアビン（Piliavin, J. A.）　88

ファーガソン（Ferguson, T. J.）　92
フィードラー（Fiedler, F. E.）　135
フィードラー（Fiedler, K.）　148
フィスク（Fiske, S. T.）　32
フェイン（Fein, S.）　22
深田博己　141
ブラウン（Brown, R.）　139
フランク（Frank, R. H.）　103
フリーセン（Friesen, W. V.）　150, 151
ブルーワー（Brewer, M. B.）　31
フロイト（Freud, S.）　90

ヘーゼルトン（Haselton, M. G.）　207
ペティ（Petty, R. E.）　58
ベネディクト（Benedict, R.）　180
ベリー（Berry, J.）　190

ホーマンズ（Homans, G. C.）　106
ホール（Hall, E. T.）　152
ホフステード（Hofstede, G.）　181
ホフマン（Hofmann, W.）　172, 175
ボルドウィン（Baldwin, M. W.）　42
ホワイト（Whyte, W. F.）　132

● ま

マーカス（Markus, R. H.）　184
マグワイア（McGuire, W. J.）　60
松井　豊　87, 88
マレ（Malle, B. F.）　26

ミード（Mead, M.）　180
三浦麻子　156
三隅二不二　134
ミルグラム（Milgram, S.）　118
ミルズ（Mills, J.）　107

メラビアン（Mehrabian, A.）　154

244

モスコヴィッチ（Moscovici, S.）　116, 128

●や
山岸俊男　101, 108, 194

湯川進太郎　95
ユルマン（Uleman, J. S.）　30

吉田俊和　112

●ら
ラズバルト（Rusbult, C. E.）　106
ラタネ（Latané, B.）　82, 88, 122

リーダー（Reeder, G. D.）　26

ルール（Rule, B. G.）　92
ルベル（LeBel, E. P.）　175

ロード（Lord, C. G.）　62
ローレンツ（Lorenz, K.）　90
ロス（Ross, L. D.）　25

事項索引

●あ
IAT　16, 56, 168
アナグラム　43
アフォーダンス管理システム　202
誤った合意性　5
安心　108
暗黙の性格理論　28

イーミック　191
閾下プライミング　37
閾上プライミング　37
意識　161
意識的コントロール　168
意思決定方略　206
いじめ　138
一次的思考　59
一般的信頼　194
因果関係　163
印象形成　27
印象形成の二重処理モデル　31
インターネット　155

ウェルビーイング　110
受け手　142
嘘　155

栄光浴　138
SD法　55
エティック　191
エラー管理理論　207
援助規範　86
援助行動　80
援助コスト　85

応報戦略　100, 209
送り手　142

●か
外集団　20, 136
外的行動　175
顔文字　157
カクテルパーティ効果　61
獲得－損失効果　75
隠れたプロファイル　129
活性化　29
過程1　50
過程2　51
カテゴリー　56
可能自己　5
カメレオン効果　124
関係的自己　3
感謝　110
感情予測　211
間接的測定　162
間接的な自己高揚　187
関連性理論　146

規範　127
規範的影響　116
基本的な帰属のエラー　25, 185
欺瞞的コミュニケーション　154
究極要因　200
強化理論　74
共感－愛他性仮説　86
共通運命　126
共同（的）関係　78, 107
共変モデル　25
共有知識効果　129
緊急時の援助　81
近接性　73

空間行動　152
黒い羊効果　138
グローバル化　195

計画された行動理論　65

246

敬語　　147
係留と調整　　45
血縁度　　204
血縁淘汰　　197
血縁への利他行動　　203
原因帰属　　23, 147, 185
言語期待バイアス　　148
言語コミュニケーション　　57
顕在指標　　64, 169
顕在的自尊心　　15
権力格差　　181

行為者と状況の相互作用　　201
好意の返報性　　75
交換関係　　107
攻撃の抑制　　95
衡平の原理　　105
衡平モデル　　78
コーシャスシフト　　128
コードモデル　　143
誤帰属　　73, 164, 166
互恵性規範　　101
互恵的利他主義　　101, 209
心の素朴理論説　　26
互酬性　　102
個人主義−集団主義　　182
コスト　　74, 106
「個」中心的要素　　183
コミュニケーション・ネットワーク　　133
コントロール理論　　12

● さ

サーストン法　　55
再カテゴリー化　　139
最後通牒交渉ゲーム　　103
最小条件集団パラダイム　　137
再認ヒューリスティック　　46
作動自己概念　　3
サブタイプ化　　23
サマー・キャンプ実験　　135
3段階モデル　　32

CMC　　155
視覚的な手がかり　　210

自覚の欠如　　169
至近要因　　200
自己開示　　77, 157
自己改善動機　　8
自己概念　　2, 42
自己確証動機　　6
自己覚知理論　　13
自己価値の随伴性　　11
自己肯定化理論　　10
自己高揚　　186
自己高揚動機　　7, 137
自己コントロール　　14
自己査定動機　　6
自己推論モデル　　172
自己スキーマ　　4
自己制御　　12, 43
自己知覚理論　　175
自己知識　　2
自己呈示　　187
自己批判バイアス　　187
自己評価　　6, 72
自己評価維持理論　　9
自己報告　　160
自己リーダーシップ　　134
姿勢　　40
視線　　151
自然淘汰　　211
自尊心　　10
質問紙調査　　181
自動運動　　116
自動性　　50, 162
自動性研究　　177
自動的な情報処理過程　　28
自発的特性推論　　30
社会生態学的アプローチ　　193
社会的アイデンティティ　　138
社会的インパクト理論　　122
社会的カテゴリー　　19
社会的機能説　　92
社会的交換理論　　74, 105
社会的浸透理論　　76
社会的投影　　5
社会的望ましさ　　24
自由意志　　169
周囲の枠組み　　188

事項索引

囚人のジレンマ　98
集団　126
集団凝集性　130
集団極性化　128
集団サイズ　130
集団思考（groupthink）　129
周辺ルート　59
重要他者　3, 41
主観的感覚　164
熟知感　166
熟知性　74
種の保存　197
上位目標　139
状況の解釈　82
条件即応モデル　135
状態自尊心　11
情動経験　164
衝動システム　64
情動的感覚　165
商品選択　163
情報処理過程　61
情報的影響　115
処理速度　51
進化論的な説明　194
進化論的パズル　196
人種に基づくカテゴリー化　210
身体化　67
身体感覚　39
身体接触　152
身体的魅力　71
心的傾性　170
親密性モデル　77
信頼　108, 194
信頼ゲーム　109
信頼性　176
心理的リアクタンス理論　60

推論モデル　144
ステレオタイプ　20, 71
ステレオタイプ化　21
ステレオタイプの確証　22

斉一性　115
制御資源　15
制御焦点理論　13

精緻化見込みモデル　58
生理的覚醒　73, 87, 165
生理的感覚　164
接近可能性（アクセシビリティ）　36, 55
接種理論　60
説得　57
説得メッセージ　60
セルフ・サービング・バイアス　186
潜在過程　161
潜在指標　64, 169
潜在的自尊心　15

相互依存性　127
相互協調的自己観　184
相互作用　127
相互注視（アイコンタクト）　151
相互独立的自己観　184
ソーシャルネットワーキングサービス（SNS）　156
促進焦点　14
促進的な相互依存的関係　139
ソシオメーター理論　11
存在脅威管理理論　12

●た
ダイアド・データ　112
対応推論　24
対応バイアス　25, 185
大規模な集団での協力行動　209
対人葛藤　78
態度と行動の一貫性　66
態度の推測　186
態度の強さ　173
態度の類似性　74
態度ヒューリスティック　46
ダイナミック社会的インパクト理論　125
対比過程　9
対比効果　38
代表性ヒューリスティック　45, 206
対面コミュニケーション　155
他者の存在　82
「他」中心的要素　183
妥当性　176
単純接触効果　74

男性性－女性性　182

チャネル　142
中心ルート　58

適応　197
適応度　208

同化効果　38
投資モデル　77
投資理論　106
統制的な情報処理過程　28
同調　113
特性自尊心　10
特性推論　23
匿名　93, 157
土着心理学　191
トップダウン型の処理　32

●な
内集団　20, 136, 183
内集団びいき　137
内的衝動説　90
ナチス・ドイツ　120

二過程モデル　49, 171
20答法　185
二分法　193
日本人論　180
認知的感覚　166
認知的新連合モデル　91
認知的斉合成理論　74
認知的不協和理論　75

ネームレター課題　16
ネガティビティバイアス　27

ノード　35, 171

●は
パーソナル・スペース　153
バイアス　198
配偶行動　204

場－依存性　189
反映過程　9
反映システム　64
反証可能性　202
繁殖成功度　201

PM理論　134
比較水準　77
非関与の規範　87
非共通効果　24
非言語手がかり　149
ヒューリスティック　44, 198
ヒューリスティック・システマティック・モデル　59
表情　40, 150
平等原理　198
平等分配　105

フィールドワーク　180
フォーカシング　174
フォールス・アラーム　207
不確定性回避　181
普遍性・特殊性　191
プライミング　29, 36, 55, 123
文化差の起源　194
文化人類学　179
文化と心の相互構成　192
文化とパーソナリティ　179
文化の次元　181
分析的思考　190

平均以上効果　7
返報性　77

妨害的な相互依存的関係　135
包括的思考　190
傍観者効果　87
報酬　74, 106
暴力映像　94
没個性化　93
ボトムアップ型の処理　32

●ま
無意識　161

事項索引

無意識的思考理論　48

命題的表象　172
メール　156
メタ認知的思考　59
メタ理論　199
メッセージ　62, 142

目標達成　127
目標達成行動　17
モジュール　173
模倣学習　93

●や
有名性　166
許し　111

幼児期経験　180
欲求不満−攻撃説　91
予防焦点　14

●ら
リスキーシフト　128

リーダーシップ　134
利他行動　208
利他的な罰　104
リッカート法　55
利得行列　101
リバース・エンジニアリング　211
理由分析　167, 174
領域固有性　201
利用可能性ヒューリスティック　44, 206
リンク　35, 171
倫理的問題　121

恋愛関係　106
連合的表象　172
連合ネットワーク　35, 171
連続体モデル　32

論拠の強いメッセージ　62
論拠の弱いメッセージ　62

●わ
ワーキングメモリ　50
割引原理　25

執筆者一覧

尾崎　由佳	東洋大学社会学部	第 1 章
小森　めぐみ	淑徳大学総合福祉学部	第 2 章
大江　朋子	帝京大学文学部	第 3 章
田中　知恵	明治学院大学心理学部	第 4 章
大髙　瑞郁	山梨学院大学法学部	第 5 章
清水　裕	昭和女子大学人間社会学部	第 6 章
伊藤　忠弘	学習院大学文学部	第 7 章
森尾　博昭	関西大学総合情報学部	第 8 章
田島　司	北九州市立大学文学部	第 9 章
武田　美亜	青山学院大学コミュニティ人間科学部	第10章
山田　歩	滋賀県立大学人間文化学部	第11章
外山　みどり	学習院大学	第12章
大坪　庸介	東京大学大学院人文社会系研究科	第13章

編著者紹介

外山みどり（とやま・みどり）

　東京都に生まれる
　1979 年　東京大学大学院人文科学研究科博士課程単位取得退学
　現　在　学習院大学名誉教授

　［主著］『帰属過程の心理学』（共編著）ナカニシヤ出版　1991 年
　　　　『社会的認知（対人行動学研究シリーズ８）』（共編著）誠信書房　1998 年
　　　　『社会的認知ハンドブック』（共編著）北大路書房　2001 年
　　　　『社会心理学』（共編著）八千代出版　2003 年
　　　　『認知心理学ハンドブック』（共著）有斐閣　2013 年

社会心理学　過去から未来へ

| 2015年9月20日　初版第1刷発行 | 定価はカバーに表示 |
| 2022年9月20日　初版第3刷発行 | してあります。 |

編著者　外　山　み　ど　り
発行所　㈱北 大 路 書 房
　　　　〒603-8303　京都市北区紫野十二坊町12-8
　　　　　　　電　話　(075) 431-0361㈹
　　　　　　　ＦＡＸ　(075) 431-9393
　　　　　　　振　替　01050-4-2083

©2015　　　　DTP制作／ラインアート日向・華洲屋　印刷・製本／亜細亜印刷㈱
検印省略　落丁・乱丁本はお取り替えいたします。
ISBN978-4-7628-2907-9　　　Printed in Japan

・ JCOPY 〈㈳出版者著作権管理機構 委託出版物〉
本書の無断複写は著作権法上での例外を除き禁じられています。
複写される場合は，そのつど事前に，㈳出版者著作権管理機構
(電話 03-5244-5088,FAX 03-5244-5089,e-mail: info@jcopy.or.jp)
の許諾を得てください。